ESQUISSES
PARISIENNES

THÉODORE DE BANVILLE

POÉSIES COMPLÈTES
LES CARIATIDES — LES STALACTITES — ODELETTES
LE SANG DE LA COUPE

1 vol. in-12, avec une eau-forte de Louis Duveau. — Prix : 5 fr.

ODES FUNAMBULESQUES

1 vol. in-8°, avec une eau-forte d'après Ch. Voillemot. — Prix : 5 fr.

ESQUISSES PARISIENNES
— SCÈNES DE LA VIE —

1 vol. in-12. — Prix : 3 fr.

LES PAUVRES SALTIMBANQUES

1 vol. in-18. — Prix : 1 fr.

LE BEAU LÉANDRE
Comédie. — Prix : 1 fr.

LE FEUILLETON D'ARISTOPHANE
Comédie. — Prix : 1 fr.

LE COUSIN DU ROI
Comédie. — Prix : 1 fr.

ALENÇON. — TYP. POULET-MALASSIS ET DE BROISE.

ESQUISSES PARISIENNES

— SCÈNES DE LA VIE —

PAR

THÉODORE DE BANVILLE

PARIS
POULET-MALASSIS ET DE BROISE
LIBRAIRES-ÉDITEURS
9, rue des Beaux-Arts
1859

Traduction et reproduction réservées.

LES
PARISIENNES DE PARIS

CROQUIS DE FEMMES ET DE COMÉDIENNES

ÉLODIE DE LUXEUIL — THÉRÈSE — ÉMÉRANCE
HENRIETTE DE LYSLE — VALENTINE — BERTHE — IRMA CARON
EMMELINE — CLAIRE — LUCIE CHARDIN — HÉBÉ CARISTI
CÉLINE ZORÈS

ESQUISSES PARISIENNES

— SCÈNES DE LA VIE —

LES

PARISIENNES DE PARIS

CROQUIS DE FEMMES ET DE COMÉDIENNES

A THÉODORE BARRIÈRE

Mon cher ami,

Un parisien convaincu, fût-il même occupé sans relâche à faire vibrer les terribles cordes de la Lyre fabuleuse, découvre involontairement plus de Florides ignorées que le plus hardi navigateur conduit vers l'Inconnu par les ouragans, les flots et les étoiles. A mes moments perdus, quand la farouche maîtresse laissait une heure de répit à ma fièvre, j'ai essayé, moi aussi, de rassembler mes souvenirs, et de recueillir quelques notes pour la Comédie de notre temps. Ces impressions, fixées à la hâte, ne dois-je pas vous les offrir, à vous qui avez pu contempler sans voile la prestigieuse Thalie moderne, et qui l'avez si résolûment embrassée sans vous laisser mordre par les flammes de ses prunelles, ni assourdir par ses grelots sonores? Mes Parisiennes, arrachées toutes palpitantes à la Vie Actuelle, devront être merveilleusement protégées par le nom victorieux qui a signé L'Héritage de Monsieur Plumet et Les Faux Bons-Hommes; mais cette dédicace ne vous porte pas seulement le témoignage de ma sincère et vive sympathie pour votre talent littéraire; veuillez y voir aussi l'assurance des sentiments bien affectueux de votre dévoué

TH. DE B.

Bellevue, le 1ᵉʳ août 1858.

Ô! Muses modernes, vous dont les chapeaux tout petits sont des merveilles de caprice et dont les robes effrénées semblent vouloir engloutir l'univers sous des flots d'étoffes de soie aux mille couleurs, inspirez-moi! soyez mes soleils, grappes, agrafes et nœuds de diamants! Parfums de la poudre de fleur de riz à l'iris et du savon vert-tendre au suc de laitue, donnez à cette œuvre une actualité agaçante! Car je veux crayonner à la sanguine quelques Parisiennes, vivantes à l'heure même où je fume la cigarette que voici, aujourd'hui samedi 26 mai 1855!

Et, je le sais de reste, il serait plus prudent mille fois de lutter contre Price et contre Boswel, contre l'homme au tremplin et l'homme à la perche, et il serait plus facile aussi de monter, comme nous l'avons vu faire, au sommet d'une échelle que rien ne soutient, et de jouer là, sur la quatrième corde, les variations de Paganini, que de vouloir retracer ces types effroyablement invraisemblables à force de vérité ! Mais l'artiste ne doit-il pas se résigner gaiement à dompter chaque jour à grands efforts de muscles et de reins les voluptueuses Chimères de l'impossible, et à les enchaîner de liens d'or, sans avoir un instant cessé de sourire ? Donc, cher lecteur, regarde passer, au bruit du satin qu'on froisse et au bruit de l'or, pudiques et amoureuses, et insolentes et souverainement maîtresses des élégances, les Parisiennes de Paris, ces femmes mystérieuses dont les toutes petites mains déplacent des montagnes. Si je faiblis en voulant pénétrer et traduire le secret parfois surhumain de ces existences, du moins j'aurai choisi des modèles dignes de ton attention et que tu ne verras pas représenter à tous les coins de rue par la lithographie à deux sous. Je n'imiterai pas ces cruels faiseurs de physiologies qui te rapportent tous les ans comme des types nouveaux et curieux la Lorette, la Grisette, la Portière et l'Élève du Conservatoire. Mes femmes, qui vivront si quelque Vénus complaisante les anime selon ma prière, n'ont pas été déflorées par le théâtre et par les images, et avant de les voir défiler dans ce petit livre, tu ne les a rencontrées que dans la vie, où l'on coudoie tout le monde sans voir personne, car chacun marche devant lui en aveugle, ivre de sa passion et de son rêve ! Mais je te dois l'explication de mon titre, qui eût fait frémir le bon Nodier à l'époque où ce poëte prévoyait déjà que nous parlerions bientôt un français de fantaisie, et que Vaugelas pourrait se promener sans être reconnu à travers les nouvelles allées du jardin littéraire. Toutefois je ne te ferai pas l'injure de redire ici qu'il peut y avoir des Parisiennes ailleurs qu'à Paris, puisque tu as là sous la main un exemplaire bien complet de ta chère *Comédie Humaine*. Il est bien entendu, n'est-ce pas, que par toute la terre et partout où l'homme a bâti des villes, une femme réellement belle, riche, élégante et spirituelle est une Parisienne. D'abord et avant tout être une femme honnête, posséder trente mille francs de rente et se faire habiller par une vraie couturière, savoir la musique à fond et ne jamais toucher du piano, avoir lu les poëtes et les historiens et ne pas écrire, montrer une chevelure irréprochablement brossée et des dents nettement blanches, porter des bas fins comme une nuée tramée et bien tirés sur la jambe, être gantée et chaussée avec génie, savoir arranger une corbeille de fruits et disposer les fleurs d'une jardinière et toucher à un livre sans le flétrir, enfin pouvoir donner le ton et la réplique dans une causerie, sont des qualités qu'on ne réunit pas sans être nécessairement une Parisienne, lors même qu'on habiterait Châteaudun et les plus plates villes de la Beauce. Mais Paris, cette ville consacrée à la pensée, au travail et à l'amour, où tout le monde mène à fin des œuvres gigantesques, et où sans se lasser, on recommence sans cesse à vouloir rouler au haut de la montagne verdoyante un amour qui retombe sur vous comme le rocher de Sisyphe et vous écrase, Paris désespéré de passions et affolé de joie, fécond jusqu'à épouvanter, et si magnifiquement éloquent, spirituel et avide de poésie, crée pour lui et par la force des choses des Parisiennes spéciales, qui ne peuvent exister qu'à Paris, par Paris et pour Paris. Passé la banlieue, elles s'évanouiraient comme des ombres vaines, car elles n'auraient plus de raison d'être et ne trouveraient plus autour d'elles l'air qu'elles respirent. Celles-là, nées parmi les enchantements, et qui sont sorties parfaites de la chaudière où Paris, comme les démons de *La Tentation*, entasse des papillons et des vipères, celles-là dis-je sont nos héroïnes, les Parisiennes de Paris, fugitives et éblouissantes figures que j'esquisserai de mon mieux avec ton aide, ô Lecteur, dont l'intelligence créatrice a collaboré à tous les poëmes. Bientôt peut-être, et Dieu le veuille, un véritable peintre nous prendra ces crayonnages, et les transportera sur une toile palpitante de vie. Alors le sang courra sous les belles chairs; dans les chevelures, l'or de Rubens frissonnera sous le vent, les draperies frémiront agitées par des mouvements hardis, et nos femmes marcheront sous les lambris et sous le ciel, foulant les fleurs des tapis et les gazons des grands jardins luxuriants. Ce cher voleur sera le bien venu et pourra usurper son bien où il le trouvera, car nous lui laisserons la clef sur la porte, et nous ne voulons pas même nouer les cordons des cartons où nous allons enfermer ces feuilles légères. Quand on trouve toute faite une scène comme celle des *Fourberies de Scapin :* « Que diable allait-il faire dans cette galère ? » on a parfaitement raison de l'emprunter pour toujours; vienne donc Molière! Mais nous, tâchons du moins d'être Cyrano, et de préparer quelques proies à dévorer, si nous en avons le temps et le pouvoir entre deux sonnets à Phyllis et entre deux voyages au pays de la Lune !

I

LA FEMME-ANGE

— ÉLODIE DE LUXEUIL —

Vous avez rencontré Élodie.

Vous connaissez ces premières représentations qui sont un événement dans la ville. Lorsqu'il s'agit de juger l'œuvre d'un homme éminent, ou même une comédie à scandale, il semble que dès le matin Paris bouillonne, comme si la pensée du poète parlait d'avance à nos âmes à travers le rideau immobile et à travers le manuscrit fermé. Le soir venu, par une inexplicable magie, tout s'anime jusqu'au paroxisme de la vie fébrile. Les toilettes et les visages rayonnent dans la lumière folle; plaintes, gémissements et fanfares d'allégresse, les cordes des instruments et les cuivres de Sax résonnent d'une sonorité inconnue. Un vent d'orage courbe silencieuses ces mille têtes parmi lesquelles la foule reconnaît et salue ses idoles.

Tout-à-coup, par un mouvement imprévu, quelques personnes s'écartent ou changent de place, et laissent à découvert une loge jusque-là cachée ; alors se détache devant vous une apparition dont vous ne perdrez jamais le souvenir.

Pâle, idéale, tremblante, mollement accoudée sur le devant de cette loge éclairée par un globe dépoli, une poétique figure-rêve, absorbée dans quelque douloureuse extase. Les ombres d'une inguérissable mélancolie flottent parmi les lignes divinement naïves de son visage. Vêtue d'un robe de soie blanche unie, la tête et le cou enveloppés et noyés dans une brume de gaze blanche, blanche elle-même comme ses voiles, cette femme, est-ce une femme? semble pleurer amèrement les cieux d'où elle est descendue. Ses grands yeux d'or, avides d'éther, veulent percer les voûtes du théâtre et boire le ciel. Évidemment elle cherche avec inquiétude ses ailes sans tache, et si ses petites mains s'agitent ainsi, c'est qu'elles ne trouvent plus à son côté la harpe sur laquelle elle chantait des joies ineffables, là haut dans les voies lactées fleuries d'étoiles. Vous diriez d'un lys transplanté dans le verger d'un bourgeois : elle va mourir.

— Messieurs, dit au foyer l'implacable critique Rosier, vous voilà bien avec votre amour du merveilleux à tout prix, et vous avez bien vite fait de tisser une robe virginale. Je veux bien tout ce que vous voudrez, et l'autre soir, pendant que mademoiselle Théric jouait *L'École des Femmes,* j'ai vu comme vous l'étonnement de madame de Luxeuil. Certes, et j'en tombe d'accord, au moment où Arnolphe expose les singulières idées d'Agnès sur la manière dont les enfants viennent au monde, les beaux regards de votre Élodie ont eu une expression que ni Mars ni Dorval n'auraient pu jouer. Ils disaient clairement, éloquemment : *N'est-ce donc pas ainsi?* Mais enfin que pouvez-vous en conclure ? Ce pauvre Luxeuil était un très-terrestre colonel de carabiniers, et les trois enfants qu'il a laissés à sa femme se portent bien.

— Ah! répondit le blond et doux poète Émile de Nanteuil, il ne faut pas vouloir tout expliquer! Si madame de Luxeuil jouait cette comédie là, elle serait la plus cynique des créatures, et elle ne nous occuperait pas ainsi tous. Pourquoi ne pas admettre le surnaturel, toujours bien plus facile à comprendre que ce que nous voyons dans la vie?

— Et, fit à son tour le journaliste Simonet, pourquoi ne pas admettre aussi que Célimène a fait des progrès depuis le grand siècle ? Vous savez que les anges, s'ils ne donnent rien, veulent être adorés à toute force. Une bonne fois, trois des lévites ont poussé à bout votre Élodie immatérielle, et lui ont demandé en face des explications. Devinez ce qu'elle a répondu ? Vous allez me dire si l'autre Célimène peut bien se pendre ! Elle a embrassé dans un même regard ses trois amoureux, et d'une voix émue, attendrie, désespérée comme la lyre, elle a crié ces mots sublimes : *Ah! vous ne m'aimez pas!* Tout haut, notez bien cela, et personne n'a bougé, ce qui paraît être le comble de l'art.

— Oui, reprit Rosier, qu'on se promène vers le soir sur le lac d'Enghien ou sur le lac de Côme, on la rencontre toujours échevelée à la brise, dans des petits bateaux ! Preuve certaine qu'elle a trop lu Lamartine, et qu'elle veut accaparer cette corde-là. Cette jeune et jolie veuve a compris tout bonnement qu'à Paris les affaires d'argent et les affaires d'amour nous laissent une affreuse fatigue de la réalité, et elle a pris comme spécialité l'Idéal.

Le poète regarda finement ses interlocuteurs.

— Voilà qui est trop simple, dit-il. Comme moi,

l'un de vous au moins a été une fois dans sa vie persuadé par une conversation d'un quart d'heure, et tout le monde le serait.

— Persuadé de quoi ? Persuadé qu'Élodie est un ange.... tout-à-fait ignorant ?

— Oui.

— Mais ses enfants ?

— Mon Dieu ! la lettre tue ! Tenez, voulez-vous entendre ce que madame de Luxeuil m'a dit à moi-même ? Mon pauvre ami, ce peintre que vous savez, était parti pour Nice, où il va *ne pas* se guérir des alternatives d'espoir et de désespoir que crée involontairement Élodie. Car, (moi j'en suis sûr !) elle va au ciel toutes les nuits, et ne se rappelle pas le lendemain ce qu'elle a dit la veille : « Mais, enfin, mon cher Émile, m'a demandé madame de Luxeuil avec la curiosité ingénue d'un enfant, pourquoi votre ami est-il parti ? *Que voulait-il donc de moi ?* »

A ce moment-là, je l'ai regardée fixement, ébloui, fou, irrité ; j'avais dans mes yeux toute l'indignation d'un cœur honnête. Élodie ne s'est pas troublée, elle n'a pas rougi, rien n'était joué, elle ne mentait pas. Comme vous l'imaginez, les bras m'en tombaient, mais j'ai été convaincu, et il fallait être convaincu à moins d'être un athée ou un imbécile.

— C'est égal, dit Rosier, au diable la poésie lamartinienne, et tous ceux qui boivent des cascatelles et qui s'en vont dans les clairières manger sur le coup de minuit des salades de sensitives ! En rentrant chez moi, je veux qu'on m'apporte un jambon d'Yorck bien rose et mon Rabelais, et une bouteille d'un de ces grands vins qui contiennent non-seulement l'amour et l'esprit, mais aussi tout le bon sens français. Car vous auriez bien pu me rendre fou !

— D'ailleurs voilà l'entr'acte fini. Allons un peu voir le second acte des *Parisiens* et écouter ce que dit Desgenais.

II

LA BONNE DES GRANDES OCCASIONS

— THÉRÈSE —

—

En général, j'ai l'amour de la typographie classique; mais, spécialement pour ce chapitre, permettez-moi l'alinéa! L'alinéa seul, à défaut du rhythme, peut me fournir le lyrisme indispensable à ce couplet de la vie transcendante.

On suppose parfois que l'existence de courtisane est ce qu'il y a au monde de plus aisé à entreprendre et à soutenir. N'est-ce pas le cas de répéter avec Mimi : « On croit que c'est facile, on se trompe joliment, va ! »

Nos lecteurs ont plus d'instinct que cela. Ils devinent que beauté surhumaine, grâce enchanteresse, force, résignation, patience, l'agilité du serpent et la souplesse du tigre, l'esprit parisien et le féroce amour de l'or, il faut déjà réunir toutes les qualités avec lesquelles on remuerait l'univers, pour arriver à ce triste résultat d'être une créature adorée, enviée et méprisée sous sa robe éclatante, sous ses rubis teints de sang humain, et sous ses diamants, qui sont des larmes de désespoir cristallisées.

Il y a une haine qui dure depuis cinq mille ans, un duel terrible. Tout enfant, rose et blonde, couchée dans son berceau, quand la petite fille pauvre va sourire à sa mère, elle aperçoit debout sur le seuil un maigre fantôme, et elle crie, malgré les caresses de sa mère.

Puis elle grandit ; comme les oiseaux, elle envoie au ciel sa jeune chanson. Elle se regarde dans un bout de miroir cassé ; elle est belle.

Elle voit aux vitrines des peignes d'écaille blonde, et elle se dit : « Voilà qui peignera bien ma chevelure de soleil et d'or ; voilà pour en attacher les nœuds, les boucles ruisselantes et les torsades effrénées. »

Elle voit de riches étoffes. « Voilà, dit-elle, pour parer mon corps gracieux et souple. »

Elle voit chez le marchand de comestibles des forêts d'asperges plus grosses que des cèdres, des perdreaux désespérément truffés, des fraises rougissantes et parfumées. Elle dit : « Voilà ce que j'aimerai à déchiqueter et ce que je croquerai bien avec mes dents blanches ! » Et elle dit en regardant les flacons : « Je remplirai mon verre de ces vins d'écarlate, et, levant mes bras, je boirai à la jeunesse amoureuse ! »

Mais le fantôme ne l'a pas quittée. Il lui tend un morceau de pain de munition, un verre d'eau trouble et un sayon de toile rapiécé. Il murmure à son oreille : « Tu es à moi. Voici ton festin et voici ta robe. » Ah ! quelle moue fait à ce coup-là la petite demoiselle !

Mais quoi ! on l'instruit bien vite et elle apprend les nouvelles ! Elle entend dire que, moyennant quelques concessions, des personnes obligeantes vous logent dans des appartements si bien tendus de soie, et matelassés, et capitonnés, et garnis de tapis d'Aubusson, qu'on n'entend plus marcher dans le corridor les pieds de marbre du fantôme.

Dans ces heureuses demeures, il y a aux portes de si jolis petits verroux et de si excellentes serrures anglaises que le fantôme ne peut pas entrer et se casse les ongles contre le fer poli et le bois de chêne.

Aussitôt la jeune fille se met en quête des écritaux de location. Un monsieur soigneux fait mettre à ses portes pour trois cent mille francs de serrures et de verroux, et elle-même, la folle Musette, elle s'enveloppe d'un divin peignoir de cachemire, elle tend à son amant un cigare bien sec et bien allumé, et elle dit à sa servante Julie de faire flamber un grand feu dans l'âtre. Puis elle allume les bougies, elle remplit les verres et elle saute de joie, et, frappant dans ses petites mains, elle interpelle le fantôme à travers la porte :

« Va ! lui crie-t-elle, va, Misère ma mie, morfonds-toi bien sur ma natte et casse bien tes ongles contre ma serrure ! Moi j'ai chaud et je suis heureuse ! J'ai mes bras passés autour du cou d'un beau jeune homme, et je chante devant le feu clair, et je bois le vin du Vésuve ; et voilà comme je suis à toi, abominable vision de mon enfance ! »

Bah ! peine perdue que tout cela.

Sitôt qu'un jeune amoureux imprudent ou une

femme de chambre trop égrillarde laissent par hasard la porte entr'ouverte en allant acheter du tabac à fumer ou du cold-cream, la Misère entre.

Elle ouvre les fenêtres toutes grandes.

Elle va aux porte-manteaux, aux garde-robes, aux armoires à glace, aux armoires sans glace. Elle prend les toiles fines, les batistes, les linons, les dentelles, les soieries, les velours, les moires, les joyaux. Elle jette le tout dans la rue et tend à Musette son vieux sayon rapiécé.

Elle va à la cuisine, ôte le rôti de la broche, le jette à la rue, et, dans le plat qui était destiné à le recevoir, elle glisse à sa place la hideuse charcuterie, qu'elle a apportée dans un papier huileux.

Elle jette les émaux, les chandeliers d'argent, les vases craquelés, les coupes de Sèvres, et pose sur la cheminée nue le pot à l'eau ébréché et la chandelle fichée dans une bouteille.

Elle fait signe à de grands diables de commissionnaires, qui viennent emporter les meubles, les tapis, les rideaux, les tentures, et qui, à la place de tout cela, installent le lit de bois blanc peint en acajou, les deux chaises de merisier teint, la malle, la gravure à l'aquatinte, et les deux tasses dorées gagnées au jeu de billard du bal Mabille.

Puis elle sort menaçante et sereine, en laissant derrière elle une odeur de moisissure et des montagnes de papier timbré, tandis que Musette se tord les bras et éclate en sanglots, ou, abrutie par la douleur, s'assied sur la malle et reste immobile comme une idiote.

Alors,

Quand la Misère est vraiment bien entrée chez la courtisane;

Lorsqu'il n'y a plus de ressource ni de spectre de ressource, ni de vain espoir d'une ressource chimérique;

Que tout est fini;

Lorsqu'il n'y a plus ni le protecteur, ni le « monsieur qui vient seulement quelquefois pour causer, » ni l'amant, ni l'ami de l'amant, ni l'amant de l'amie, ni le « jeune homme avec qui l'amant s'est brouillé parce qu'il le soupçonnait à tort de faire la cour à Musette; » ni l'artiste qu'on aime seulement comme un frère parce qu'il a été si obligeant; ni « le grand garçon qu'on méprise, mais qu'on reçoit cependant parce qu'il faut ménager ces gens-là; » ni le petit filleul sans conséquence qui n'a que dix-sept ans;

Lorsqu'on a épuisé les cent francs et les louis, et les dix francs, et les cinq francs et les quarante sous;

Quand on a emprunté vingt sous à la femme de ménage, et dix sous à la portière, et deux sous à la laitière;

Quand on a vendu la dernière chemise à la dernière marchande à la toilette, et le dernier mouchoir de coton à la dernière revendeuse borgne;

Quand on a emprunté un bouillon à la voisine sous prétexte que son pot au feu avait bonne mine, et que, depuis ce bouillon avalé, on est resté un jour et demi sans manger;

Lorsqu'il n'y a plus qu'à mourir;

Alors,

On va chercher THÉRÈSE, *la bonne des grandes occasions*. On va chercher Thérèse, et Thérèse trouve de l'argent, comme Scapin et comme Mascarille; que dis-je! avec plus de génie cent fois, car ces princes de la Bohême soutiraient des écus aux plus crédules des pères, tandis que Thérèse les gratte et les arrache sur les implacables rochers de la civilisation parisienne. Elle force les pierres à suer de l'or, monnoie le néant, escompte le brouillard, et vend le diable caché au fond des bourses vides.

Elle trouve de l'argent ! elle en trouve pour payer le propriétaire, pour ravoir les diamants et pour acheter du jambon de Bayonne. Par quel procédé ? par quelle intrigue ? par quels abominables maléfices ? M. de Humboldt, qui sait tout, ne devinerait assurément pas cela ; mais quand on a vu Thérèse partir en chasse avec l'œil bouillant de courroux, Thérèse agitant, comme une menace et comme un défi, le cabas de paille qu'elle emporte toujours vide et qu'elle rapporte toujours plein, on peut juger qu'elle ne s'en va pas à des combats pour rire ! A-t-elle un charme pour magnétiser les pièces d'or comme on a cru que les serpents magnétisaient les oiseaux, ou bien, comme l'aurait pensé Théodore Hoffmann, est-ce le diable lui-même qui les lui donne dans quelque bouge obscur, rue de la Limace ?

Quoiqu'il en soit, il y a trente ans, mille ans peut-être ! que Thérèse trouve de l'argent, et elle n'a jamais eu d'argent. Elle ne veut pas en avoir, elle dédaigne l'argent, elle dédaigne la vie, et se hait elle-même ; elle ne vit plus que par une passion sauvage, celle de l'*Incarnation*, par laquelle Vautrin se voyait revivre sous les traits charmants de Lucien de Rubempré. Elle devient la ressource, l'âme et la vie même des courtisanes désespérées ; elle leur insuffle sa volonté et leur infuse son sang.

A la voix de Thérèse, le boulanger, le boucher et l'épicier sont rentrés dans le devoir ; des meubles de palissandre, des robes de soie et une vaisselle neuve ont paru par enchantement, mais la courtisane a un maître, comme si elle avait signé un pacte avec son sang.

Elle n'a plus le droit de vouloir ni de penser, ni de rêver. Cruelles amours, et vous caprices divins, fermez vos ailes ! il faut obéir à Thérèse. Cette Marco échevelée qui menait hier la gentry à coups de cravache, aujourd'hui, voyez-la au balcon des Italiens ! Avant de répondre à un regard ardent, elle lève timidement les yeux vers Thérèse pour savoir si Thérèse lui permet d'être touchée et de sentir brûler ses veines. Un soir elle s'est échappée la voilà à demi couchée sur un lit de repos ; à côté d'elle, sur un guéridon, le vin du Rhin, versé dans les verres couleur d'émeraude, attire les rayons d'une lampe discrète. A ses pieds, un enfant, beau comme l'Amour, la supplie tout en larmes, et elle lui abandonne ses mains moites et tremblantes.

Mais tout-à-coup minuit sonne ; elle se lève comme poussée par un ressort ; elle s'écrie avec consternation : « Il faut que je parte. »

Après mille prières, après avoir épuisé tous les moyens de la retenir, le jeune homme lui dit enfin : — « Mais qui vous rappelle chez vous, est-ce votre mère ? »

— « Ah ! répond la jeune fille, si ce n'était qu'une mère ! » et elle ajoute avec la sombre douleur des damnés : « C'est Thérèse ! »

Comme si ce nom devait répondre à tout, et, en effet, il répond à tout.

Il faut voir Thérèse rentrer en possession des maisons d'où l'avait exilée le Bonheur. Avec quelle arrogance elle tend des cordes aux murs du salon pour y faire sécher *son* linge, et comme elle sait dire en tragédienne : « Passez-vous donc de moi ! » Regardez-la, menaçante, demi-ivre, avec ses petits yeux, sa bouche fendue à coups de sabre et ses épais cheveux gris ! Vient-elle de la nuit du Walpurgis, ou travaillait-elle en attendant Macbecth au fameux pot-au-feu des sorcières ?

Jamais de comptes avec Thérèse. Elle fournit toujours, elle donne toujours, et elle met tout cela *sur son livre*. Quand on sera heureuse, quand on l'aura chassée avec toutes les plus folles ivresses de la joie, on lui payera la dette tous les mois par à-comptes. Thérèse sait avec quel bonheur on la chassera, elle le dit tous les jours, elle s'en vante et elle s'en venge. Ah! quoi qu'en dise un poète, le seul livre, ce n'est pas l'*Iliade*, c'est le livre de Thérèse!

On sait qu'à la suite de ses folles amours avec un aventurier espagnol, la plus grande cantatrice de l'Europe, cette Luigia qu'on paye quatre mille francs par soirée, avait vu sa fortune presque détruite. Avant de partir pour l'Amérique, pendant les deux derniers mois qu'elle passa à Londres et à Paris, il lui fallut prendre la bonne des grandes occasions, l'immortelle Thérèse.

Entourée d'amis fidèles qui l'avaient accompagnée jusqu'au navire sur lequel elle s'embarquait à la conquête de la Toison-d'Or, la bonne et joyeuse artiste riait très-gaiement de ses mésaventures. Mais à une pensée soudaine, un nuage passa sur ses yeux, et elle fit l'adorable petite moue que nous aimons tant.

— « Ah ! murmura-t-elle en mettant le pied sur le navire, il y a une seule chose qui m'ennuie, c'est le million que je dois à Thérèse ! »

Deux jours après le départ de Luigia, un de ceux qui étaient venus lui serrer une dernière fois la main, rencontrait à Paris, sur le boulevard du Temple, la grisette Mousseline, cette violette du printemps.

— « Mon pauvre ami ! s'écria la naïve fillette, j'ai été bien malheureuse, allez ; vous savez que j'avais vendu mes meubles pour Loredan, qui joue à Batignolles. J'ai tant travaillé que je me suis tirée d'affaire. Mais, dit-elle en baissant ses jolis yeux de pervenche, le malheur, c'est que je dois trois cents francs à Thérèse, sur son livre ! Il me faudra au moins deux ans *pour me racquitter.* »

Deux êtres sont liés l'un à l'autre par la fatalité bizarre de leur existence, le jeune F..., qui a accepté à Paris la succession de don Juan, et Thérèse. Depuis dix ans, sans se donner rendez-vous, ils vivent sous le même toit, chez des femmes diverses. Chaque fois qu'ils se rencontrent dans une maison nouvelle, leur regard dit comme au bagne : « Quand sera-ce fini ! »

Thérèse a sur les hommes et les choses des appréciations à réveiller un mort. Vous nommez devant elle un de ces personnages dont la haute position et le génie incontesté tiennent l'Europe en éveil.

— « Si je le connais? dit-elle : je le tutoie ! Je l'ai vu chez Pélagie, du temps qu'elle le cachait de ses créanciers dans une petite chambre, au septième ! »

III

L'INGÉNUE DE THÉATRE

— ÉMÉRANCE —

« *A mademoiselle Jacqueline Bouron, artiste dramatique en représentations à Bourges.*

« Mon cher trésor,

» Il paraît que tu as un succès à tout casser, là-bas ! et, s'il en était autrement, la ville de Jacques Cœur serait un peu bien difficile, surtout pour une ville qui est morte. Depuis que l'omnibus du chemin de fer brouette à l'hôtel du Cheval-Blanc des célébrités parisiennes, ils n'ont pas vu souvent, j'imagine, une servante de Molière qui se porte comme celle-là, en vraie fille de Toinon et de Dorine ! Si ces trépassés ne s'étaient pas réveillés un peu en voyant tes yeux d'enfer et tes noirs sourcils et tes lèvres que rougissent toutes les ardeurs de la santé et de l'amour, s'ils n'étaient pas restés extasiés devant ce chignon de cheveux noirs, assez lourd pour courber une tête moins fière que la tienne; enfin, comme dit ma tante, *si leur sang n'avait pas fait trois tours* lorsqu'ils ont entendu ta voix hardie et superbe, c'est qu'ils auraient été glacés et refroidis à jamais, et il n'y avait plus d'espérance. Mais quoi! la Nature a eu soin de te poser sur la joue une mouche assassine que t'envient toutes les femmes réelles; partout où il y aura un homme, prince ou charbonnier, tu triompheras et vaincras par ce signe!

» Donc, c'est convenu, à Bourges comme partout, tu es enviée, fêtée, applaudie, et ce qui vaut mieux, aimée, et, ce qui vaut mieux, heureuse! Rapporte-nous des tombereaux de fleurs et surtout beaucoup d'argent, et même, si tu veux, des souvenirs. Mais, ô Jacqueline fortunée entre toutes les comédiennes, est-ce que tu as le temps d'avoir des souvenirs, toi déesse et reine de l'heure présente, toujours occupée à presser dans le cristal de ta coupe quelque grappe fraîchement cueillie!

» D'ailleurs, ce n'est pas de toi, mais de moi que je veux te parler aujourd'hui. Je t'écrirai une lettre toute égoïste, et j'ai besoin de te confier tout, car aussi bien j'étouffe, et je me meurs d'ennui, de dégoût et de désespoir. Oui ma chérie ! et, si ça n'était pas trop bête, je crois que j'irais me jeter à l'eau comme une grisette ; mon âme est triste jusqu'au suicide et jusqu'au réchaud de charbon des repasseuses. Ce n'est pas que je sois lasse de vivre, non ! mais, tu le sais, toi qui me connais jusques dans la moëlle des os, au contraire, je suis lasse de ne pas vivre, de m'agiter dans une éternelle fiction et d'être rivée à un mensonge qui ne finit pas. Oh ! Jacqueline, quel sort !

» Ne prends pas le temps de t'étonner, écoute-moi bien. Je t'écris après une rupture, encore ! après une rupture lâche, assassine, entourée d'hypocrisie comme tout ce qui est ma vie. Mon cœur est déchiré en deux, et personne ne peut me plaindre pour la catastrophe d'un amour que je n'ai avoué à personne, et que d'ailleurs j'ai brisé moi-même. Il y a bien ma mère qui sait tout ; mais, ma mère !..

» Hein, les poètes qui se sont plu à raconter les destinées ironiques et à mettre des pleurs dans les yeux de Triboulet, s'ils connaissaient la vie d'une ingénue de théâtre !... Mais, excepté nous deux, qui la connaîtrait ? Oui, tout saigne en moi, et il faut que je te fasse toucher une à une toutes mes blessures; je veux te montrer le calice que j'épuise goutte à goutte, grand Dieu ! depuis dix années.

» Pour une femme qui joue les ingénues, *les petites grues,* comme tu dis si bien, ces anges domestiques, Rose, Emma, Adèle, douées par les auteurs de toutes les grâces enfantines, on croit que la comédie est finie quand le rideau est baissé ; hélas, c'est là qu'elle commence ! Avoir pris pendant quatre heures des inflexions et des moues de petite fille, avoir couru après les papillons en menaçant de s'envoler soi-même, avoir caché son cœur et sa gorge sous cette robe de mousseline blanche et sous ce ridicule tablier de soie à bretelles qui au théâtre sont le symbole de la jeunesse, ce n'est rien encore !

» Le public est féroce et veut plus que cela. Je gagne quinze mille francs, soit; et les journaux proclament que je suis, depuis mademoiselle Anaïs Aubert, la première et la seule ingénue ; sais-tu à quel prix? Tu te rappelles dans la *Physiologie du Mariage* ces phrases décisives comme le couteau de la guillotine, au-dessus desquelles Balzac écrit le mot *Axiômes* en lettres capitales? Eh bien écoutes-en une comme ça; celle-là, je suis payée pour pouvoir la faire ! »

AXIOME

» *La réputation de talent d'une ingénue au théâtre, est en raison directe de sa réputation d'ingénuité à la ville.*

» Ces quelques mots ne te disent-ils pas toute l'horreur de ma vie ?

» Si elle a plus de dix-sept ans,

» Si elle prend un amant,

» Si elle se marie,

» Si elle se montre coiffée en anglaises,

» Si elle cesse une minute de s'habiller en baby et de parler *gnan-gnan,*

» Si ses cheveux brunissent,

» S'il lui vient comme à tout le monde, des bras et des épaules, et le reste ; si ses mains s'achèvent,

» Si on la rencontre dans la rue donnant le bras

à un ami de son père, (ce qui arrive aux plus honnêtes jeunes filles,)

» Enfin,

» Si elle est soupçonnée d'en savoir plus qu'Agnès.

» Et d'avoir lu autre chose que les *Contes de Perrault* et *Paul et Virginie*,

» L'ingénue n'existe plus, le théâtre n'en veut plus, les auteurs n'en veulent plus, les journaux n'en veulent plus, elle n'a qu'à faire ses malles et à aller jouer les duègnes en province !

» Pour les autres comédiens, quand la pièce est finie, tout est fini. M. Beauvallet n'est pas forcé d'être terrible, ni M. Hyacinthe bouffon lorsqu'ils se promènent sur le boulevart; moi, je ne peux jamais quitter mon masque, et je couche avec! Toi, n'est-ce pas? tu as vingt-deux ans, tu l'avoues, et tu te pares de ton éclatante jeunesse. Ces magnifiques sourcils dont je te parlais, et qui sont une de tes beautés, tu les vois sans crainte épaissir encore et se rejoindre en arc, comme ceux d'une femme amoureuse et jalouse. En s'achevant, tes formes sont devenues luxuriantes et splendides comme celles de la maîtresse de Titien, et Molière ne s'en plaint pas ! A seize ans, tu as aimé, et pour ceux qui te voyaient, pareille à une poétique bacchante des anciens âges, ardente et franche Bourguignonne de Joigny, fille de vignerons à la noire chevelure, il aurait pour ainsi dire semblé monstrueux qu'il en fût autrement. Mais moi ! je le répète, j'ai dix-sept ans et il faut que j'aie dix-sept ans ; j'y suis condamnée. Mais, me diras-tu, pendant combien de temps? pendant toujours ! Mais si on se souvient que j'avais dix-sept ans l'année dernière, et que depuis cela il s'est écoulé une année? Ah ! oui, question terrible ! Eh bien ! voilà la réponse, il ne faut pas qu'on s'en souvienne. Mais si mon cœur parle, si mon cœur bat? Il ne faut pas qu'il batte ! Rose, Emma et Adèle n'ont pas de cœur chez M. Scribe, et moi je suis Rose, je suis Emma, je suis Adèle ! Tout au plus peuvent-elles répondre en baissant les yeux aux madrigaux murmurés par un fiancé qui est leur cousin ou par un cousin qui est leur fiancé, sur l'air de *La Robe et les bottes,* et c'est ce que je peux faire comme elle si le cœur m'en dit, car ma mère m'a déniché pour cela un cousin qui est né avec des gants, et qui copie ses habits, ses cravates, son sourire et jusqu'à ses moustaches absentes et à ses airs de tête sur ceux de M. Armand, du Gymnase !

» Sans ironie, à présent, Jacqueline, voici la

réalité de mon atroce existence. Je me nomme, sur mon acte de naissance, Henriette-Cécile, de beaux noms, comme tu vois, et pour avoir une allure enfantine, il m'a fallu accepter le ridicule nom d'Émérance, emprunté à un roman de madame Ancelot. Il m'a fallu conserver à mes bandeaux, par quels procédés ! cette nuance enfantine de blond pâle avec des lumières d'or femelle que nul enfant ne garde passé quatre ans, quoiqu'il arrive ! Ces cheveux qui, soignés comme d'autres, auraient vécu quarante ans, et qui meurent de sécheresse, je vois ce qu'il en reste après le démêloir, tous les jours ! Je porte une natte. Enfin, ô Jacqueline ! j'ai vingt-quatre ans ! Sous cette fausse enfance que je fais durer avec épouvante et à force d'intrigues, je sens poindre des rides qui ne pardonneront pas. Chez ma mère comme au théâtre, crois-tu que j'aie jamais eu le droit de quitter les absurdes petits ouvrages au crochet et de prendre un livre sérieux qui m'instruirait, ou un beau roman qui me raconterait les pensées et la vie des autres, puisque moi, je ne puis ni penser ni vivre ! Non, car on peut venir, et il faut qu'on me trouve vêtue du tablier de soie à bretelles, parlant *gnan-gnan,* et, même dans le salon de ma mère, courant après les papillons de M. Scribe ! Surtout et avant tout, à tout ce qu'on dit et à tout ce qu'on nomme, il faut que je baisse les yeux et que je rougisse, et pour cela, je te prie de le croire, je n'ai pas de peine, car mon sang m'étouffe !

» Pourtant, j'ai aimé ; ce n'est pas avec toi que je ferai la bégueule ! Deux fois, hélas, oui ! deux fois déjà j'ai essayé d'oublier mon enfer dans les illusions de ce rêve ! J'ai connu l'amour, mais non pas comme toi, en avouant fièrement celui que j'avais choisi et en me glorifiant d'une passion sincère. C'est hypocritement, en mentant, en me cachant, que j'ai prêté mon cœur sans le donner, avec l'arrière pensée que je tentais une chose impossible. Ces douces confidences, qui s'échangent aux clartés amies de la Nuit et parmi ses ombres silencieuses, c'est le jour que je les ai dites, au grand soleil qui les effare, dans une maison où j'entrais voilée, et d'où je sortais tremblante, masquée avec effroi de ma pudeur jouée et de mon enfance d'emprunt. Et pourtant, chaque fois que j'ai essayé ainsi d'échapper à ma solitude j'espérais bien que ce serait pour toujours ; mais chaque fois il m'a fallu rompre en me laissant juger comme la dernière des femmes sans cœur, car tu connais notre situation ?

» Dix mille francs au moins par année pour la toilette de théâtre et la toilette de ville, c'est ce que je dépense au bas mot pour être pauvrement vêtue au milieu des grandes actrices, parmi lesquelles je compte. Reste donc cinq mille francs pour vivre, ma mère, ma tante et moi dans un appartement qui en coûte déjà deux mille, et pour payer la pension de ma petite sœur. Il arrive toujours un moment où les dettes s'accumulent au point de rendre la vie impossible. Alors il faut avoir recours à ces ressources mortelles que la vie de théâtre nous impose, et accepter cet or que le Vice et la Richesse nous vendent si cher. Mais, comme je suis une ingénue! on obtient de notre *sauveur* que tout se passera mystérieusement et qu'il ne fera pas trophée de ma défaite. On obtient un congé du directeur, et *je vais passer quelques semaines chez une parente.*

» *C'est là* que je suis en ce moment, chez quelle parente, dois-je te la peindre? Dans un nid doré de Villeneuve-Saint-Georges, qui a coûté deux millions à embellir! Et, comme je te le disais, c'est pour venir chez cette parente que j'ai rompu le seul amour pour lequel j'aurais pu vivre ; j'ai affronté le mépris du seul homme qui fût digne de moi. Hélas! Jacqueline, il aimait ton Émérance comme sa sœur et comme son enfant; il m'apprenait à penser, il me redonnait la force de lever les yeux au ciel. Pour sa figure, pour son esprit, je ne t'en parlerai pas, il m'avait apporté toute son âme; je pouvais à mon gré la fouler sous mes pieds dédaigneux ou la réchauffer sous mes lèvres. Comment, je l'ai quitté, lui, lui à qui je m'étais vraiment donnée, c'est une histoire qui te ferait lever le cœur. Ma mère a joué, avec mon consentement, l'éternelle et honteuse comédie que tu connais, et... elle ne m'a plus quitté dans les coulisses! Je suis partie sans qu'il ait pu me dire un mot, et moi, que lui aurais-je répondu? O ciel! quel mensonge aurais-je osé ajouter à tous mes mensonges? Ami déjà tant pleuré, et que je n'ai pas même le droit de pleurer! Maintenant, je pense, avec mille remords, qu'il peut ne pas se consoler, et j'ai une idée plus douloureuse encore : je songe qu'il peut se consoler et m'oublier comme ce serait justice!

» Imagine ce que nous sommes l'un et l'autre, ma mère et moi, et ce que j'éprouve quand elle me dit comme à un enfant : Tenez-vous droite! A présent, je dois être un monstre à tes yeux, mais ne fallait-il pas que tu me visses telle que je suis pour m'aimer un peu encore, malgré tout, afin qu'il me reste au monde une affection que je n'aie pas volée?

» Quant à ma mère, mon rôle d'ingénue à la ville lui imposait l'obligation de me parler toujours sévèrement, comme à une petite fille élevée à la mode anglaise, et elle a pris le sien assez au sérieux pour me tracasser encore, les portes fermées, et comme si elle croyait réellement ce que tout le monde croit. Ce que je subis de tourments est inénarrable, et moi, dont le passé cache déjà tant de regrets, je suis surveillée et gouvernée comme si j'avais quatre ans !

» Pourtant cette position n'est pas sans remède, ma mère me le prêche tous les jours, et c'est heureux, car, pour vivre plus longtemps de la sorte, je ne le pourrais pas. Il y a une chose que l'on pardonne à une ingénue dont la réputation est faite, comme la mienne l'est, c'est de changer d'état par un coup de foudre, et assez brillamment pour éblouir tout Paris d'un luxe princier. Alors on reste *ingénue*, et on passe *grande artiste*; n'est-ce pas mon seul recours à moi qui ai si peu de talent, et qui le sais si bien ! Avec ma famille et mes dettes, et pour ne rien perdre de mon auréole artistique, c'est quelque chose comme un demi-million qu'il nous faut; or, je sais un homme qui peut et qui veut me le donner. Mais cet homme..... ô Jacqueline ! quel dénoûment pour une figure que tous les poètes lyriques ont chantée ! quelle chute pour une jeune fille que Delacroix et Ary Scheffer ont idéalisée en Ophélie et en Juliette ! Cet homme, c'est.... ô ma jeunesse ! mes rêves de printemps dorés ! O serrements de mains ! O premières angoisses de ma beauté que rien n'avait profanée ! O nos baisers de jeunes filles et nos confidences à mi-voix sous les tilleuls! Cet homme, c'est... eh bien! oui... un droguiste! Un droguiste de la rue des Lombards, à casquette rouge! *Qu'est-ce que* tu me conseilles? Réponds vite avec ton âme passionnée et avec ton suprême bon sens à celle qui est

» A toi pour la vie,

» **ÉMÉRANCE.** »

IV

LA MAITRESSE QUI N'A PAS D'AGE

— HENRIETTE DE LYSLE —

En relisant Balzac, et en voyant avec quelle insistance ce grand historien a fait de Paris et de la Province deux mondes absolument divers, aussi différents et aussi éloignés l'un de l'autre que Jupiter et la Lune, les provinciaux se frottent aujourd'hui les mains et secouent la tête en souriant.

« Bien, disent-ils, pour l'époque ancienne que décrivait le poète de *La Comédie humaine,* pour ces rapides années de la Restauration, envolées aussi loin de nous déjà que ces âges où la reine Berthe filait, et où, comme dans la *Gabrielle* de M. Emile Augier, la suprême vertu d'une femme du monde était de raccommoder les chaussettes ! Mais nous, aujourd'hui ! regardez nos champs et nos villes. Nous connaissons comme vous le linge à bon marché, le vin à bon marché et les objets d'art en zinc ! Comme le premier parisien venu, nous savons nous faire de faux mobiliers artistiques avec de faux meubles de Boule et de fausses marqueteries, et marier le faux damas antique avec le noyer et le chêne, sculptés par des charpentiers ! Nos femmes elles-mêmes ne font plus étinceler et ondoyer autour d'elles ces charivaris d'étoffes brillantes qui les faisaient ressembler à des potées de fleurs écloses sous les brosses d'Hippolyte Ballue ou de Narcisse Diaz. Bien plus, nous avons renoncé à la bijouterie du Palais-Royal et aux cannes à pommes de turquoises ! Nous faisons des *mots* d'après *Le Piano de Berthe* et *La Vie de Bohême*, et, depuis les chemins de fer, on voit sur les enseignes de nos marchands des lettres qui n'ont pas été, comme autrefois, peintes par des charcutiers. De sorte que Paris est devenu province et que la Province est devenue Paris, et cela pour toujours, et décidément, et si bien qu'en nous voyant passser tous vêtus de noir provinciaux et Parisiens, on ne sait plus si c'est la Maison-d'Or qui est à Carpentras, ou si c'est la Cannebière qui est le boulevard des Italiens ! »

Les provinciaux se trompent, et la province sera

la province et Paris sera Paris, *tant qu'entier le monde durera !*

Regardez bien. Ici et là-bas, dans cette Chine non découverte encore et dans cette Athènes luxuriante, ville de Périclès et d'Alcibiade, il semble au premier abord que ces hommes-là et ces hommes-ci se livrent à une occupation rigoureusement identique. Depuis l'heure où l'Aurore aux ongles roses fait glisser sur leurs tringles d'or les portières de l'orient, jusqu'à cette heure enchantée où la Concepcion Ruiz lance son dernier entrechat et son dernier sourire, tous ces mortels ont l'esprit tendu vers le même point. Ils tentent de gagner, d'acquérir, de trouver, de mendier, de déterrer, de décrocher, de gratter, d'empoigner, d'entasser, d'empiler l'or, l'argent, le cuivre monnayé, les billets de banque, les bons au porteur, les coupons d'action, les promesses d'action, les coupons de rente, les créances, les titres, les valeurs, les champs de blé, les arpents de forêts, les vergers, les jardins, les coteaux de vigne, les droits d'auteur et le laurier d'or, le prix de la copie et le salaire du travail manuel, tout ce qui se vend, tout ce qui se place, tout ce qui s'escompte, tout ce qui se négocie et ce qui se monnoie, depuis les millions de l'Usure jusqu'aux quatre sous de la Poésie Lyrique, depuis les baisers de la Torpille, qui valent mille écus la pièce, jusqu'aux paillettes d'Arlequin, qui se vendent vingt-cinq sous le mille au passage de l'Ancre!

Tous s'appliquent à devenir riches. Et puis? Et puis rien. Seulement, voici justement le point important et la différence capitale, cette Chimère aux ailes chatoyantes, si désespérément poursuivie dans une chasse enragée, la divine et céleste Opulence, que deviendra-t-elle entre les mains de celui qui parviendra à accrocher un mors de diamant dans sa bouche sanglante? Aura-t-elle là bas ou ici la même destinée? Voilà où l'erreur serait grossière!

En province, la richesse est le but; à Paris, elle est le moyen. En dehors des fortifications, on s'enrichit pour pouvoir dire : « Mes forêts, mon château, mes vignes ! » A Paris, ce qu'on veut pouvoir dire, c'est... mais ceci demande une autre explication.

O spectateur de ce beau drame shakspearien aux cent actes appelé la Vie Parisienne, Paris vous trompe et se trompe lui-même! Vous le croyez occupé de chanter, de penser, de travailler, de rebâtir ses palais, de tendre des fils électriques dont l'autre bout ira s'attacher sur les bords du Mississipi, à quelque pont de palmiers et de lianes? Paris ne songe pas à tout cela. Il n'a qu'une pensée, il n'a qu'un rêve, il n'a qu'une idée fixe.

Paris, écoutez, je n'en rabattrai rien ! Paris tout entier vit dans une folie ardente, inguérissable, féconde, sublime, nourrice d'œuvres et d'efforts, la folie de l'Amour.

Etre aimé, aimer au milieu du luxe, tel est l'Idéal auquel sont gaiement sacrifiées toutes ces existences que broie l'impitoyable meule du Travail incessant. A Paris, derrière le million qu'on ambitionne, il y a toujours une figure de femme qui sourit et qui vous appelle avec le geste délicieux des sirènes.

Dans les villes et dans les châteaux qu'on veut gagner au prix des innombrables martyres de l'Art et de l'Industrie, d'avance on dresse pour elle un berceau de feuillage et un banc de verdure ! D'avance, dans le boudoir où doivent marcher ses pieds délicats, on étend sous ses pas les tapis d'Aubusson, et on cloue sur le mur les soieries de l'Inde aux mille oiseaux !

Ici les femmes savent comme nous quel est le but de la vie. A Paris seulement, elles sont déesses, adorées bien plutôt qu'aimées, et aussi elles ont la confiance et le respect de leur divinité. Sans cesse embellies et lavées à l'immortelle Jouvence, elles osent s'aimer elles-mêmes, et tâchent de gravir marche à marche l'escalier de cristal de la Perfection.

Et, pour nommer un chat un chat, voilà pourquoi l'homme qui possède, soit à titre de mari, soit à titre d'amant, une vraie femme, envié, admiré, célébré, haï, chansonné, traîné dans la boue et porté aux nues, est ici un personnage comme le savant, comme le millionnaire, comme le grand poète, et plus que ces gens-là ensemble, puisqu'il se promène en pantoufles dans l'Eldorado qu'ils entrevoient à peine entouré de fossés et fermé de grilles, là-bas, là-bas, au bout de leur route.

Ne vous étonnez donc pas de la prodigieuse célébrité arrivée en un jour à un brave garçon nommé Pierre Buisson, dont le nom était resté parfaitement obscur, malgré d'assez beaux travaux littéraires et scientifiques, car sa maîtresse, Henriette de Lysle, fut le parangon même de la beauté, de la grâce et de l'élégance, admirable à faire douter si les soleils se promenaient dans la rue ?

Svelte et fière, hardie et chaste, la pâleur dorée de ses beaux traits s'harmonisait avec sa riche et soyeuse chevelure blonde, ses sourcils noirs ordonnaient et son sourire de reine était doux; et quel spectacle lorsqu'elle baissait ses paupières et qu'on pouvait admirer dans leur longueur ses cils bruns démesurés ! Son cou et ses mains, ceux de la Polymnie; sa voix, une musique ! et en voyant ses pieds nus, aucun cordonnier n'aurait pu affirmer qu'ils eussent jamais été chaussés !

Riches tous deux, Pierre et Henriette, je ne crois pas qu'il y ait jamais eu sur la terre un pareil bonheur. Elle pouvait chanter Auber et jouer du Mozart, elle était spirituelle, elle comprenait tout, même elle savait lire et elle ne faisait pas de fautes d'orthographe ! Pourtant, comme le sybarite est toujours couché sur une feuille de rose, Pierre s'inquiétait un peu d'admirer chez son amie une ineffable sérénité et une pureté de gestes pour ainsi dire musicale, dont rien, chez aucune femme, n'avait pu lui donner l'idée, car il semble qu'il ait dû falloir mille ans pour apprendre ainsi à imiter naturellement le calme harmonieux des statues : mais Henriette avait la jeunesse d'un lys !

Toujours reçu chez Henriette, Pierre Buisson s'affligeait souvent qu'elle n'eût jamais voulu franchir le seuil de son logement de garçon. Une fois il eut à faire un voyage de quatre jours, et, à son retour, il trouva madame de Lysle l'attendant chez lui au coin du feu. Pendant l'absence de Pierre, elle avait fait installer et meubler chez lui une salle de bains et un cabinet de toilette absolument pareils à ceux qu'il admirait dans l'appartement d'Henriette; et, depuis lors, elle vint toutes les fois qu'il l'en pria.

Henriette avait la douce respiration d'un enfant et dormait avec la grâce immobile des toutes jeunes filles. Son souffle était si doux et ses mouvements si ailés qu'un homme endormi ne pouvait s'apercevoir qu'elle s'éveillât ; pourtant, je ne sais par quel indicible instinct Pierre eut le sentiment qu'il était toujours seul à ces premières heures du matin où l'âme lutte entre la mort et le réveil, et qu'alors Henriette n'était plus auprès de lui. Mais cette impression ne se formula pas, et d'ailleurs, noyé dans le ciel des anges, il n'y avait de place en lui pour aucune pensée.

Donc, une si rare félicité fit émeute dans Paris. On en parla, on en cria, tout le monde embrassait Pierre Buisson dans l'espoir de l'étouffer ; on lui prêtait de l'argent de force, quoiqu'il n'en eût pas besoin, et je crois que s'il se fût promené la nuit dans une forêt, fût-ce au bois de Boulogne, il aurait été égorgé comme un loup, ou empoisonné comme un chien.

Par un soir de juin, il y a deux ans de cela, une société toute parisienne était réunie dans le parc du château que M. V... occupait alors à Auteuil ; des dames charmantes d'abord, puis M. Achille B..., M. Nestor R..., M. S...-B..., le comte Horace de V..., Adolphe A..., Paul S..., René, et j'en passe.

Comme Pierre Buisson était le lion du moment, et comme sa liaison était le plus grand succès parisien depuis *La Dame aux Camellias,* tout le monde louait à l'envi Henriette de Lysle, celui-ci décrivant ses pieds comme un statuaire, celui-là racontant sa voix de brise et de lyre, cet autre arrangeant en poème de prose parlée le poème de ses ajustements et de sa parure.

On était dans une telle veine de phrases heureuses que chaque convive enivrait tous les autres, on se serait cru dans ces féeries où les lèvres laissent tomber des pierres précieuses; seulement, on voyait la bouche de Nestor R... se plisser de ce sourire fin qui court sur ses lèvres au moment où il va lancer un de ces traits qui restent vingt ans dans la blessure, et on avait un peu peur.

Et en effet, il prit son air bonhomme et fit des ronds sur le sable avec sa canne, et, comme on célébrait avec plus d'enthousiasme encore Henriette belle, Henriette majestueuse et pleine de grâce, Nestor R... baissa les yeux et demanda comme négligemment :

— « QUEL AGE A-T-ELLE ? »

A ce mot, il sembla que tout le monde s'éveillait; il se fit un affreux silence.

Pierre Buisson crut sentir qu'on lui mordait le cœur ; il devint pâle comme un linge, un nuage de sang passa devant ses yeux. Il s'évanouit, et fut heureusement secouru par le docteur L... qui se trouvait là ; puis, revenu à lui, il se sauva, à pied et comme un fou, sur la route de Paris.

A présent, il songeait, il comprenait tout, une lumière terrible s'était faite en lui. Il embrassait d'un coup d'œil idéal toute la beauté d'Henriette, et recommençait à se poser à lui-même l'implacable question : « Quel âge a-t-elle ? » La vie de la femme est comme une perpétuelle enfance, et le jour où sa beauté arrive à être parfaite, elle commence déjà à se dégrader. Même au moment où elle voit son ouvrage se détruire, la nature ne renonce jamais à ce travail de perfectionnement qu'elle fait sur toutes ses créatures. Ce sont les mains qui de jour en jour se précisent, c'est une rougeur vermeille qui disparaît pour laisser plus pur un méplat d'ivoire ; c'est la chevelure qui se replante mieux et s'arrange à l'air du visage. Chez Henriette, rien de tout cela ! Elle est accomplie comme la Vénus de Cléomène et comme Ninon de Lenclos à son dernier amour, achevée comme une fleur, polie comme une pierre précieuse. Doute effroyable : Quel âge a-t-elle !

L'histoire de Pandore est l'histoire de toutes les boîtes qu'on ne doit pas ouvrir. Vous devinez les luttes, les remords, les paradoxes où s'égara Pierre Buisson, et qu'un jour enfin, à force de lassitude et de haine contre lui-même, au moment où Henriette cachait sa belle tête sur le sein de ce lâche amant, un démon lui arracha les paroles coupables, et qu'il balbutia à voix basse, comme un assassin, ces mots qui en passant lui brûlèrent les lèvres : « Je voudrais savoir ton âge ! »

Tel sans doute le dieu Amour cria de douleur en s'éveillant sous la goutte d'huile brûlante de Psyché, pareille à une lionne blessée et à une femme insultée, Henriette s'arracha des bras de Pierre en poussant un grand cri de désespoir et d'amour trompé, un cri tel que la grande Rachel aurait seule pu le retrouver dans ses délires. Et elle s'enfuit.

Quinze jours après, comme Pierre Buisson, assis sur un divan, cachait sa tête dans ses deux mains, son domestique lui remit un paquet soigneusement cacheté. L'adresse était écrite de la main d'Henriette de Lysle ; l'enveloppe ne contenait qu'un papier, l'acte de naissance d'Henriette de Lysle.

Pierre leva les bras au ciel.

« — Oh ! murmura-t-il, c'était donc vrai !

« — Eh bien ! oui, dit en entrant la gentille et pimpante Naïs, elle a cet âge là ! Vous le savez : vous voilà heureux ! Sans compter que vous avez tout à fait agi comme un imbécile, en sacrifiant votre vie au spectre d'une ombre et à l'écho d'un murmure ! Et qui vous consolera ? Ni moi ni d'autres, car on ne console pas d'une Henriette ! Tenez, j'ai vingt-trois ans, et vous le savez. Eh bien ! voici des rides, voici des cheveux qui s'éclaircissent ; mais Henriette était, non pas une jeune femme, mais la Jeunesse même ! Sculpteur et statue, elle s'était faite divine après que Dieu l'avait faite belle ! Celui qui a dit le premier : *On a l'âge qu'on paraît avoir,* a dit là une grande naïveté ; il fallait écrire en lettres d'or : *On a l'âge qu'on a la puissance et la vertu de se donner.* Mais vos cœurs battent pour des papiers timbrés ! Pourquoi n'allez-vous pas aussi demander à Lamartine s'il ne se sert pas d'un *Dictionnaire des Rimes ?* Car vous voulez tout savoir ! Eh bien ! sachez donc ce que faisait Henriette quand vous ne la sentiez pas à vos côtés, à quatre heures du matin, en janvier : comme Diane de Poitiers, elle se baignait dans l'eau froide pour rendre sa beauté pure et immortelle. »

Pierre Buisson a vendu au bouquiniste du passage des Panoramas ses livres, ses chères éditions de prix aux reliures princières, et maintenant il vit dans le cabinet de toilette qu'Henriette avait fait faire chez lui ; là, silencieux, les yeux fixés sur les peignes d'écaille et d'ivoire qui ont touché la chevelure de son amie, et sur les blondes éponges qui lui donnaient le baiser glacé des eaux vives, il tâche d'apprendre la Sagesse.

V

LE CŒUR DE MARBRE

— VALENTINE —

Ceci, chers lecteurs, serait un conte difficile à dire, si vous n'étiez pas là pour nous aider, tous tant que nous sommes, quand la tâche devient trop délicate. N'est-ce pas à vous qu'on doit la suave figure du Mignon, non décrite par le poète? N'avez-vous pas dessiné Laure et Béatrix d'après votre rêve, et Ariel d'après votre fantaisie? N'avez-vous pas travaillé, pour la moitié au moins, aux romans de Boccace et à ceux de Lafontaine, et n'êtes-vous pas toujours là pour donner le fameux *ut* à la place de Gueymard et à la place de Tamberlick? Cet *ut* (qu'on ne s'y trompe pas!) sort bien moins de leurs gosiers que de vos poitrines, et quand Paganini jouait du violon avec une canne, c'était avec votre canne. Aidez-moi donc à marcher dans mon sentier si étroit, entre des abîmes ! car j'entreprends une rude affaire ; je veux faire passer sous vos yeux le profil indécis de la trop célèbre VALENTINE : mais... ne le fallait-il pas ?

Partout où l'on prononce le nom de cette Valentine, que ce soit sous les poutres sculptées et dorées ou sous les plafonds blancs et nus, on entend s'éveiller et murmurer un essaim de souvenirs poignants, comme des démons qui fouetteraient l'air de leurs ailes. Parmi les assistants, les uns essuient une de ces larmes brûlantes qui creusent des rides sur le visage, les autres portent la main à leur poitrine comme pour y étancher le sang d'une blessure encore ouverte ; ceux-ci tressaillent, ceux-là baissent vers la terre des regards pleins de regrets et de honte. Car Valentine a été de moitié dans tous les amours qui tuent la foi et la jeunesse de l'âme, et les lustres de toutes les orgies ont baigné son front d'une lumière blafarde, et, depuis sept ans, il n'y a pas eu un verre empli de vin par des mains tremblantes et pâlies dans lequel elle n'ait trempé sa chevelure. L'Agonie la salue avec un sourire, et le râle des mourants lui dit : ma sœur ! car elle s'appelle Démence et elle s'appelle

Luxure, et les innombrables baisers qui ont à peine
effilé les doigts de cette Omphale auraient suffi à
user les degrés de granit qui mènent aux vestibules
des palais. Goules et vampires se contenteraient de
boire pour se réchauffer le jeune sang de vos veines;
mais Valentine boit ce rayon de lumière et de
flamme que Dieu a mis sur les visages humains
comme le signe de leur race, et elle les laisse
pareils à ces oranges qu'une femme capricieuse a
déchiquetées entre ses lèvres. Plus dangereuse en
effet que l'innocente et naïve Marco, elle a absorbé
plus de Raphaëls que l'armée de Sambre-et-Meuse
n'a usé de paires de souliers, et ses amours ressemblent à ces troupes de grands Anges en armes
qui planent au-dessus d'un champ de bataille jonché
de cadavres. Elle disperse l'or comme le vent d'au-
tomne disperse les feuilles mortes. Honneur, vertu,
le respect de la patrie, l'amitié sainte, la vénération
filiale, au souffle de Valentine tout tombe en cendres
dans les cœurs desséchés et brûlés. Le jeune homme
égorge pour elle son avenir et l'avenir des siens; et
sous la bise de janvier, le père de famille se promène sous la fenêtre de Valentine, serrant entre ses
mains la dot de ses filles qu'il vient de voler. Le fils
de son portier, enfant de treize ans, est amoureux
d'elle et vole sa mère pour lui envoyer des bouquets
de camellias.

Surtout, souvenez-vous qu'il s'agit ici des Parisiennes, et n'allez pas commettre la faute de vous figurer Valentine sous les traits effroyables et magnifiques d'une belle Furie, secouant des chevelures de serpents et des torches flamboyantes. Valentine est jeune et jolie, elle a l'air décent et distingué, parfaitement élégant et assez honnête. Les bandeaux lisses, à rouleaux revenant par-dessus, emploient à merveille ses cheveux bruns ; ses yeux noirs, grands, noyés et étonnés, son nez presque régulier, ses lèvres où le minium n'a pas été épargné et dont les coins sont heureusement coupés, et sa prestance de jeune première s'arrangent à souhait avec les chiffons de Laure et de Palmyre et avec les extravagances des dentelles. Enfin, Valentine *qui touche un peu du piano*, a surtout un vrai talent pour le style épistolaire et personne n'écrit mieux qu'elle la fameuse lettre : « Mon cher bien-aimé, il est trois heures du matin et je m'éveille toute triste. Tu sais comme ta Valentine devine ce qui te touche. Il me semble que tu dois souffrir, et, par je ne sais quel pressentiment, je sens que quelque chose t'afflige en ce moment même. Rassure tout de suite celle dont tu es la seule vie... » Maintenant voici son histoire.

Valentine passe pour la fille naturelle de ce vicomte de Perthuis, dont les excentricités occupaient si fort les nouvellistes de la Restauration, et qui mérita plus que jamais sa réputation en avantageant d'une grande fortune cette enfant, dont la paternité lui était fort contestée par les événements eux-mêmes. Le vicomte de Perthuis mourut de la goutte comme Valentine entrait dans sa seizième année, et la jeune fille se trouva du même coup riche et tout-à-fait libre, car sa mère, la célèbre comédienne Magdeleine Verteuil, dont les succès avaient pu tenir en échec pendant quelques années ceux de madame Menjaud et ceux de mademoiselle Mars, n'était plus alors qu'une coquette surannée, retirée du théâtre et accaparée par le culte des perruches. N'ayant pu assembler deux idées au temps de sa gloire, elle était trop occupée alors à relire dans les almanachs des Muses et des Grâces les madrigaux qui avaient célébré sa jeunesse, pour faire la moindre attention à sa fille. D'ailleurs mademoiselle Magdeleine Verteuil avait été nourrie dans les principes de l'ancien théâtre et avait professé dans sa vie la plus grande indulgence pour les amourettes et pour « *tout ce qui relève de la galanterie.* »

Logiquement, Valentine aurait donc dû se laisser voler son cœur et le reste par le premier maître de clavecin un peu hardi ; mais le hasard en décida tout autrement. Elle éprouva un amour sérieux pour un jeune officier nommé Émile Levasseur, âme candide et loyale dans un corps de bronze, et cette passion promenée pendant trois mois au milieu de toutes les fêtes et de toutes nos campagnes verdoyantes, fut une des plus aimables élégies parisiennes de l'été de 1847. Émile partait pour rejoindre son régiment à Saumur, et devait solliciter le plus tôt possible un nouveau congé pour revenir conclure son mariage avec Valentine.

Souvent celle-ci redisait en longues confidences à son amie intime Mariette, (que nous avons depuis applaudie au théâtre du Vaudeville) toute l'extase dont son âme débordait. « Oh ! chère Marie, s'écriait-elle, s'il fallait perdre mon Émile, je mourrais, car par qui serais-je aimée ainsi avec la confiance d'un enfant et avec cette ineffable tendresse ? Il me semble que son souffle est ma vie, et je voudrais passer des heures à le contempler à genoux ! »

Aussi mademoiselle Mariette fut-elle assez vivement étonnée de ce qu'elle vit de ses yeux, un mois juste après le départ d'Émile Levasseur. C'était, je crois, à un bal d'artistes, chez mademoiselle Léontine Bertin, rue Trouchet. Suffoquée par la chaleur et toute déchevelée à la suite d'une valse très-ardente, Mariette avait cherché seule un petit boudoir où elle comptait se remettre un peu et rarranger ses belles boucles de cheveux d'or. Elle comptait bien sincèrement ne trouver personne dans cette oasis de soie de la Chine, mais elle avait compté sans le poète Henri B... qui était occupé là à dire les plus jolies choses du monde, tout en soutenant une jeune fille à demi renversée et pâmée dans ses bras. Mais quel fut l'étonnement de Mariette en reconnaissant la fille de mademoiselle Verteuil !

Henri B... s'était esquivé en homme habile à ménager les transitions. Valentine tomba en pleurant et en sanglottant dans les bras de son amie, et la couvrit longtemps de baisers et de larmes avant de pouvoir parler.

« Écoute, Marie, lui dit-elle enfin, tu me méprises ! apprends donc mon affreux secret ! Tu as entendu parler comme moi de femmes au sang glacé, dont l'esprit et l'imagination seuls vivent, mais dont le cœur ne palpite jamais, et qui restent de marbre sous les baisers. Eh bien ! je sens que je suis une de ces femmes. Oui, je crains d'être une d'elles, et cette idée me remplit d'épouvante. Lorsqu'Émile était là près de moi et qu'il tenait mes mains dans les siennes, quand ses lèvres effleuraient mon front, ma pensée s'en est allée en mille rêves délicieux, mais aucun frisson n'a passé dans mes veines, mon cœur n'a pas battu, je n'ai pas senti mes mains moites et brûlantes. Moi qui aime Émile à lui donner une à une toutes les gouttes de mon sang, suis-je condamnée, lorsqu'il m'aura nommée sa femme, à n'apporter dans ses bras qu'un cadavre insensible ?

» Je le saurai demain.

» — A ce prix ? demanda Mariette.

» — A tout prix ! dit Valentine, qui, à ce moment là, fit entrevoir dans un regard l'implacable résolution qu'elle devait montrer depuis. Ce poëte décrit trop bien les joies de l'amour pour ne pas les connaître. Il me conduira dans le paradis enchanté, et alors je saurai bien me purifier d'avoir été infidèle ! et je ne sentirai plus cette douloureuse terreur d'apporter mon désespoir en dot à celui que j'aime. »

Le lendemain Mariette volait chez Valentine.

« — Eh bien ! fit-elle en l'interrogeant avec anxiété.

» — Eh bien ! dit Valentine, je suis une statue et

rien ne vit en moi ; mon cœur est comme celui des dieux. Mais si quelqu'un peut l'animer, je trouverai celui-là, dussé-je le chercher comme un grain de sable au milieu des grains de sable de la mer !

» — Oh ! murmura Mariette, je te vois perdue. Pleure plutôt ta faute amèrement, et rappelle Emile. Sois sa femme et vis de l'amitié de cet honnête homme.

Valentine secoua sa noire chevelure.

» — Laisse-moi, dit-elle, l'amitié n'est pas assez pour moi. Y songes-tu ! me sentir, image de pierre, pressée entre des bras vivants et que j'adore ! voir ses transports et ne pas les partager ! ce serait trop souvent mourir ! Non, je m'abandonne à ma destinée, et si jamais ce simulacre est vivant, si cette neige s'anime, il faudra bien qu'Emile me pardonne, dussé-je m'ensevelir cinq ans dans un couvent avant de toucher sa main, dussé-je marcher nue sous les pluies du ciel pour laver mes fautes ! »

Et Valentine l'a fait comme elle le disait. Fouettée par le vent de sa folie, elle a commencé sa course furieuse et insensée à travers le monde.

Un jour, tout Paris était agenouillé devant le grand pianiste qui prête sa passion aux touches imbéciles.

— « Oh se disait Valentine, ce génie fait vivre le bois et l'ivoire, il éveille dans ce coffre ridicule des torrents d'harmonie, des larmes, mille douleurs poignantes, tout un monde ! Ne saura-t-il pas me faire tressaillir comme ces cordes de laiton et ces morceaux d'ébène? Il transfigure la matière inerte ; celui-là saura le mot que je cherche. »

Mais le pianiste ne le savait pas.

Ou bien elle pensait : « Cet ingénieur a jeté des ponts d'un rocher à l'autre sur un océan irrité et sauvage ; il sait dompter la nature et faire l'impossible ! » Elle se disait : « Ce statuaire a surpris le secret de la vie ! Ce comédien a l'art de faire frissonner les nerfs par sa voix émue et sympathique ! Ils trouveront la femme cachée en moi. »

Mais tous ces enchanteurs continuaient à faire leurs prodiges, sans pouvoir conjurer la malédiction céleste.

Elle allait au matin dans le grenier où l'on est si bien à vingt ans, et où il y a trois pieds d'un vers charbonnés sur le mur ! Elle accrochait son châle à la fenêtre en guise de rideau, et elle s'asseyait sur l'humble couchette, et elle disait : « Je suis Lisette ! parle-moi de l'amour et du printemps, et chante moi tes jeunes chansons ! »

Elle disait aux soldats : « Venez, que je vous verse du vin bleu sur la table de la guinguette, et faites-moi voir comment vous embrassez la Victoire avec vos mains franches et brutales ! » Elle disait aux valets, aux esclaves : — « Montrez-moi ce que valent vos révoltes, et s'il y a de quoi s'enthousiasmer pour vos haines ? » Elle suivait les saltimbanques, les déshérités de l'art, pour savoir si on peut s'enivrer de pauvreté et de grand air en mirant tous les soleils dans le miroir des paillettes vagabondes ! D'autres fois, elle achetait des palais, et à tous les murs elle faisait percer des fenêtres pour y jeter son or et l'or des vieillards empressés autour d'elle, et l'or des jeunes gens asservis à ses caprices, l'or du Vice, l'or de l'Usure, le trésor du riche, l'épargne du pauvre ! Mais toujours son cœur restait immobile dans sa poitrine.

Et voici quelle fut la plus grande démence de Valentine : elle pensa que peut-être elle trouverait dans un mariage bien bourgeois et bien calme, entre le pot-au-feu et le livre de cuisine, ce que lui avaient refusé les fantaisies effrénées ! « Sans doute, dit-elle, la fleur bleue de l'Idéal fleurit dans quelque champ paisible, à l'ombre de la modeste haie d'aubépine, et non pas dans les forêts luxuriantes, au bord des grands lacs, sous les guirlandes de lianes et les architectures de feuillage. » Et, à la grande joie de sa mère, Valentine se maria avec M. Anacharsis, riche fabricant de Chemins de la Croix et d'objets religieux, établi rue Cassette. Elle se mit à raccommoder les chaussettes avec frénésie, et à écrire sur le livre de cuisine, en comptes de menues dépenses, la valeur des œuvres complètes de Voltaire ! Elle fit une orgie de vie bourgeoise, occupée du linge, du comptoir, donnant des ordres, faisant des conserves, recevant le soir de vieux voisins qui venaient jouer au boston à un sou la fiche. Hélas ! vains efforts ! Aucune fleur bleue ne s'épanouit au souffle de cette brise domestique, et madame Anacharsis resta, comme Valentine, une statue.

Alors elle jeta son bonnet par-dessus les moulins ! Il y eut madame Anacharsis infidèle, quittant son mari, le perdant, le retrouvant, cherchant à connaître les âpres saveurs de ces fruits défendus que croquent à belles dents les épouses fugitives ! Il y eut madame Anacharsis donnant à ses amoureux des alliances de mariage, et allant faire bénir à Greetna-Green ses unions adultères. Puis les voyages ! La Suisse et l'Italie vues en compagnie d'un jeune Anglais aux cheveux dorés ou d'un féroce Brésilien, qui sait si bien dire : « Si jamais tu me trompes, je te tuerai ! » Valentine a bu la neige des torrents, elle a laissé bondir sur son sein les cascades échevelées, elle a frappé du poing les rocs et mordu

l'écorce des arbres en criant à toute cette nature :
« Dis-moi ton secret ! » Ce secret, elle l'a demandé
aux noires forêts, aux grottes obscures où pendent
les stalactites, aux fleuves immenses, aux villes,
aux basiliques, à la vieille Venise endormie en son
linceul ! Mais la Nature a gardé son secret pour elle
et pour les hommes de bonne volonté, et madame
Anacharsis, ivre et folle, a continué à faire la joie
du Paris folâtre en promenant son éternelle interrogation des agents de change aux poètes lyriques
et des princes russes aux marchands de peaux de
lapin, et elle se console en lisant *Lélia*.

Emile Levasseur, qui a quitté le service, et qui,
lui aussi, est devenu fou de désespoir, a joué à la
Bourse par dépravation et y gagne des millions
dont il ne sait que faire. Vingt fois il a voulu arracher Valentine à son affreuse vie et l'a suppliée à
genoux d'accepter le pardon qu'il lui offrait avec
une résignation abominable et sublime. Mais
madame Anacharsis est du moins restée fidèle à son
rêve de jeune fille. Elle a tout traîné dans le
ruisseau des rues, excepté son premier et son
seul amour, et d'ailleurs elle ne renonce pas
encore à vivre ! Parfois elle s'extasie pendant
de longues heures sur le roman de madame
Beecher Stowe et se demande si, parmi cette race
noire, opprimée et héroïque au dire de l'illustre

écrivain, il n'y a pas quelque Othello dont la lèvre lippue échaufferait son cœur de marbre.

Mais apaise-t-on la soif des damnés lors même qu'on leur fait boire toute l'eau de la pluie et toute l'eau des fleuves ? Toujours, toujours les Euménides chassent devant elles, en les meurtrissant à coups de sanglantes vipères, tout un troupeau de victimes furieuses, marquées au front pour la Démence et pour le Crime. Attachés à leurs flancs, un vautour leur mord le foie, un taon avide les dévore, et l'ouragan qui fouette leurs visages aveuglés, les empêche d'entendre les gémissements plaintifs, les doux sanglots et le chant consolateur des Océanides.

VI

LA DAME AUX PEIGNOIRS

— BERTHE —

Et, sans plus attendre, amis, continuons cette petite symphonie à grand orchestre qui vous suit à Chatou au bord des flots d'argent, et sous les riants ombrages de Maison-Laffite, où l'on entend de si joyeuses chansons s'envoler, comme des troupes de rossignols, de la chaumière habitée par mademoiselle Brassine! Donc, on venait de conter l'histoire de Valentine au cœur de marbre, et je ne sais plus si c'était Laure ou Pampinée, ou Dioneo, ou Fiammette qui achevait cette légende sinistre par une péroraison renouvelée d'Eschyle, mais je me souviens que le Décaméron se murmurait ce soir-là dans cette délicieuse petite loge du théâtre de la Gaîté, dont mademoiselle Jacqueline Bouron a fait un paradis de soie vert-d'eau à fleurs rouges et roses, fond charmant, sur lequel les trois dessins à la sanguine de Watteau, la *Bohémienne* de Célestin Nanteuil et les quatre aquarelles si amusantes d'Eugène Lami semblent heureux comme des poissons dans la rivière.

« Eh bien, dit la maîtresse de la maison en se tournant vers le conteur, moi aussi j'ai connu une Valentine! plus gaie que la vôtre, et appartenant, celle-là, à la vie heureuse. Mais, (ajouta-t-elle, en me regardant avec une douce ironie,) je ne vous engage pas à clouer ce joli papillon sur un feuillet de votre livre ! Pour toucher à ses ailes, il faudrait, je crois, une femme; j'entends une femme aux mains délicates, c'est-à-dire ce qu'il y a de plus rare au monde, car les filleules d'Ève ne peuvent faire ni des maîtres d'hôtel, ni des relieurs, ni même des corsetières sérieuses ! Je vous dirai toutefois quelle fut Berthe, l'insoucieuse et l'adorée, et tâchez, s'il se peut, d'en tirer pied ou aile, mais cette fois encore, défiez-vous de la manière de M. Courbet, et gardez-vous de faire une orgie de réalisme!

» Berthe était avec nous au Théâtre Historique,

à l'époque où l'on y jouait ces longues chroniques d'Alexandre Dumas, pareilles à de grandes fresques brossées par un maître sur les murailles d'un palais de géants. Berthe excellait à représenter ces héroïnes de la Fronde et de la Guerre des Femmes, qui courent les grands chemins en habit de gentilhomme, le feutre sur l'oreille et la plume au vent, à côté d'un capitaine d'aventure. Elle représentait d'ailleurs tout ce qu'on voulait, car s'il eût été possible d'inventer une femme exprès pour le métier du théâtre, on ne l'aurait pas mieux réussie. Ses traits, pareils à ceux de la jeune Niobé, avec un peu plus de finesse et surtout avec la grâce moderne, son nez droit, ses yeux d'un or foncé et étincelant, aux cils noirs comme de l'encre, ses lèvres riches, enfin son excessive pâleur qui n'avait rien de maladif, la rendaient capable de supporter toutes les coiffures et toutes les perruques, depuis la tignasse rouge du petit paysan, jusqu'aux diadèmes de diamants attachés sur les *Sévignés* vaporeuses si bien exécutées par M. Auguste ! Et faite ! si mince et hardiment svelte que, sans ses bras et ses épaules, les gens qui n'y voient pas auraient pu la croire maigre, véritable fortune au théâtre ! Mais en réalité, si elle eût été accusée de quelque chose devant un aréopage quelconque, son avocat aurait pu, comme celui de Phryné, lui déchirer éloquemment sa robe, et découvrir un sein pareil à celui que montre le portrait connu d'Agnès Sorel. J'ajouterai un détail inouï pour ceux qui connaissent la difficulté d'habiller une actrice. Dans son *Catilina,* M. Dumas avait donné à Berthe un rôle de jeune esclave grec, et son costume se composait uniquement de ceci : un maillot de soie à doigts avec des cothurnes de pourpre, une tunique et un manteau, un bonnet phrygien, et voilà tout ! Pas l'ombre d'un jupon, ni d'un corset, ni d'une brassière, ni d'une ceinture ! Faites le tour des théâtres de Paris et de la banlieue, y compris le théâtre Séraphin et l'École Lyrique, et si vous trouvez deux comédiennes qui puissent en faire autant, vous étonnerez plusieurs personnes ! Vous pensez qu'une femme bâtie de la sorte ne devait guère connaître la Mélancolie ; aussi, Berthe pouvait-elle dire de ce doux et pâle génie couronné de violettes, comme Sosthènes de Pagnani : Je ne sais pas où il demeure !

» Sans doute, vous me demanderez où je veux en venir avec cette photographie de Berthe, et quel fut le mystère de son existence, car il est entendu qu'une existence n'a pas besoin d'être racontée si elle ne cache aucun mystère. Il y en avait bien un ! j'y arrive, et c'est précisément ce qui m'embarrasse. D'abord, pour achever le portrait, figurez-vous une personne toujours gaie et sereine, d'une humeur parfaitement égale et affable, avec beaucoup de dignité pourtant, sachant se faire respecter de tous par sa seule manière d'être, et en retour se montrer constamment aimable. Elle parlait de tout avec aisance et sans pruderie, mais il ne fût venu à personne l'idée de dire devant elle un mot grossier ou de lui faire subir une plaisanterie équivoque. Elle obligeait tout le monde et n'imposait jamais son caprice ; mais aussi elle n'aurait pas sacrifié au schah de Perse sa volonté ni son plaisir, et, pour résumer tout, elle avait à dix-neuf ans la *tenue* d'une femme accomplie. Si, par hasard, on se trouvait avec elle au restaurant, (car, bien souvent, nous ne voulions pas faire subir à nos familles les ridicules heures de repas imposées par des représentations qui commençaient à six heures et demie,) Berthe demandait d'abord pour elle le plat dont elle avait envie, et le partageait gracieusement avec ceux des convives qui acceptaient son offre. Après cela, on pouvait bien demander des cuisses de rhinocéros ou des beefsteks d'ours, elle n'y faisait pas la moindre objection, et s'en souciait comme M. Pereyre d'une poésie lyrique. Dans la mesure permise à une femme, elle tenait tête aux buveurs jusqu'à la fin du dernier flacon, et jetait dans la causerie une verve inépuisable, sans jamais sortir de la réserve imposée même à une artiste qui veut être respectée. D'ailleurs, les fatigues et les veilles ne laissaient pas la moindre trace sur son visage. Lorsqu'on faisait relâche pour mettre en scène les grandes *machines* d'Alexandre Dumas, il arrivait parfois que ces répétitions duraient jusqu'à trois ou quatre heures du matin, et alors les acteurs tombaient littéralement de fatigue. Vers ces dernières heures du matin où la flamme des quinquets mourait et où un vague crépuscule envahissait la scène, notre troupe domptée et brisée offrait avec un degré d'intensité mille fois plus grand le spectacle que montre un bal du grand monde, surpris par l'aurore. Les femmes surtout étaient affreuses à voir. Cheveux dépeignés et dénoués, robes lâches, mains noircies par la poussière, elles succombaient, et leurs teints verdis et leurs yeux gonflés auraient sérieusement apitoyé tout autre qu'un auteur dramatique. Mais lorsqu'enfin, pâmées de lassitude, sentant leurs jambes se dérober et les mots expirer sur leurs lèvres, elles joignaient les mains vers le poète : — Allons, disait celui-ci avec la plus aimable des brusqueries, il n'y a pas moyen de travailler avec vous. Voyez mademoiselle Berthe : elle n'est pas fatiguée, elle ! En effet, on regardait Berthe, ses yeux étaient vifs et limpides, ses lèvres étaient roses, sa chevelure nette et lisse. Il semblait qu'elle sortît des mains de sa femme de chambre, après avoir pris un bain d'eau de senteur. — A la bonne heure, murmurait en s'éveillant à demi notre camarade

Colbrun, qui, tout debout, s'était endormi d'un sommeil héroïque : à la bonne heure ! mais si mademoiselle Berthe est vampire et boit ici le sang de quelqu'un, je ne puis pas en être responsable !

» Elle ne buvait pas de sang. Mais, je dois le dire, une chose m'étonna vivement dès mon arrivée au Théâtre Historique. A ce boulevard du Temple où, mariés ou non mariés, tout le monde se promène par couples comme dans les comédies galantes de Shakspere, Berthe était seule, et c'était sa femme de chambre Lucette qui venait la chercher pour la ramener chez elle après le spectacle. Plus tard, et quand je me fus un peu liée avec elle, ses rapports avec les comédiens m'étonnèrent plus que je ne saurais l'exprimer. Tous lui parlaient avec déférence et respect ; mais cent fois, derrière un de ces immenses portants que fabriquaient nos décorateurs, ou sur un escalier, ou dans l'ombre vague d'un couloir, il me sembla voir des mains presser furtivement la sienne ou lui glisser un billet plié menu, ou même je croyais entendre des mignardises de tutoiement murmurées à voix basse, ou le susurrement d'un ardent baiser qui faisait frissonner mes oreilles surprises. Mais, comme toutes les fois que le témoignage de nos sens nous dénonce un fait que notre raison se refuse à admettre, je me forçais à douter du témoignage de mes sens. Une autre circonstance vint me plonger dans une grande perplexité. Il arriva que pendant la durée de nos interminables représentations, des hasards de rubans ou d'épingles m'amenaient deux ou trois fois en une seule soirée dans la loge de Berthe pendant les entr'actes. Chaque fois je trouvais assis à côté d'elle un de nos camarades ou quelque auteur, ou même un artiste étranger à nous, en qui j'observais l'attitude d'un ami de cœur discret et bien élevé, s'attachant à ne pas compromettre celle qui l'a choisi. Ce qui me frappa le plus, c'est qu'à chaque visiteur nouveau je voyais à Berthe un nouveau déshabillé, des peignoirs délicieux, blancs ou à fleurettes, et je me demandais si l'on avait caché les magasins de la Ville de Paris et des Villes de France dans la petite armoire de sa petite loge ! Et en voyant l'inaltérable sérénité de ses traits, tandis que tant d'impressions équivoques revenaient à ma pensée et la sillonnaient comme un éclair, je me sentais tout indécise, cherchant si j'avais affaire à un ange immaculé ou à une courtisane sans frein ?

» Un soir, par un hasard très-naturel, car on jouait en ce moment-là sur la scène un tableau de bataille où il se distribuait de grands coups d'épée sur les boucliers en fer-blanc de M. Granger, il n'y avait au foyer que des femmes. C'était par un de ces premiers jours d'été où les grandes fleurs s'ouvrent, où l'air est comme empli de senteurs amoureuses, et nous sentions toutes peser sur nous une énervante lassitude. — Ma foi, dit mademoiselle R..., partie depuis pour l'Australie, celle qui ne s'avouera pas plus sensible par ces soirs-là qu'au beau temps des bises de décembre, quand les talons des bottines font craquer le givre, ne sera franche qu'à moitié ! — Oui, répondit Laurette, être près d'un de ces beaux lacs bleus que nous avons vus ensemble en courant la Suisse et l'Italie, dans la troupe de M. Meynadier ! Le ciel est d'étoiles, une barque s'arrête au rivage, un jeune homme en descend et vous tend sa main. Il ne vous dit rien, mais à son regard on voit qu'on l'attendait et que c'est bien lui, et on va chanter aux flots harmonieux la *Dernière pensée de Weber !* — Moi, murmura Béatrix, je rêve cela plus près de Paris, sous cette noire forêt de Saint-Germain, douce à la tristesse ! On a les bras passés au cou d'un enfant qui vous dit sa dernière chanson sans orchestre et sans musique, et on a l'âme noyée de joie. — Et comme chacun laissait ainsi déborder sa rêverie, Berthe restait silencieuse, et toutes les femmes la regardaient, effrayées en quelque sorte et comme humiliées de son silence ; et mademoiselle R... ne put s'empêcher d'interpeller Berthe : — Vous ne dites rien, Berthe, fit-elle avec une expression de défiance ; voudriez-vous nous faire croire que vous n'avez jamais eu de ces idées-là? — Non, répondit Berthe très-simplement, moi je les ai toujours. Et elle sortit du foyer avec un pas de déesse.

» Vous devinez que le mot nous avait frappées ! Je l'avouerai, malgré moi et presque à mon insu, je me laissai aller à un espionnage de commis-voyageur, tant ma curiosité était excitée jusqu'à la souffrance. Sans le vouloir, sans le savoir, j'épiai Berthe sur la scène, dans les couloirs, dans sa loge, partout. Tout ce que j'avais cru voir, les serrements de main, les billets, les baisers, tout cela était vrai. Je voulus la mépriser; mais en regardant ses yeux limpides, pleins d'innocence, cela m'était impossible, et au contraire je me liai de plus en plus avec elle. Enfin, enragée de savoir, je me livrai à ces petites finesses bêtes qui réussissent toujours. — Je disais à L..., notre premier rôle : — Vous aimez le violet, à ce qu'il paraît? — Oui, pourquoi cela? — C'est que Berthe vous attendait, m'a-t-elle dit, et elle avait mis un peignoir à petites fleurs pensée! — Eh bien, répondait-il, c'est vrai, puisqu'elle vous l'a dit! — Et moi j'étais stupéfaite, car l'expérience répétée dix fois à propos de la même soirée réussissait toujours de même, et Berthe avait toujours eu, ce même soir-là, le peignoir safran et le peignoir rose, et le bleu-ciel, et le vert-d'eau, et le lilas tendre, et des fleurettes de toutes les couleurs de fleurettes !

» Quand je fus tout à fait son amie, il fallut parler, car cela m'étouffait. Permets-moi, lui dis-je, une question qui va sans doute nous brouiller, mais je t'aime tant, belle et bonne comme tu es, que je ne puis me résigner plus longtemps à douter de toi. — Douter de moi? fit-elle avec un air réellement attristé. T'ai-je donné une occasion de me croire égoïste, et t'es-tu quelquefois adressée à ma complaisance ou à ma pitié pour les malheureux sans obtenir ce que tu désirais? — Non pas, murmurai-je, un peu honteuse déjà de ma vilaine action, mais je voudrais comprendre... dans quels rapports tu es avec nos camarades? — Mais, dans les rapports les meilleurs et les plus simples. — Mais, dis-je, impatientée, je voudrais savoir s'ils sont tes amis ou... — Ou... achève ! — Eh bien ! tu m'y forces, ou tes amants ! — Ma foi, ma chère, dit Berthe, toujours affable et pourtant avec une certaine nuance de fine raillerie, permets-moi de te faire observer que la distinction m'échappe lorsqu'il s'agit d'affection entre des hommes et une femme, mais peut-être ne comprenais-je pas bien le mot dont tu t'es servie? Veux-tu me demander par-là si je dois à l'admiration et à la générosité d'un de ces messieurs la robe que j'ai sur le dos et les bottines que tu me vois aux pieds et le châle de l'Inde que Lucette me tient sur son bras en ce moment-ci ? Si c'est cela, non Jacqueline, ils ne sont pas *mes amants*, comme tu dis avec ce pluriel ambitieux ; je paie mes souliers au cordonnier et mes chapeaux à la modiste, comme ma viande au boucher et mon épicerie à mon épicier, avec l'argent que le caissier me compte le premier du mois ! et je suis toute à toi, et ta question ne nous brouillera pas, car on ne saurait se brouiller pour des questions qui n'ont aucun sens !

» Il était réservé à une autre occasion de me faire entendre la profession de foi de Berthe. A ce propos, permettez-moi de passer légèrement sur ce qui touche à ma propre vie. J'en étais, vous m'avez tous connue alors, à mon grand désespoir pour ce beau comédien italien qui rappelait la fameuse définition de l'écrevisse, *petit poisson rouge qui marche à reculons*, si heureusement corrigée par Cuvier à l'Académie française, en ce sens qu'il n'était ni comédien, ni Italien, ni beau surtout. Je me mourais dans ces jolis instants de rage où l'on se casse la tête contre des murs et où l'on arrache à pleines mains de longs cheveux, si cruellement regrettés six mois après. Berthe me consolait comme une sœur avec une douceur et une patience angéliques ; mais, je dois le dire, ces consolations même m'irritaient car elle semblait trop manifestement ignorer, quant à elle, les souffrances qu'elle venait soulager, et sa pitié, par trop sereine, me remplissait de confusion. On eût dit un être supérieur venant verser un baume divin sur des blessures qu'il ne connaîtra jamais, et tout mon cœur se révoltait contre cette fierté superbe.

» Ainsi, lui dis-je exaspérée enfin, tu n'as jamais eu ni amant ni chagrin d'amour, et j'ajoutai avec colère : ni sang dans les veines probablement ? — Amie, me répondit Berthe avec une grande douceur, je crois que vous confondez, toutes tant que vous êtes, des choses qui hurlent de se trouver ensemble, et peut-être passez-vous votre vie à vous faire des illusions et à les perdre ? Vous donnez votre âme, vos secrets, votre maison, votre liberté au premier venu, et vous faites après cela grand bruit, vous des bohémiennes de grand chemin, pour lui abandonner un bien que les héroïnes de l'antiquité et les marquises du XVIIIe siècle n'estimaient pas si haut que vous le faites. La raison ne conseillerait-elle pas de faire tout le contraire ? Les faveurs que vous accordez vous semblent d'un si haut prix que l'homme qui les a reçues est dispensé de toute politesse. Lui seul est beau, spirituel, sacré entre les hommes, et c'est vous offenser directement que de voir la beauté et l'esprit ailleurs que chez lui.

Puis, quand vous vous apercevez qu'il n'est rien de ce que vous aviez inventé, vous arrachez vos cheveux que personne ne vous remplacera. Pour moi, ma chère Jacqueline, j'ai du sang dans les veines quoique tu en dises, mais si j'admire des yeux noirs je ne me figure pas pour cela qu'il n'y a plus au monde d'autres yeux noirs, et surtout je ne leur donne pas le droit de lire jusqu'au fond de mon âme. Je me crois quitte envers les plus belles lèvres du monde quand je leur ai permis de baiser ma joue. Si je ne me suis pas mariée, c'est pour ne pas avoir de mari ; mais je vois que vous en avez toujours un ? J'ai gagné ma vie depuis l'âge de dix ans, et pour prévoir le cas où je devrais abandonner notre art, j'ai appris non pas un métier, mais tous les métiers de femme, et je les sais tous comme une excellente ouvrière. Aussi suis-je parfaitement libre ? Je mettrais à la porte un monsieur qui m'offrirait une bague de quinze sous, mais je ne consentirai jamais à dire qu'il n'y a qu'un seul homme au monde, fût-il Antinoüs ressuscité avec l'esprit de Rivarol ! Artiste, j'aime la beauté ; femme, l'esprit et les bonnes manières, comme j'aime les fleurs, la musique et les vins de soleil, et si vous voulez me parler de certaines faiblesses qu'il n'est jamais de bon goût d'avouer, je vous dirai qu'une femme a toujours le droit de ne pas se les rappeler elle-même ! Et laisse-moi ajouter ceci, vous me semblez toutes plus avares que le ciel et la nature, car ils ne choisissent pas une seule fleur cachée et un seul coin de terre pour y verser à flots la lumière et la joie ! Mais ajoutait-elle, je vois bien que nous ne nous comprenons pas : laisse-moi.

» Ainsi parlait Berthe, plus éloquemment sans doute, car ses yeux et ses lèvres si fières exprimaient toute l'ardeur de son sang, et moi je l'écoutais songeuse, me disant pourtant que je n'échangerais pas mes âpres souffrances contre cette tranquillité trop surhumaine. Voulez-vous un dernier trait pour cette biographie à bâtons rompus : J'ai connu un jeune pianiste nommé Octave, très-épris de Berthe, et se mourant d'amour pour elle, *quoiqu'elle ne l'eût pas repoussé*. J'avais vu cet enfant verser tant de larmes et donner tant de marques d'une douleur vraie, que je ne pus m'empêcher d'aller supplier Berthe pour lui. — Mais, ma bonne Jacqueline, me répondit-elle, je comprends mal ce qu'il veut ; je ne lui ai jamais fermé ma porte ni refusé ma main. Il me demande si je lui suis fidèle, et je ne sais pas bien ce qu'il veut dire ! Pendant les bonnes et longues heures que j'ai passées avec lui, il est certain que je m'occupais de lui et non pas d'un autre, car rien ne m'empêchait de les passer ailleurs si tel eût été mon bon plaisir. Me demande-t-il si je pressentais sa venue et si j'ai passé ma vie à l'adorer, même à l'époque où ma nourrice m'endormait dans ses bras ? Il est certain que j'ai aussi mangé des tartines de confiture, et plus tard appris des rôles, et il y a aussi des heures où je vais les répéter au théâtre. Est-ce là ce qu'il me reproche, où désire-t-il savoir si j'aimerai encore ses cheveux blonds et ses dents blanches quand ses dents seront devenues noires et ses cheveux blancs? Pour cela, non, tu peux le lui dire d'avance, mais s'il veut que je m'engage à n'aimer jamais que ce que j'ai aimé, la Beauté, la Jeunesse et le Charme, il peut en être certain d'avance, et je ne lui demande pas d'autre fidélité que celle-là ! Peut-être a-t-il une fée pour marraine, et elle lui promet qu'il gardera tous ces dons jusqu'à quatre-vingts ans, comme Ninon; mais, Jacqueline, nous ne croyons guère à cela, nous qui jouons si souvent les fées, et d'ailleurs, si cela arrive nous le verrons bien. Va, Jacqueline, tu peux lui dire que je lui suis très-fidèle !

» Berthe disait aussi : Je connais un poëte très-sensé, qui, bien entendu, ne fait pas partie de l'École du Bon Sens. Quand il adore une maîtresse, il ne fait pas faire son portrait, car jamais un artiste ne peut reproduire un objet qu'il a sous les yeux, et si les peintres en décors esquissent si bien les fleurs, les fruits et tous les accessoires matériels, c'est qu'ils le font sans modèles et seulement de souvenir.

Le poète de qui je parle court les marchands de tableaux et les boutiques de bric-à-brac jusqu'à ce qu'il ait trouvé le portrait qu'il cherche, et il le trouve. Il y a toujours un homme de génie qui, sa palette à la main, a deviné, deux cents ans d'avance, une personne qui devait naître. Eh bien, avec un peu plus de patience, la femme qui regrette un amant perdu pourra de même retrouver son portrait vivant, car la nature a bien moins d'imagination qu'on ne pense et tire le même type à des milliers d'exemplaires. Aussi les désespoirs amoureux ont-ils été inventés par les paresseux qui cherchent des prétextes pour ne pas travailler et qui ne prennent pas de bains russes !

» Il y avait au théâtre une sorte de magasin dont les fenêtres donnaient sur la rue Basse-du-Temple ; dans l'intervalle d'une longue répétition, Berthe était venue là pour respirer un peu, et elle avait ôté son fichu de cou. Ainsi appuyée sur la barre de la fenêtre, son beau corps formait une ligne idéale, et son cou et sa poitrine nus auraient damné les anges. M..., notre jeune premier, qui était entré derrière elle, sentit tout son sang refluer vers son cœur, et les yeux troublés, fasciné et ébloui de ce spectacle divin, il s'avança à pas silencieux, et posa un baiser sur ce col nu dont la blancheur l'attirait d'une manière irrésistible.

» Berthe ne se retourna pas.

» M... perdit tout à fait la tête, et cette fois, ce fut le millier de baisers dont parle Catulle ! Enfin, Berthe tourna lentement la tête. — Tiens, c'est toi, M..., dit-elle, je croyais que tu ne jouais pas aujourd'hui ! — Comme j'entrais aussi à ce moment-là, M... sortit presque fou. — Eh quoi ! dis-je à Berthe, tu ne savais pas qui c'était ! — Oh ! répondit-elle en souriant, sa main avait touché la mienne, et je savais tout ce qu'il fallait savoir ! Je me suis souvent demandé si dans un siècle païen Berthe n'aurait pas été la Sagesse elle-même ? Elle ne l'est pas à coup sûr dans un âge de rédemption où nous ne pouvons pas lever les yeux au-dessus de notre fourmilière fangeuse, sans voir de grandes croix d'or se découper sur l'opale des nuées et sur l'azur du ciel. »

Tout le monde admira beaucoup cette dernière restriction de madame Philomène, et la reine fit signe à madame Fiammette que c'était à son tour de parler.

— « Mesdames, dit Fiammette... »

VII

GALATÉE IDIOTE

— IRMA CANON —

Un matin que le dieu assembleur de nuages, Jupiter lui-même, était allé courir les amourettes, qui sait? peut-être sous son habit de cygne, ou bien déguisé en pluie d'or et en ouragan de banknotes, les autres dieux eurent la fantaisie d'entrer dans l'atelier où le fils de Saturne passe ses jours à modeler des figures d'hommes et de femmes, sans le secours d'aucun rapin, ni modèle, ni praticien quelconque. Comme chez tous les artistes, la porte fermait assez mal, et, quoiqu'ils n'eussent pas la clef, les olympiens n'éprouvèrent que très peu de difficulté à pénétrer chez le maître.

Une fois introduits dans le sanctuaire, ils se mirent à regarder avec curiosité les ébauches, les figures inachevées qu'on avait couvertes de grands linges mouillés pour empêcher la terre de se durcir, et celles que le marbre dompté et révolté emprisonnait encore à demi. Apollon, Mercure et le jeune Bacchus regardaient surtout avec curiosité les images féminines, tandis que Diane et Vénus elle-même devenaient rêveuses devant le torse nu d'un berger adolescent. Les déesses couraient comme des folles sur les échafaudages, et jouaient avec les ébauchoirs. Vous voyez d'ici l'espièglerie que devaient amener ces enfantillages.

On résolut de mettre à profit l'absence du terrible Zeus pour sculpter sans lui, avec sa propre argile et ses propres outils, une femme parfaitement belle.

Comme toutes les fois qu'on joue la comédie en société, ou qu'on fait de l'art entre amateurs, on chargea du gros de l'ouvrage le seul artiste qui fût présent, Vulcain. C'est lui qui modela en terre la nouvelle Galatée, et quel chef-d'œuvre ! Traits enfantins et superbes, ardente et riche crinière, bras dignes de l'arc, corps d'amazone victorieuse, pieds aux ongles purs, aux doigts écartés; Coysevox lui-même n'aurait pas fait mieux.

Puis Vénus dénoua sa ceinture, et toucha le sein de Galatée, et elle lui donna ainsi le charme irrésistible.

Les autres dieux firent aussi leurs présents.

Bacchus, pareil aux femmes, accorda à Galatée le pouvoir d'affoler et d'enivrer les enfants et les vieillards.

Apollon la doua de la symétrie, il lui donna le nombre et le rhythme harmonieux des mouvements.

Mars, l'ardeur héroïque ; Junon, la fierté ; Pallas, les colères vengeresses ; Cérès, la couleur blonde ; Mercure, l'habileté en affaires, l'art d'élever des amants et de s'en faire trois cent mille livres de revenu ; Diane, cet air de virginité sans lequel une femme n'est pas adorable.

Le cruel Amour donna à ses dents la blancheur et la force des dents de tigresse, à ses ongles la rage meurtrière de ceux des bêtes fauves.

La nuit et les Parques lui firent des sourcils noirs et de grands cils noirs.

Ainsi l'ouvrage était bon. Et toutefois, avant de l'exécuter en marbre, il fallait compléter le modèle et lui mettre les deux petites choses qui lui manquaient, l'intelligence et l'âme. Mais l'atelier était si mal en ordre! on eut beau fouiller les bahuts et retourner les coffres, impossible de trouver les intelligences et les âmes, et de deviner où Jupiter avait pu les ranger.

— Pour ce qui est de l'âme, dit Amour, j'en ai bien une sur moi, assez médiocre, à la vérité, comme toutes celles que je donne, et je puis bien en faire cadeau à Galatée; quant à l'intelligence, cherchez !

Mais on n'eut pas le temps de chercher. On entendit Jupiter qui fredonnait sa chanson de Vert-Galant et de Diable à quatre en montant l'escalier; ce fut un sauve qui peut général.

Galatée resta belle, harmonieuse, habile, virginale, charmeresse et féroce, mais idiote.

Telle est en réalité l'origine de mademoiselle Juliette Caron, la même qui, devant nous tous, est devenue si célèbre comme danseuse d'abord puis comme comédienne, à l'Opéra et au théâtre des Variétés, sous le nom d'IRMA CARON, qu'elle a adopté; la même aussi qui doit se marier la semaine prochaine avec un écrivain célèbre, s'il faut en croire les journaux habituellement mal informés.

Phénomène véritablement inouï, dont l'absence se fait cruellement sentir dans la ménagerie rassemblée à grands frais par Daumier, cette jeune artiste unit dans des proportions fabuleuses la rouerie la plus machiavélique à une stupidité qui dépasse tous les délires les plus passionnés de la bêtise extravagante. Pour faire entrevoir son immense astuce, je raconterai tout à l'heure brièvement l'histoire de sa vie, mais quelques-uns de ses mots, devenus célèbres, suffiront à donner une idée de ce qu'elle est comme jeune demoiselle idiote.

C'est à elle que va comme un gant la comparaison homérique : Elle s'avance, pareille à une oie grasse! La lumière étonne ses beaux yeux, l'air étonne ses lèvres suaves, la brise étonne ses cheveux, et ce qu'elle porte surtout avec étonnement ce sont les trésors de son riche corsage! Un homme maigre qui sentirait tout-à-coup pousser et poindre sur sa poitrine ces monts de neige animée et de marbre vivant ne les porterait pas, à coup sûr, d'une manière plus gauche et plus embarrassée. Les seuls cas où Galatée ne puisse pas s'étonner, ce sont ceux où il faudrait pour cela assembler deux idées. Alors elle est comme une pierre, où comme est au *Festin de Pierre* la statue dont parle Boileau! A ce sujet, on cite au théâtre des anecdotes dont le seul récit encourage tous les étrangers à prendre les Français pour des menteurs. Une fois, pendant une répétition, un rideau de fond se détacha des cintres et tomba avec un bruit effroyable ; une autre fois, six fusils, chargés pour une répétition générale devant l'inspecteur des théâtres, partirent par accident. On sait ce que sont ces violentes surprises, qui arrachent un mouvement d'effroi aussitôt réprimé à l'homme le plus brave et le plus sûr de lui-même.

Irma seule ne bougea pas, ne tressaillit pas, ne se retourna pas. Il lui avait été absolument impossible d'associer l'idée de bruit à l'idée de danger, semblable en cela au bouillant Ajax ! Pour elle, comme pour toutes les moissonneuses de bluets qui sont entrées demoiselles de comptoir dans le magasin de Thalie, le jour arriva, il arrive toujours ! où elle laissa effeuiller la blanche couronne qui lui tombait jusque sur les yeux, par les mains d'un jeune premier scrupuleusement ganté de gants à quatre francs cinquante centimes. Eh bien ! le lendemain du soir où cet artiste dramatique avait marché vivant dans son rêve étoilé, il pouvait raconter à ses amis la plus étrange histoire. Au moment où mademoiselle Caron avait donné sa réplique dans cette éternelle et touchante comédie de l'*Oaristis*; au moment où Diane avait fui courroucée, tandis que les ailes sans taches tombaient en poussière, et où le berger avait pu s'écrier, ivre de son idylle : « Te

voilà femme maintenant, et chère à Aphrodite ! »
à cet instant suprême que l'on se rappelle, dit un
poète, même après que l'on a oublié le nom de son
pays et le nom de sa mère, Irma n'avait pas sourcillé; le plus insaisissable éclair d'émotion n'avait
pas traversé son visage ; elle avait gardé la sérénité
impassible de ces nymphes de pierre qui, depuis
trois cents ans, renversent leurs urnes inépuisables
dans les bassins murmurants des fontaines.

Voici quelques-uns de ses mots : il y en aurait
mille.

Mademoiselle O... disait au foyer à mademoiselle Caron, en lui parlant d'un homme à bonnes
fortunes déjà mûr, et plus connu comme vaudevil-
liste que comme employé au ministère des finances :

— Oh! ma chère, prends garde à V... il est
bien ennuyeux, va! c'est un homme qui est pendu
toute la journée *après* une femme !

— Allons donc ! répondit Irma, il ne peut pas,
puisqu'il a un bureau !

Irma se figure l'univers comme une ligne droite,
partant de Paris pour aboutir à un point, qui, pour
elle, reste dans le vague. Comme un des rois de la
fashion venait lui faire sa visite d'adieu :

— Vous partez, dit-elle, est-ce que vous allez loin ?

— Non, fit le dandy, à vingt lieues seulement.

— A vingt lieues? alors vous devriez bien vous charger d'une lettre pour V..., il y est. (A vingt lieues !)

Après celle-là, faut-il tirer l'échelle? Non.

Visiblement troublée depuis longtemps par quelque chose qui lui était inconnu, Irma se décida enfin à éclaircir ses doutes en s'adressant à mademoiselle O...

— Quel est donc lui dit-elle, ce martyr dont le visage a une expression si divine, et qu'on voit chez tous les marchands d'images, les mains clouées sur une croix ?

A cette question prodigieuse, mademoiselle O..., épouvantée, effarée, atterrée, faillit tomber à la renverse.

— Voyons, demanda-t-elle à Irma en la regardant entre les deux yeux et sans pouvoir dissimuler sa stupeur, est-ce que tu n'as pas fait ta première communion?

— Eh bien ! qu'est-ce que tu as à présent, s'écria mademoiselle Caron en se mettant à pleurer ; si, je l'ai faite ; mais il y a si longtemps ! je ne me rappelle pas ce qu'on m'a dit !

A cela ajoutez une seule touche. Ainsi que je l'ai constaté plus haut, Galatée, qui de son vrai nom se nommait Juliette Caron, a volontairement, spontanément, sans que rien l'y forçat, changé ce nom en celui d'IRMA CARON. Se complaît-elle dans l'admiration du jeu de mots abominable et ingénu que forme cet assemblage de syllabes, ou n'en a-t-elle pas eu conscience ? A cela, on peut faire la réponse du sergent Pilou : Ce sera éternellement un secret entre Dieu et elle !

Maintenant, qui étonnerai-je (pas Balzac assurément, s'il était vivant !) en disant qu'avec cet esprit-là mademoiselle Irma Caron, qui n'a pas vingt-trois ans, a déjà gagné trente bonnes ou mauvaises mille livres de rente ? Notez d'abord qu'elle possède une des plus jolies tantes d'actrice qui aient jamais prononcé *ormoire* et *castrole !* Une tante si élégiaque et si cruellement blanchie à la poudre de fleur de riz qu'un fantaisiste croyait devoir attribuer à sa monomanie le prix élevé auquel se vend le riz au lait au café du théâtre des Variétés. Pendant toutes les années passées à l'Opéra, cette tante de génie eut l'art de revendre successivement à vingt financiers (à celui-ci pour une rente, à celui-là pour une maison de campagne, toujours données d'avance !) cette dernière larme furtive et ce dernier geste désespéré de l'innocence que l'on ne peut cependant livrer qu'une fois. Mais elle, très-forte, ne livrait rien ! Elle se bornait à dire : C'est impossible, ma nièce est trop désespérée ! — Eh bien ! répondait Plutus ou Midas, je veux parler moi-même à Irma.

Oui, mais comment s'expliquer avec une idiote ? et on gardait la maison de campagne.

Il fallut cependant qu'Irma quittât l'Opéra, un cadre excellent pour elle ! Mais un soir qu'elle dansait pour la quarantième fois dans *Robert-le-Diable*, quelqu'un lui demanda :

— Dans quoi jouez-vous ce soir ?

— Je ne sais pas, dit Irma, je joue les nonnes ! »

Le mot fut rapporté à M. Duponchel et le fit souvenir que, depuis ce temps, Macaron, comme on l'appelait au petit quadrille, n'avait pas dansé une fois en mesure, et Macaron fut remerciée.

C'est alors qu'Irma se montra digne de sa tante,

et, si elle continuait à ne rien comprendre, prouva du moins un instinct miraculeux de la manière dont nous entendons les arts en France. Elle fut reçue au Conservatoire en récitant le rôle d'Agnès; elle y obtint un accessit, puis un second prix, toujours avec le rôle d'Agnès; elle fut engagée à l'Odéon, puis à Rouen, toujours avec le rôle d'Agnès, puis enfin, il y a quatre ans, aux Variétés, sur la foi des souvenirs qu'elle a laissés dans le rôle d'Agnès.

A Rouen, elle a joué à elle seule (pas sur la scène) une longue et admirable comédie qui la fait deviner tout entière. Deux hommes, très-spirituels tous les deux, s'étaient associés pour diriger le théâtre. Aimée officiellement du plus âgé, elle se laissait aimer en cachette par l'autre. Pendant trois années elle a dirigé le théâtre sous leurs noms; ni l'un ni l'autre ne se douta jamais de son influence, tant ils la voyaient stupide! Mais inspirant, sans avoir l'air d'y toucher, toutes les résolutions, la prudence la mieux éveillée échouait contre les regards de ses yeux de faïence, et elle multipliait les traits de génie avec autant de prodigalité que les coq-à-l'âne. Comment les deux directeurs ne se sont-ils pas aperçus qu'elle les jouait tous deux? Et lorsqu'ils s'abordaient, chacun voulant obtenir de son associé une augmentation ou un bénéfice pour l'adorée, comment n'ont-ils pas éclairci le quiproquo? Et plus tard, comment Irma Caron a-t-elle dompté les auteurs dramatiques, la presse, tout le monstre parisien ?

C'est qu'elle possède cette force supérieure à la vapeur, à l'électricité et au génie qui les emploie, cette force faute de laquelle les poètes vont mourir à l'hôpital ou à la porte de l'hôpital : la douce, l'immaculée, l'immuable, la triomphante et sereine Bêtise.

VIII

LA FEMME DE TREIZE ANS

— EMMELINE —

Peut-être faudrait-il montrer une femme après cette comédienne, mais les procédés littéraires, j'entends les plus ingénieux et les plus délicats, sont devenus si grossiers à force d'avoir été employés, qu'il vaut mieux les oublier franchement et marcher tout droit devant soi.

Je suis à l'Opéra; j'y reste. Si vous avez traversé les coulisses de l'Opéra pendant l'hiver de 1853, vous devez vous rappeler la furie d'enthousiasme avec laquelle on y admirait alors la beauté d'une jeune fille de treize ans, la petite Mignon, de son vrai nom Emmeline Bazin, fille de madame Bazin, marchande à la toilette dans la rue de Provence. A la classe, au théâtre, chez les directeurs, c'était un engouement passionné pour cette tête virginale et mourante, si raphaélesque sous sa chaude pâleur et sous ses cheveux noirs, plus fins qu'abondants. Les yeux ardents sous des cils démesurés, des lèvres si douces et si tristes, ces petites mains longues et déjà blanches et par dessus tout l'expression résignée et poétique des traits qui donnait un charme douloureux à tant de grâces enfantines, prenaient et subjuguaient les âmes. Camille Roqueplan a peint d'après Emméline une tête qui reste un de ses chefs-d'œuvre, et que M. Aguado vient de reproduire tout dernièrement par la photographie. Ce portrait, type de la beauté angélique, semble celui d'une jeune martyre, destinée à être égorgée sous ses roses blanches avant même d'avoir mouillé ses lèvres au bord de la coupe, et explique la séduction irrésistible exercée par Emmeline sur un monde où il se remue pourtant sans relâche tant d'or et tant d'idées, et qui ne perd pas les minutes à s'attendrir.

On l'adorait d'autant plus que c'était une véritable enfant, si émue et émerveillée pour un hochet ou pour un bout de ruban, pour quelques bonbons que lui donnaient ces charmantes femmes, mademoiselle Louise Marquet ou mademoiselle Mathilde Marquet, ou mademoiselle Legrain, ou mademoiselle Nathan, ou mademoiselle Crétin, qui ressemble au portrait de la Joconde ! Madame Cerrito et cette illustre Alboni, qui est bonne par dessus le marché, mangeaient de baisers la petite Mignon, et, pendant la représentation, lorsqu'elle pouvait entrer pour quelques instants dans une des « loges sur le théâtre, » dans celle de M. Barbier ou dans celle d'Arthur Kalbrenner, on la fêtait comme une petite princesse. Et elle remerciait si gentiment, si naïvement ! Mademoiselle Alboni lui disait un jour : Petite Mignon, aimerais-tu à être la fille d'une reine ? — Si je n'avais pas ma mère, répondit Emmeline ? Oh ! oui, sans doute, oui, madame, car je me sens bien heureuse quand vous m'embrassez ! (O divine inspiration des enfances rayonnantes !) Mais c'est ici qu'il faut placer l'historiette du peintre Abel Servais, mort d'une maladie de langueur à Nice, *Nizza Maritta*, le 20 mai dernier, à cette époque de l'année où le poète s'écrie : « *Voici le temps de respirer les roses !* » Je copie ici, pour expliquer la situation, un fragment d'une lettre écrite par Abel en 1853.

A Monsieur Edmond Richard, à Rome.

« .... Inutile donc de te raconter par quelle série

de circonstances très-naturelles les grands portraits de Vestris et de M{\ll}e Guimard, exécutés pour le ministère, m'ont valu mes entrées dans les coulisses de l'Opéra. Ce que je veux te dire, c'est que, moi aussi, je vais escalader le ciel de mon rêve ! Enfin, Edmond, moi qui ne pouvais comprendre l'Amour que serré dans mes bras et endormi sur ma poitrine ; moi qui voulais sentir battre le cœur de mes idoles et qui meurtrissais ma chair contre la pierre et le bronze de ces statues, je l'ai trouvée, Béatrix et Laure, cette conscience visible de mon génie, cette âme de ma pensée que tu me souhaitais et qui m'inspirera mille chefs-d'œuvre ! Je t'ai dit qu'elle est descendue du ciel hier même et qu'elle a treize ans : qu'importe ? car je me brûlerais la cervelle avant de lui laisser deviner cet amour ; elle sera toujours pour moi le céleste démon couronné d'étoiles qui éveille les lyres en marchant sur les nuées frémissantes ; divinité vers qui je tendrai mes mains silencieuses ! Devine, car je ne suis pas poète ! Depuis que j'ai vu Emmeline, je comprends tout, je sais tout, mes yeux plongent à nu dans l'infini, je n'ai qu'à laisser courir sur la toile mes mains impatientes et à retrouver dans mon souvenir son regard, qui me dit : Travaille ! et ses mains dans lesquelles, visibles pour moi seul, ondoient les palmes verdoyantes... »

Comme je n'écris pas un roman, veuillez accepter sans explication que l'atelier d'Abel Servais est précisément contigu au très-riche appartement occupé par mademoiselle Euphrasie Godevin, de l'Opéra, au haut d'une maison-hôtel de la rue Boursault, élevée seulement de trois étages. Vous pensez bien qu'ayant là, à la portée de ma main, les *OEuvres complètes de M. Scribe,* (édition Furne, avec les gravures d'après les deux Johannot,) il me serait facile d'y trouver un *truc* pour rendre vraisemblable cette circonstance vraie. Mais alors, à quoi cela servirait-il de ne pas aller à la comédie et de rester chez soi, chaussé de bonnes pantoufles, en s'occupant à lire *Atta Troll?* Quoi qu'il en soit, le facétieux caricaturiste Cardonnet, si franchement exécré par M. Philipon, à cause de son manque d'exactitude, avait occupé, avant Servais, l'atelier de la rue Boursault, et, par suite de la gaminerie inhérente à son caractère, avait cru devoir percer dans son mur force trous de vrille, pour épier l'existence très-tourmentée d'Euphrasie Godevin. Cette circonstance, connue d'Abel, lui avait été jusqu'alors on ne peut plus indifférente; mais devinez avec quelle ardeur il vint coller, tantôt ses yeux, tantôt son oreille aux trous de vrille, quand il eût reconnu à travers la cloison, chez Euphrasie, la voix mélodieuse d'Emmeline Bazin. Aussi ne perdit-il ni un mot ni un geste de la scène qui se passa entre cette idéale enfant et mademoiselle Godevin, ce qui explique son trépas élégiaque ! Il mourut, comme tant de rêveurs, faute d'avoir médité le mot du financier Ouvrard : que le premier devoir d'un homme est d'être complètement et régulièrement rasé tous les matins avant sept heures.

Ivre de douleur, déchevelée, noyée de larmes, ses habits détachés et arrachés, poussant des cris et des sanglots, Euphrasie Godevin, ivre d'une abominable douleur, frappe sa tête contre les murailles.

Entre la petite Mignon qui a forcé la consigne.

Mignon ? non pas ; celle-là n'est pas la petite Mignon, celle-là n'est pas Emmeline ! Elle est pâle encore, mais de la pâleur sinistre et effrontée de l'orgie ; dans ses yeux c'étaient des rayons, à présent ce sont des charbons ardents et des flammes sous les cils d'un noir funèbre. Le geste impudent et hardi, le sourire cynique ; c'est encore la jeune fille de treize ans, mais qui a vécu treize ans dans l'Enfer en scandalisant l'Enfer.

Euphrasie se lève en sursaut.

— Pardon, murmure-t-elle d'une voix étouffée, je ne puis pas vous voir, je ne puis voir personne ; et d'un geste violent elle veut renvoyer Emmeline.

— Allons, dit celle-ci, laissons-là le *mélo*, ou nous ne finirons jamais ! Tu as toujours pris la vie au tragique ; tu ne peux pas te figurer que c'est une comédie, comme Mercadet et Les Fourberies de Scapin : mais, parlons bien ! Ton Agénor s'est trompé de nom en signant une lettre de change, et il a oublié de payer la lettre de change, et tu as peur qu'il n'aille là-bas ; il n'ira pas, voilà son papier !

— Hein ! fit Euphrasie stupéfaite jusqu'à l'épouvante, on vous l'a donné ? vous me le rendez !

Et elle couvrait de baisers et de larmes les mains de la petite Mignon.

Emmeline regarda mademoiselle Godevin avec une insolente et profonde pitié.

— Ah ! murmura-t-elle, cette fille-là ne comprendra jamais. Mais voyons, cherche-moi d'abord de l'eau-de-vie et une robe de chambre, et un cigare, et des pantoufles ! et puis causons.

Et lorsqu'Euphrasie eût obéi, Emmeline reprit :

— Écoute-moi, grande sotte, et ne réponds rien, tu dirais des choses inutiles ! On ne m'a pas donné ça, parce qu'on ne donne rien, mais je l'ai acheté, parce que j'achète tout ce que je veux ! Maintenant, je ne viens pas te le rendre, je viens te le vendre ; je ne t'aime pas, moi, je n'aime personne.

— Mais, balbutia Euphrasie, je n'ai plus rien, il m'a tout pris !

— Enfin ! dit Emmeline avec un profond soupir, décidément elle est bête ! Innocente que tu es, (et elle s'enveloppait d'une fumée épaisse !), il paraît que tu as quelque chose encore, puisque je viens t'offrir de la marchandise, et tu sais une chose, c'est que je ne fais pas partie de la *société du doigt dans l'œil.*

— Eh bien, parle, je ferai tout ce que tu voudras !

— Parbleu ! je l'espère bien ; mais je t'en supplie, tâche de comprendre. Vois-tu, je sais tout, j'ai le flair de l'instinct, et le génie de toutes les affaires ; je compte comme Rothschild, j'ai de la glace dans les veines, et je me soucie des hommes et des femmes autant que de ça ! Par malheur, je vais sur mes quatorze ans (on n'est pas parfaite !) et ma mère m'ennuie ; ma mère, vois-tu, a une maladie, son garde municipal qu'elle veut épouser ; seulement, voilà ce que je n'aime pas; elle veut l'épouser avec les immenses capitaux que j'ai déjà réunis. Eh oui ! ne t'étonne pas, tu penses bien que si je fais l'enfant avec tous ces *birbes,* ça ne peut pas être pour le roi de Prusse !

— Mais, objecta Euphrasie Godevin un peu rassurée, et revenue à son caractère, tu en as encore pour huit ans à être mineure : comment faire pour t'affranchir de ta mère, car le Code est formel?

— Voilà, dit Emmeline, j'ai joué le grand jeu, j'ai intéressé à moi Madame de Therme, une des plus grandes dames de France, que j'ai rencontrée chez son confesseur. Je me suis jetée à ses pieds, et je l'ai suppliée de me faire entrer dans une maison religieuse, en lui disant que ma mère voulait me vendre. Il a été question d'assembler un conseil de famille et d'enlever ma tutelle à madame Bazin ; mais j'ai un moyen de tout arrêter, si ma mère veut être raisonnable et se contenter de se marier avec une honnête aisance.

— Seulement, fit Euphrasie, il te faut un dépositaire !

— Oui ma biche. Tu y viens donc ? Je vous apporte la fortune, mais n'espérez pas m'égorger;

vous aurez un quart dans les bénéfices, pas un liard de plus, car je garde votre *fafiot*, et je le rangerai dans un endroit où personne ne le retrouvera, pas toi plutôt que les autres. Il y a bien le cas où tu me le prendrais de force à présent, mais (dit-elle en tirant de sa poche un poignard long et aigu,) il y a aussi çà.

— Ah ! ma chère, répondit Euphrasie, avec un soupir d'envie, tu es joliment forte !

— Oui, dit Emmeline. J'aurai deux cent mille francs sur l'affaire des terrains du clos Saint-Lazare, puis il y a les rentes, deux cents actions dans l'affaire des fiacres, dès qu'elle se fera, et c'est à moi spécialement qu'a été donné le privilége du petit théâtre à bâtir, rue de Rivoli ; seulement il me faut un prête-nom, c'est Agénor qui le sera, et c'est lui aussi qui réalisera en argent les malles de bijoux que j'ai enfouies. Il sera riche et toi aussi, et moi aussi, moi surtout ! Mon plan est bien simple ; Gérard sort aujourd'hui de Saint-Cyr. Dans sept ans, il sera décoré et capitaine ; grâce au million que je lui apporterai il obtiendra de reprendre le titre et le nom de sa mère, nous nous marierons, et tout sera dit. Car lorsqu'on n'est pas honnête fille, il faut se faire honnête femme ou on ne mérite aucune pitié, car on est une bête !

— Et quand veux-tu t'entendre avec Agénor ?

— Je vous donnerai un rendez-vous, et je viendrai avec mon notaire ! Je verrai Gérard chez toi tous les huit jours ; de plus tu loueras sous ton nom dans le faubourg Saint-Germain une chambre dont tu me remettras la clef et où personne n'entrera jamais, pas même toi ! car on a beau être forte, il faut prévoir tout, même les caprices !

— Mais dit Euphrasie...

Sa voix s'éteignit ; les deux femmes échangèrent quelques mots absolument à voix basse, quoiqu'elles crussent être toutes seules, et toutes deux rougirent.

Comme je l'ai dit en commençant, Albert Servais, qui avait tout entendu, est mort, mais il n'est pas devenu fou, ce qui témoigne d'une grande énergie. Aussi c'était un coloriste, nourri de Shakspere. Le soir même du jour où avait eu lieu cette conversation trop parisienne, la petite Mignon, sur la scène de l'Opéra était accoudée sur un pan de décor, dans une pose délicieusement naïve et enfantine.

— Vous avez du chagrin, mon enfant, lui dit un ministre.

— Oui, Monsieur; ce soir en venant au théâtre, il fait une si belle nuit! j'ai vu le ciel bleu plein d'étoiles, j'ai pensé que ma mère qui m'aime tant ira peut-être là avant moi, et depuis ce moment-là... je pleure!

IX

LA JEUNE FILLE HONNÊTE

— CLAIRE —

—

— Comment! elle aussi, cette figure angélique et suave, qu'il faut peindre, non pas au milieu d'un paysage gai ou mélancolique, mais se détachant sur le bleu pur et appuyée sur un grand lys; elle aussi, le sourire de la Saint-Valentin, la goutte de sang d'où naît la rose rouge aimée par le rossignol du poète, le souffle qui fait vibrer la harpe de sainte Cécile, vous la rangez parmi les femmes extraordinaires, amazones et bacchantes furieuses, qui ne peuvent exister qu'à Paris et pour Paris, entre la Femme de treize ans et Galatée Idiote! — O critique! n'ajoute pas un mot, je m'explique tout de suite, sans prendre le temps de rallumer ma cigarette ni d'envoyer ma constante pensée à celle qui est blonde comme l'Amour même, à celle dont la chevelure est dorée comme l'or de la Lyre! Certes, je le sais aussi bien que toi et mieux que toi, il y a partout dans ces modestes petites villes, cachées derrière une rivière d'argent et un rideau de peupliers, des jeunes filles qui sont honnêtes, et qui, dans leurs rêves, sous les rideaux blancs de leur couche enfantine, peuvent parler à la Vierge Marie et lui laisser voir leur âme toute nue. Celles-là, je les ai suivies du regard sur ce mail encadré par les coteaux voisins, sur lequel plane, depuis le temps du roi Charles VII, une poétique et tranquille tristesse. Je les ai adorées avec leur robe d'organdi et leur joli mantelet, un peu taillé à la mode de l'année dernière ; je les ai épiées dans ce coin de jardin mal ratissé où roucoulent deux colombes blanches penchées vers l'eau couverte de verdure, près des mûres et des groseilliers ! Mais quoi ! Paris seul, qui a tout enfanté, produit dans sa perfection grandiose ce type abstrait qui domine les civilisations et les littératures, LA JEUNE FILLE HONNÊTE, ce phénix idéal, ce diamant éclatant de lumière, cet être moitié ange et déesse, Séraphitus-Séraphita, debout sur une montagne de glace incendiée par le soleil, au sommet de laquelle n'atteignent pas nos faibles regards. Une tache plus petite cent fois que la prunelle d'un insecte invisible, et ce Koh-innor n'est plus qu'un caillou grossier ; un rayon de moins sur la tête de ce séraphin héroïque, il ne sera plus digne de s'avancer en souriant sur les neiges éternelles. O toi dont ma pauvre plume n'ose plus écrire le nom sur les pages de ce petit livre, permets-moi du moins de t'emprunter encore une fois ce titre, pareil au cachet apposé sur un coffret précieux, que tu donnais à tes pensées ciselées dans l'or pur !

AXIOME

Une jeune fille qui, de près ou de loin, fût-ce même par une haute fenêtre, fût-ce en passant une minute dans une rue, a entrevu le spectre de la Misère ;

Celle qui a été saluée par un pauvre sans pouvoir lui faire l'aumône *elle-même* ;

Celle qui a lu un roman de Walter Scott, ou un volume des poésies d'Alfred de Musset, ou qui a aperçu la couverture d'un livre de Paul de Kock, (même de loin et sans avoir eu aucune perception des caractères qui y étaient imprimés ;)

Celle devant qui on a nommé le théâtre du Palais-Royal ;

Celle devant qui deux personnes se sont tutoyées, fût-ce son père et sa mère, ou son frère et sa sœur;

Celle devant qui un homme s'est montré tenant un cigare, même non allumé, fût-ce au bord de l'Océan;

Celle qui a assisté à une soirée où des musiciens jouaient du flageolet ou du cornet à piston;

Celle qui a brodé pour une loterie des pantoufles, ou tout autre objet à l'usage d'un homme;

Celle qui connaît, même de nom, le cold-cream, la poudre de fleurs de riz à l'iris, la poudre rose à polir les ongles, et les peignes d'écaille blonde;

Celle qui porte des robes de soie et des brodequins d'étoffe ailleurs que chez elle, et des mouchoirs bordés d'une dentelle ou d'une broderie plus large que le fond qu'elles entourent;

Celle qui a parlé à un orfèvre ou à un lapidaire;

Celle qui a prononcé dans le salon de sa mère une phrase aux périodes harmonieuses, ayant un commencement, un milieu et une fin;

Enfin, celle qui sait « comment viennent les roses »

Peut être parfaitement honnête et parfaitement jeune, mais ce n'est pas elle qui est *La Jeune Fille Honnête*.

La Jeune Fille Honnête sera belle sans doute et parfaitement belle, mais elle n'aura jamais une de ces beautés provoquantes et exceptionnelles qui ont été données à des courtisanes et à des femmes de théâtre, comme engins à piper les cœurs. Il est expressément défendu à la Nature tout autant qu'à la modiste de lui imposer des parures propres à scandaliser les âmes naïves.

Ainsi *La Jeune Fille Honnête* aura les cheveux bruns ou d'un blond foncé ; les splendides tons roux dont Titien ensoleille ses crinières, le noir violet ; le blond doré et sidéral de l'Ingénue de théâtre, n'ont pas le droit de décorer son front, car toutes ces insolentes richesses appartiennent aux désœuvrées qui suivent le régiment du capitaine Amour. Surtout, elle ne sera pas ornée par cet assemblage irritant qui invite aux voluptés mortelles : des cheveux blonds avec des sourcils noirs et des cils noirs.

Elle n'aura pas des yeux *voyants*, pas plus qu'une robe *voyante !* Ses prunelles ne seront ni bleu céleste, ni vert de mer ; pas de fibrilles d'or non plus, ni de petites pierreries chatoyantes dans ses prunelles profondes et calmes.

Elle ne sera ni grande, ni petite, ni d'une taille moyenne, mais, presque grande. Car, si une taille moyenne est essentiellement bourgeoise, d'un autre côté la petite taille semble destinée aux personnes qui veulent jouer l'emploi de mademoiselle Scrivaneck, ou à ces femmes à qui les démons inspirent la détestable idée d'imiter et de parodier en leurs mièvreries le langage ingénu des petits enfants. Et les jeunes filles grandes, aux bras superbes, ne font-elles pas songer à ces amazones qui poussent leurs quadriges impétueux sur le sable de M. Arnault aîné ?

Elle n'aura ni les pâleurs funéraires des dames que l'on peut caractériser par l'apposition d'un nom de fleurs, soucis ou pensées ; ni ce teint blanc et rougissant dont la vue trouble le sang dans nos veines, ni cette peau *dorée comme la jeune vigne* que chante le poète de Rosina, et qui s'harmonise forcément avec la *lèvre à la turque*. L'embonpoint et les lys des Autrichiennes du XVIIe siècle, la régularité de traits des figures des bas-reliefs d'Égine lui sont interdits comme indiquant des tendances païennes et sensuelles ; la maigreur, comme horrible. Tony Johannot a quelquefois dessiné et peint sa robe dans des eaux-fortes et dans des aquarelles ; il aurait aussi dessiné sa tête douce et gaie, bienveillante et fière, si ce charmant génie avait pu faire un pas de plus vers l'Idéal.

La Jeune Fille Honnête ne peut demeurer qu'au faubourg Saint-Germain, et dans un appartement donnant sur des jardins. Ai-je besoin de dire que ses parents ne doivent exercer aucune profession qui tienne à l'Industrie : que ne défloreraient pas les haleines du Monstre et les grincements de ses roues ?

Elle ne sait pas peindre de fleurs ni de paysages, et il faut qu'elle réalise ce difficile problème : savoir très-bien toucher du piano et ne pas être forte sur le piano. Sans doute, elle n'a pas regardé une romance moderne ! mais est-ce assez ! Non, le concierge même de la maison ne doit pas fredonner les chansons de Pierre Dupont et surtout celles de M. Nadaud, en se promenant de long en large sur les pavés blancs de la cour, où l'herbe pousse !

Ce n'est rien pour elle non plus que la devise de l'hermine : Plutôt mourir ! Car, non-seulement il faut qu'elle ne soit jamais souillée, mais aussi que ni les hommes, ni la Nature, ni le Hasard même n'aient voulu tenter de souiller l'air qui frémit autour d'elle. O coiffures bouffantes, anglaises et sévignés, accroche-cœurs, larges tresses relevées en ferronnières, c'est vous que nous pouvons livrer à la brise imprudente et folâtre, et qu'elle fasse de vous ce qu'elle voudra ! Mais ces bandeaux lisses, et non lissés, le vent même les respectera, car si une mèche s'en séparait, si un caillou imprudent faisait aux bottines de cette jeune fille une visible déchirure, si une goutte d'eau de pluie tombait sur son gant, elle ne serait plus *La Jeune Fille Honnête*. Tout doit s'entendre et conspirer pour ne pas froisser tant de puretés délicates ; mais elle, cet ange qui sera une femme, s'il doit pleuvoir demain, il ne faut pas qu'elle sorte aujourd'hui, même en voiture, dans la voiture de sa mère.

Vous me pardonnerez, si vous voulez, mains rouges et jupes trop courtes, ceintures bleues ! chapeaux de province, fleuris comme les jardins de Babylone, bouches en cœur qui vous ouvrez pour chanter *Les Oiseaux du Fou* et *Les Oiseaux de Notre-Dame,* vous aussi vous êtes des signes évidents de virginité : ce n'est pas vous que je célèbre ! Elle s'en souvient, cette rue de Lille, quelle fête c'était pour son ciel, et quelle joie, lorsqu'au premier rayon de soleil mademoiselle Claire de T... paraissait avec sa mère ! Alors les dalles du trottoir et des pavés se séchaient et blanchissaient soudain à mesure qu'ils allaient être touchés par ses petits pieds, et devenaient pareils à des tapis de mosaïque, et les nuages, tout-à-coup chassés, laissaient bleu l'immense azur. Elle ne s'appelle ni Sédille, ni Palmyre, elle s'appelle Décence et elle s'appelle Grâce, la couturière qui avait taillé et cousu ces robes de cachemire, ces mantelets qui valaient cent francs ou cent mille francs. Elles allaient à la messe aux Missions-Étrangères, mais non point les jours où l'on y exécutait cette musique où Gounod laissait gronder les orages de son âme, hésitante entre la nature et Dieu. Mademoiselle Claire n'a jamais entendu l'orgue; elle tenait à la main un livre ! beau comme elle : Thouvenin, conseillé par Nodier, n'aurait pas pu en faire un pareil. En donnant une pièce de monnaie à un pauvre, elle lui parlait, et, à ce son de voix, le pauvre, comme transfiguré, croyait emporter chez lui tous les millions des Rotshchild !

Il y a six ans, elle avait dix-huit ans alors, mademoiselle de T... faillit mourir d'une maladie de langueur. Après avoir longtemps ignoré la vérité, M. de T..., dont les yeux s'ouvrirent enfin, se repentit de l'imprudence qu'il avait commise en accueillant chez lui un secrétaire jeune et beau, un exilé italien, le comte Angelo C... Quoique absolument pauvre, le comte C... était de la meilleure noblesse de Florence. Lorsque M. de T... vit que sa fille avait déjà les pâleurs du tombeau, il la supplia en pleurant d'avouer sa fatale passion; mais Claire fut muette, même avec sa mère, même avec son directeur, et voulut se confesser à un autre prêtre. Dieu la sauva pourtant.

Deux ans après, M. de T..., complètement ruiné, alla refaire sa fortune en Australie. Sous son toit, jusques-là honoré, la gêne fut telle qu'un vieillard osa faire pressentir je ne sais quelles infâmes pensées. Enfin, un jour, Claire comprit que bientôt peut-être IL Y AURAIT UNE REPRISE au mouchoir de batiste avec lequel madame T... essuyait ses larmes. Pour la première fois de sa vie elle sortit seule, et rentra frappée à mort, serrant convulsivement dans sa main un petit porte-feuille tout gonflé. Elle eut avec sa mère un entretien mystérieux. Quand M. de T... et le comte Angelo furent revenus, riches tous deux, et que Claire continua comme par le passé à refuser de devenir comtesse C..., on ne put leur arracher un mot, ni à l'une ni à l'autre. Mais le ciel fit à Claire cette grâce spéciale : elle succomba, non pas à l'anévrisme qui allait la tuer, mais à une fluxion de poitrine, qu'elle avait gagnée pour s'être promenée au jardin un soir que ses dents claquaient de fièvre ; car cette chaste victime ne pouvait pas mourir d'une maladie romantique.

X

L'ACTRICE EN MÉNAGE

— LUCIE CHARDIN —

Hier soir, il y avait dans un des moins mauvais salons de la Chaussée-d'Antin, une de nos perles parisiennes les plus exquises, madame Lucie Chardin. Cette jeune femme, qui est veuve pour la seconde fois, avant d'avoir atteint sa trentième année, semble un portrait de M. Ingres, animé par quelque magie ; rien ne saurait dire la pureté délicate de son regard, ni la pâleur et la transparence nacrée de son visage, extasié comme celui d'une sainte du douzième siècle.

Avant d'épouser le banquier Chardin, qui est

mort l'année dernière, victime d'un accident de chemin de fer, elle avait été la femme d'un poëte, de ce pauvre Henri Decan, si prématurément enlevé à sa jeune gloire. Henri avait été entraîné à aimer Lucie Dutour, par l'admiration qu'imposaient une rare beauté, toute mystique, et un talent prodigieux à son aurore : car, à peine âgée de dix-huit ans, la jeune fille, célèbre alors au théâtre, était déjà l'amie et le conseil de Marie Dorval.

Hier, comme il ne restait plus que les personnes intimes, un de nos dessinateurs en vogue, Émile Labbé parlait des jeunes morts que nous portons ensevelis dans nos cœurs. Il nommait, avant tous les autres, le cher et regretté Henri, et nous, entraînés par sa parole si vive et si séduisante, nous nous imaginions revoir au milieu de nous l'enfant inspiré, redisant encore ses beaux vers. Nous nous rappelions son geste, son accent tranquille, sa voix attendrie, et nous nous laissions emporter à ces souvenirs, oubliant l'absence !

—Vous vous en souvenez, continuait Émile, quelle âme sans tache et sans voiles ! Et comme il était parfaitement beau ! c'était le profil de Byron sans l'ironie amère de Manfred, c'était le front de Gœthe ombragé par l'épaisse chevelure d'un pâtre de l'Attique. Et quel ami, si bon, si simple, si brave !

— Oui, murmura madame Lucie Chardin, on m'a dit bien souvent tout cela !

A ces étranges paroles, dites par celle qui a été la femme de Henri, tous les yeux se tournèrent vers elle : on voulait se bien convaincre que ces mots inexplicables étaient en effet prononcés dans un rêve. Madame Chardin remarqua la surprise générale et rougit : elle se prit à sourire tristement et une larme furtive glissa sur sa joue. Puis, tendant la main à Émile Labbé :

— Je vous parais folle, dit-elle ; mais c'est là ma plaie et mon désespoir, j'ai vécu quatre années aux côtés de Henri, et je ne l'ai jamais vu !

Pour le coup, l'étonnement était à son comble.

—Ah ! reprit madame Chardin, nous avions cru que l'amour était possible entre deux forçats qui traînent chacun un boulet et une chaîne ! Il y a un ménage, un foyer, une vie intérieure pour l'homme de peine qui graisse la roue des wagons, et pour sa femme, la marchande de pommes, qui porte son éventaire attaché à son corps, et souffle dans ses doigts rouges crevassés par la bise. Rentrés dans leur bouge le soir, après leur journée faite, ils peuvent embrasser leur enfant et manger ensemble leur pauvre repas : mais il n'y a ni maison ni famille pour l'homme ou la femme qui appartient à l'un de ces monstres faits de roues d'engrenage, le Journal ou le Théâtre !

» Le jour où Henri m'a dit ces mots divins : Je vous aime ! c'était sur la scène de la porte Saint-Martin, entre deux portants ! et moi dont le cœur battait à briser ma poitrine, au lieu de répondre, fût-ce par mon silence, j'ai *fait mon entrée*, et il a fallu que je récite au public une tirade de M. d'Ennery !

» Le jour de notre mariage, on donnait la première représentation d'un drame en sept actes, dans lequel j'avais un rôle de *deux cent cinquante*, et Henri *faisait son feuilleton !*

» Après la pièce, quand, brisée de fatigue et d'émotion, j'aurais eu tant besoin d'entendre une chère voix me disant : C'est bien ! et de serrer une main amie, j'ai trouvé pour toute société, dans ma loge, une femme de chambre idiote, qui m'a persécutée de ses querelles avec les habilleuses et de la perte d'un jupon tuyauté.

» Enfin, mes cheveux peignés et cet affreux rouge essuyé, je gourmandais la lenteur des chevaux qui me ramenaient vers Henri ; j'avais encore dans la tête toutes les crécelles, les voix des régisseurs, des comédiens, le sifflement des poulies, la chanson de bois des marionnettes, je me disais : Je vais entendre une parole humaine ! Il me consolera, lui, et je me cacherai dans ses bras.

» Je trouvai Henri entouré de lexiques, de volumes ouverts : il noircissait ces grands feuillets que j'ai tant revus depuis, et à mesure qu'il entassait ces affreuses feuilles volantes, ses yeux se cernaient davantage, sa pâleur devenait plus verte, et cette toux désespérée, que j'ai entendue pendant quatre années, retentissait plus cruellement jusqu'au fond de mon âme.

» Henri m'avait à peine vue entrer : il leva sur moi un œil mourant et prononça pour la première fois ces paroles qui depuis m'ont toujours frappée au cœur comme un coup de couteau : *Je fais de la copie !* Je voulus l'encourager et veiller avec lui, mais je me sentais brisée par la fatigue du théâtre ; je me déshabillai toute somnolente, comme un spectre, et je dormis dans la fièvre, voyant sans cesse l'essaim ironique des songes tourbillonner devant la clarté rougeâtre de la lampe.

» Chaque fois que je m'éveillais en sursaut, il m'apparaissait, lui, toujours plus pâle, toujours entassant les feuillets de *copie*, et sa toux cruelle troublait seule un silence de mort.

» Telle a été ma nuit de noces, et telle a été notre vie de quatre années ! Il *faisait de la copie*, moi, j'apprenais des rôles tout bas ; ou bien je cousais des oripeaux et des paillettes, et il corrigeait des épreuves ! Vous connaissez ces ignobles papiers maculés, sur lesquels on écrit en marge mille signes différents, qui veulent tous dire : Je suis esclave ! je suis esclave ! je suis esclave !

» Et puis, j'allais répéter ! Vous connaissez la *Répétition !* Un cauchemar qui, depuis deux heures après minuit, vous tire les pieds et les cheveux, et vous répète, et vous crie, et vous siffle et vous chante à l'oreille : Il faut qu'à dix heures du matin, coiffée, habillée et embottée dans un corset de fer, tu sois rendue à un théâtre enveloppé de poussière et de nuit, pour y ânonner une prose incompréhensible, copiée par un souffleur qui ne sait pas l'orthographe !

» Quand je venais de répéter la pièce de M. d'Ennery, Henri partait pour aller faire répéter une pièce de lui; quand il rentrait, je sortais pour aller chez le costumier ; à quatre heures, quand je dînais, il allait à l'imprimerie !

» L'imprimerie, encore un enfer. Certes, il y a quelque chose de vertigineux dans l'aspect d'un théâtre ; ces machines, ces poulies, ces câbles étonnent et épouvantent, et l'envers de la féerie est mille fois plus effrayant que la féerie vue de la salle. Mais qu'est-ce auprès d'une imprimerie ? En voyant les longues chaînes de fer qui pendent, les larges pierres qui semblent faites pour y coucher des cadavres, et ces casses où les doigts fébriles cherchent des signes cabalistiques ; en regardant surtout marcher ces immenses cylindres au mouvement furieux, on comprend que, dans ces antres de magie, il se mange des cœurs et des âmes.

»Je n'ai vu qu'une seule fois une imprimerie, mais, ce jour-là, j'ai senti que nous étions condamnés ! Et nous l'étions en effet, condamnés à ces roues, à ces poulies, à ces cylindres, à cette encre infecte, condamnés à l'insomnie, au labeur stérile, aux raccords, aux régisseurs, aux mises en scène, aux trappes de féerie, aux gloires de toiles peintes, à tout ce qui est le carton de la vie et de la gloire ! nous qui aimons tant la sainte poésie, la douce musique, et les gazons et les fontaines, et l'amour qui fait tout comprendre !

» Quelquefois, nous nous rencontrions une minute lui et moi, nous nous serrions la main, et nous disions ensemble : Oh ! si nous étions libres ! Nous avons toujours rêvé de voler une journée et d'aller la passer ensemble à Fontenay ; mais Henri est mort auparavant.

» Je jouais quand la toux l'a cloué sur son lit de douleur ; je jouais lorsqu'il crachait son sang ; si je n'ai pas joué le jour où il est mort, c'est que j'ai quitté pour jamais le théâtre : j'ai mieux aimé devenir la femme d'un autre, oui, me vendre à un banquier, que de mentir encore sous les haillons roses, qui me semblent toujours mouillés de larmes et tachés de sang ! »

Croyez que l'on s'est tû un grand moment après ces paroles, et que l'on avait froid. O mille et mille fois heureuse la demoiselle au cœur simple, dont les formes robustes s'épanouissent librement, comme celles de Violante ! Ses parents l'ont élevée pour faire bouillir l'étuvée dans le chaudron de cuivre jaune sous lequel flambe un feu clair, et pour laver le linge dans sa rivière natale. Elle conservera sa candeur et son embonpoint, et elle ne connaîtra jamais les mots : imprimerie, copie, répétition, épreuves, raccords, imprimés en rouge dans le vocabulaire du diable !

XI

LA VIEILLE FUNAMBULE

— HÉBÉ GARISTI —

—

Celle-là a été la sœur des comètes et des étoiles ; elle a fouetté de sa chevelure l'azur immense. Comme les dieux, elle s'est promenée dans l'éther, en déchirant les nuages avec son front olympien. Sa gloire a duré un quart de siècle, et pendant ce temps, suffisant pour faire et défaire tant de royaumes, de duchés et d'empires, elle a vu sous ses pieds le bandeau des rois et la neige des cimes, et elle a pu arrêter dans ses mains les oiseaux du ciel. Pendant de longs jours, cette funambule ivre d'orgueil a voltigé sur sa corde perdue dans l'empyrée, où les applaudissements confus des peuples montaient vers elle comme le murmure d'une mer domptée et frémissante. Hébé Caristi est morte récemment dans sa soixante-treizième année, car son acte de naissance porte la date fabuleuse du 22 juillet 1781. Elle est morte obscure, oubliée, ignorée ; et rien ne montre mieux le néant de la célébrité artistique, briguée si chèrement.

Ce nom, qui aujourd'hui ne nous représente rien, a été acclamé jadis avec tous les transports de l'admiration furieuse, et celle qui le portait a été applaudie par les mains qui pétrissent la destinée des empires. Sans doute, les lois implacables qui nous attachent à la terre n'existaient pas pour cette buveuse d'espace et d'infini, soutenue sur des ailes invisibles. Sa sérénité et sa bravoure intrépide en faisaient une créature surhumaine. Rivale, et rivale heureuse de madame Saqui, cette poétique figure qui fut tout de suite reléguée par elle au second plan, Hébé Caristi avait à elle seule, sans maîtres, sans précédents, sans inspiration autre que celle de son esprit exalté, créé tout un art, inouï, singulier, et parfois grandiose, le *mimodrame funambulesque*, prodigieux effort d'organisation et d'intelligence que personne ne lui avait enseigné, et qu'elle n'a pu enseigner à personne. Mais saurai-je faire comprendre au lecteur ce que fut ce genre de drame dans lequel l'abstraction était certainement plus quintessenciée que dans la tragédie de *Bérénice* ou dans les symphonies les plus idéales?

La grande funambule qui, même aux jours épiques de notre histoire, put devenir une des illustrations parisiennes, était née en Servie, dans une peuplade de bohémiens, qui tous exerçaient la profession de saltimbanques et de jongleurs nomades. Avant d'avoir atteint sa dixième année, comme son père et sa mère étaient morts, elle prit le gouvernement de leur troupe ambulante, et tous ces gentilshommes de la belle étoile, subjugués par sa danse merveilleuse, lui obéissaient aveuglément. D'ailleurs une sorcière, très-redoutée à Belgrade, avait fait à Hébé Caristi une prédiction dont l'effet fut immense sur ses compagnons. Elle et tous les siens devaient accomplir des prodiges d'audace et faire une rapide fortune. Elle serait complimentée par le plus grand roi du monde et aiderait à célébrer ses victoires. — Enfin, continua la bohémienne, tu auras les yeux de charbon rouge et le cœur de glace, et aussi tout doit te réussir, mais seulement jusqu'au jour où tu auras marché dans le sang.

La petite danseuse comptait bien n'y marcher jamais, et elle se réjouit de la prophétie en toute assurance, aveuglée d'ailleurs sur l'avenir, comme tous les personnages marqués pour une destinée fatale. S'il y avait sur les grandes routes une seule goutte de sang, ses compagnons la portaient à l'envi dans leurs bras, et croyaient tromper ainsi la restriction qui faisait tache dans son riche horoscope. Au bout de quatre ans, la jeune fille avait si bien travaillé pour le troupeau confié à ses soins, que toute cette bohême, enrichie grâce à elle, put se montrer vêtue et équipée avec un grand luxe, quand Hébé Caristi parut à la foire de Beaucaire en 1795.

C'était la première fois depuis la Révolution qu'on revoyait cette fête fameuse où les marchands d'Astracan, de Bagdad et de Mossoul se trouvaient réunis avec les pêcheurs de perles de la côte de Coromandel et les marchands d'aulx de Marseille, et à laquelle les rues étroites et bordées de maisons à hauts pignons gothiques faisaient un cadre si approprié et si pittoresque. Hébé Caristi n'en fut pas la moindre merveille. Elle avait le teint olivâtre avec des yeux de jais, de longues paupières brunes et des sourcils sans courbure. Son nez mince, ses lèvres épaisses et vivement contournées, sa chevelure crépue, son cou long et droit, ses formes accusées déjà malgré une sveltesse inouïe, lui donnaient l'aspect de ces figures égyptiennes serrées dans un fourreau de mousseline quadrillée, qui tiennent à la main une fleur de lotus. Pour coiffure elle portait des colliers en verre de Venise mêlés dans un fouillis de nattes bizarrement agencées, et elle était vêtue d'une façon barbare avec des tissus de soie rayée aux couleurs vives.

Elle fit sur une corde tendue l'ascension du clocher, mais cela avec tant de courage et de grâce, que ses représentations excitèrent ensuite un véritable délire. La foire de Beaucaire n'était pas finie, que son nom était déjà populaire dans toute la France. En 1800, Hébé, qui allait avoir vingt ans, n'était pas une seule fois retournée à l'étranger, et elle avait acquis une somme assez forte pour pouvoir faire construire à ses frais au coin de la rue d'Angoulême un théâtre dont elle obtint le privilége, et qu'elle nomma le *Théâtre des Exploits militaires*.

En effet, on y donnait uniquement des mimodrames représentant les batailles et les récentes victoires de Bonaparte: Montenotte, Millesimo, Lodi, Castiglione, Arcole, Rivoli, les Pyramides, Marengo; le premier consul ne cessait pas de vaincre, et Hébé ne cessait pas d'écrire ; mais ces pièces militaires, pareilles à celles qu'on a représentées partout, composaient la partie la moins intéressante de son spectacle. Sa gloire et son réel triomphe, ce fut la tragédie qu'elle jouait à elle toute seule, sur la corde tendue !

Pendant tout le temps que durèrent nos conquêtes et que notre domination transforma l'univers, pas de réjouissance, pas de fête, pas de *Te Deum* sans Hébé Caristi. Toujours, au bruit des canons et des fanfares, aux cris de joie d'un peuple idolâtre, aux lueurs des illuminations et des feux d'artifice, à cent pieds au-dessus de la Seine pavoisée et incendiée de mille feux, dans l'azur au milieu des étoiles frissonnantes, toujours passé vêtue d'or et de pourpre, et dans ses mains agitant les drapeaux tricolores, cette déesse du ciel et des airs, qui semble l'âme de la ville elle-même célébrant les ivresses de la Force et de la Souveraineté.

Tout Paris est aux pieds d'Hébé Caristi ; mais ne lui parlez pas d'adorations, ne lui parlez pas d'amours. Ses amours, ce sont ces luttes insensées et superbes avec l'infini et avec le vertige ; c'est ce duel si éclatant avec la mort, pendant lequel elle regarde les yeux même des astres et baise le front humide de la Nuit. Comme le lui disait la sorcière de Belgrade, Hébé porte sous son beau sein un cœur de glace. Ses passions, ses délires, ce sont les féeries au milieu desquelles elle proclame, à la hauteur où volent les aigles, le bulletin de nos dernières batailles. A la fête républicaine où la garde consulaire, qui a marché depuis Marengo, arrive couverte de poussière et les vêtements en lambeaux, à la fête donnée pour célébrer la paix générale, à celle des drapeaux d'Austerlitz, je la revois jeune et svelte dans les flammes écarlates; au mariage de l'Empereur et à la naissance du Roi de Rome, c'est elle encore dont la silhouette aérienne domine les Champs-Élysées affolés de foule et de lumière.

Jugez si les merveilleux d'alors durent se désespérer pour l'invincible froideur de cette Galatée qui avait eu toutes les gloires! Oui, toutes les gloires, y compris celle d'avoir été comparée à un repas complet en une ingénieuse et interminable métaphore! Elle s'était montrée aux Jeux Gymniques dans un intermède de *La Reine de Persepolis*, et elle avait contrebalancé le succès inouï des *Ruines de Babylone!* Pendant huit jours, le Corneille de la Gaîté avait été jaloux des succès de la funambule. Le Colisée, le Vauxhall, la Redoute, les Soirées-Amusantes du boulevart, le spectacle de Pierre, le Cosmorama et le Panharmonico-Metallicon, tous les théâtres étaient abandonnés quand, radieuse en son fantasque habit de persepolitaine, elle apparaissait sur la corde roide, insoucieuse de l'obstacle, émerveillée de sa propre grâce! Et, malgré sa sagesse, à cause même peut-être de cette inexplicable et farouche sagesse, que de luxe jeté aux pieds d'Hébé, que de faste à l'entour de son excentrique existence ! A elle le cabriolet jaune-potiron et le briska gris de lin ! A elle les dentelles de madame Colliau, les porcelaines de Degotty et les nécessaires de Garnesson. C'est pour son boudoir de la rue du Mont-Blanc qu'un ébéniste, entêté de cette Pallas, inventa les meubles en olivier. Il fallait la voir dans ce petit temple du Goût, où pénétrait à peine un voluptueux demi-jour ! Les épaules couvertes d'un fichu-guimpe en tricot de Berlin, les cheveux accommodés par Palette, l'inventeur des *nattes embrouillées*, si justement surnommé le Lycophron des coiffeurs, elle recevait, couchée sur son lit de repos, auprès duquel se dressait une colonne tronquée. Survenait un jeune merveilleux en négligé paré : chapeau à la magicienne, chemise en oreilles de lièvre, cravate à l'artiste, pantalon à l'américaine, gilet à la matelotte.

— Divine Hébé, s'écriait-il, vous faites sécher sur pied le cerf Coco de Franconi et tout le personnel du théâtre des Fabulistes !

Hébé souriante demandait ses essences de Riban, achetées au dépôt de la rue Helvétius, et elle jouait négligemment avec les bagues lithologiques de Mellerio, entassées sur son bonheur-du-jour. Puis elle sortait dans une calèche à parapluie de Pauly, pour aller essayer une redingote à l'Eugénie ou une toque à la Cortey !

C'était à ses pieds que les ducs de création nouvelle versaient les *trésors de la nature* que le sieur Tripet débitait aux *amants de Flore* dans ses serres de l'avenue de Neuilly ! C'était pour ses joues basanées que mademoiselle Chaumeton pétrissait son rouge serkis; et que le perruquier Hippolyte accommoda avec quatre rangs de perles la fameuse coiffure *à l'Olympe*. La vogue du physionotrace fut couronnée, dès qu'il eût popularisé les traits étranges de l'acrobate en ses atours d'Athénienne, telle qu'on la vit un jour à Feydeau, dansant au bénéfice de madame veuve Dozainville ! M. Meynier la prit pour modèle de la figure de la Volupté, dans son mémorable tableau de *la Sagesse préservant l'Adolescence des traits de l'Amour !* M. Mollevaut lui déclara sa flamme sous le voile heureux de la métamorphose d'une nymphe en sensitive. Le cavalier Antonio Buttura, du département de Trasimène, pensa l'immortaliser en vers *sciolti !* Au café du Bosquet et à celui des Francs-Bourgeois, les couplétiers mirent son nom en logogriphes ! Elle passa trois mois à Madrid, où elle eut la coquetterie de se laisser croire Française, et, à sa soirée d'adieu, le roi Joseph lui dit avec un sourire : « Hélas, Madame, il y a encore des Pyrénées ! » Je vous dis qu'elle a eu toutes les gloires !

Mais quoi ! le madrigal, venu même de si haut, ne touchait guère celle qui, en étendant les mains, pouvait cueillir ses bouquets de roses à la porte du paradis ! Quel encens eût satisfait celle qui s'envolait elle-même aux ravissements de son apothéose? On peut lire encore dans le *Mercure de France* l'analyse enthousiaste d'un mimodrame dansé par Hébé au théâtre des Exploits militaires. C'est le fameux *Siége de Saragosse*, le chef-d'œuvre de ce genre destiné à mourir avec celle qui en fut à la fois le poëte et l'interprète.

Son décor était encore moins réaliste que l'écriteau de Shakspere, car il se composait d'une simple corde, où les spectateurs devaient voir tour à tour le camp de Suchet, la tente de Junot, les places publiques de Saragosse avec les potences élevées par Palafox et par ses moines fanatiques, le pont de la Huerba, la rue de Santa-Engracia, théâtre d'une horrible tuerie, et la porte de Portillo, par laquelle la garnison espagnole sortit en déposant ses armes. Quant à Hébé, costumée en Bellone à cuirasse d'écailles, elle représentait tour à tour, tous les personnages : ici, le marquis de Lassan excitant les assiégés; là, le maréchal Lannes haranguant l'armée française ; puis les femmes, les bourgeois, les capitaines, et cette mère héroïque et farouche qui combat sur le rempart en serrant sur son sein

un enfant qu'elle protége de son glaive éperdu.
Même elle était, lorsqu'il le fallait, les personnages
d'abstraction pure ; tantôt l'Epouvante et la Fureur,
ou la Charge qui entraîne à l'assaut de la brèche les
légions frémissantes. Sans paroles, sans rien autre
chose que ses gestes et ses attitudes, elle exprimait
la ville ravagée par l'épidémie, les cruautés de la
populace frénétique, les assauts des couvents, la
guerre des maisons, les combats, les escarmouches,
les passages bruyants de l'artillerie, l'ivresse des
dernières luttes avec leurs innombrables épisodes,
puis la capitulation, le défilé triste et grandiose des
ennemis vaincus, puis enfin, dans toute sa magni-
ficence symbolique, la Victoire elle-même faisant
éclater ses clairons sonores, et agitant sous les
brises ses drapeaux conquis, embrasés de soleil !
Si l'on pense que le visage, ce merveilleux clavier
de la passion, ne comptait pas dans cette pantomime
vue au théâtre à quinze pieds en l'air, et sur la
place publique à cent pieds au-dessus des têtes de
la foule, et que tout ce récit épique était imaginé,
exprimé et compris au moyen de gestes, d'attitudes
et de courses sur un fil, on comprendra l'admiration qu'il excitait. En vain madame Saqui voulut
lutter en donnant son *Moine du mont Saint-Bernard*,
mimodrame de corde où elle tentait de représenter
l'élégie du voyageur perdu sous les avalanches, et
son sauvetage par les bons religieux aidés de leurs

chiens dévoués, la vogue était à Hébé Caristi et lui resta.

Pas toujours, pourtant. Un tout jeune colonel de hussards, beau et fier comme un lion, avec sa tête d'enfant décorée par une large balafre reçue à Austerlitz, devint éperdûment amoureux de la comédienne. Il offrit résolûment le mariage, mais en vain. C'était une de ces passions ardentes qui tuent leur homme; celui-là se sentit perdu, et, comme rien n'avait pu toucher les rigueurs de sa maîtresse, il voulut en finir tout de suite, et se brûla la cervelle en plein théâtre des Exploits militaires. En retournant chez elle, Hébé mit ses deux pieds dans le sang dont le seuil du théâtre avait été inondé lorsqu'on emportait le corps de sa victime. Ce tragique événement causa une impression telle, que depuis ce jour, Hébé fut détestée et haïe autant qu'elle avait été adorée. Elle eut beau quitter la France, la malédiction du meurtre la poursuivit sans relâche. Sa brillante fortune s'était écroulée comme par magie; partout elle rencontrait la haine, le mépris et la misère. Paris, où tout souvenir s'efface si vite, l'avait complètement oubliée depuis plus de trente ans, lorsqu'une circonstance inattendue vint remettre en lumière non-seulement le nom, mais aussi la personne de cette funambule, dont la mort devait servir de dénoûment à une lamentable histoire.

Ce conte émouvant, et tiré des entrailles mêmes de la vie parisienne, je l'ai entendu faire à la fin d'un souper, par Martirio, une femme étrange, qui a voulu rester écuyère au Cirque, après avoir signé ses belles compositions musicales. Il était d'ailleurs écouté religieusement, comme une page d'histoire mise en œuvre sans charlatanisme. Très-sympathiquement belle avec ses yeux bruns, son visage doré et ses cheveux noirs ondés, si fins et si doux, auxquels de très-rares fils d'argent donnent un attrait mélancolique ; sage d'ailleurs comme la déesse Vesta, dans un théâtre de chevaux et de clowns, l'Espagnole Martirio est une de ces figures attachantes et originales que Paris adore.

« Vous vous rappelez, dit-elle, la singulière exhibition de madame Saqui, faite l'année dernière à l'Hippodrome. Le directeur du Cirque avait peur d'être distancé ; il voulut trouver une *attraction* encore plus grande, et il la trouva. M. Arnault avait évoqué madame Saqui et son *ascension au mont Saint-Bernard*, M. Dejean ressuscita le *Siége de Saragosse* avec Hébé Curisti, âgée de soixante-treize ans.

L'annonce seule de son arrivée causa chez nous une profonde surprise, car nous l'avions crue morte depuis un siècle. Mais comment vous rendre l'im-

7.

pression abominable que je sentis lorsqu'elle parut ? Je vis une Carabosse tout exiguë, tellement racornie et rapetissée par l'âge qu'on aurait voulu la remettre dans sa boîte ! Sur sa peau parcheminée et recroquevillée, les rides formaient une série de dessins et de labyrinthes inextricables ; ses yeux encore vifs, mais éraillés et dépourvus de cils, disparaissaient sous de rudes sourcils en forêt, qui repoussaient blancs sous leur teinture prétentieuse. Mais sa parure ! Oh ! qui dira l'effet de ses faux cheveux tellement noirs et lisses, et de ses fausses dents, blanches comme la neige ! Et elle était vêtue à la dernière mode la plus agaçante. Sur une robe de taffetas pompadour fond blanc à dessins de fleurs, de fruits et d'oiseaux, elle portait un mantelet de tulle quadrillé de velours, avec deux grands volants de Chantilly ! Ses pieds déjetés étouffaient dans d'étroites bottines de soie noire, et ses vieilles mains dans des gants maïs d'une fraîcheur exquise. Son élégant chapeau en paille de riz était garni avec une touffe de camellias roses, et elle taquinait une ombrelle blanche recouverte de guipure. Il y avait dans tout son ajustement une intention évidente de plaire, qui donnait la chair de poule. Ne semblait-il pas voir quelque stryge partant pour Cythère, et embarquant sur la nef de Watteau une cargaison de crapauds et de vipères sifflantes !

Cependant, quand la vieille funambule répéta devant nous, sur une corde posée à peu de distance du sol, son éternel *Siége de Saragosse*, le dégoût que nous avait inspiré sa coquetterie funèbre ne tarda pas à s'évanouir, car ce jour-là, comme le lendemain à la représentation, elle fut sublime ; mais je ne devais pas tarder à retomber dans le détestable cauchemar. Il m'était réservé de voir dans toute son abjection un spectacle qui dépassa les épouvantes de *Macbeth* où, du moins, les sorcières font tranquillement leur cuisine, et ne s'attifent pas avec des rubans couleur de rose. Mais voir une momie en délire respirant des parfums d'Essbouquet, tandis qu'on est suffoqué par l'odeur du bitume et du soufre, et entendre les suppliciés hurler des marivaudages parmi les outils et les engins de torture du septième enfer ! n'est-ce pas un luxe de monstruosité par trop impossible, et capable d'apitoyer les pierres ?

Il y a au Cirque une belle fille nommée Emma Fleurdelix, qui, pendant un moment, a ravi les parisiens du dimanche dans une scène intitulée *Jeanne d'Arc*, et jouée debout sur un cheval libre, une vraie composition d'écuyer du Cirque ! Comme beaucoup de ses pareilles, Emma aime un sacripant, admirable jeune homme arrangé en Malek-Adel de pendule, qui la vole, qui la bat, et qui la trompe. Un jour, il avait dépassé ses espiègleries ordinaires ; il était parti pour Londres, en compagnie de je ne sais quelle figurante. Or, le matin même, Emma n'avait pas trouvé ses diamants à leur place, et elle avait cru seulement à une étourderie de sa femme de chambre ; elle comprit toute la vérité en recevant au Cirque même, comme elle s'habillait pour monter à cheval, un billet d'adieu tendrement hypocrite. En se voyant si audacieusement quittée et bafouée, elle ne put retenir une explosion de douleur ; elle éclata en pleurs et en sanglots.

Toute costumée déjà sous les haillons poétiques de la vierge de Vaucouleurs, mais déchevelée et meurtrie, car elle s'enfonçait les ongles dans la chair, elle poussait des cris de désolation, et cinq à six péronnelles, couvertes de satin et de clinquant, la consolaient en bavardant comme des pies, en lui frappant dans les mains, et en lui faisant respirer des sels. Hébé Caristi entra dans la loge au milieu de ce beau désordre, et elle fut bien vite au courant de la situation. — Ah ! pauvre fille, dit-elle de sa voix de marionnette, c'est votre amoureux qui nous cause tout ce chagrin-là ! Allez, ça me connaît ; le mien ne m'en fait pas d'autres. Si je vous le disais ! Eh bien oui, mon Raphaël, à qui j'ai tout sacrifié, se moque de moi avec des laiderons. Va, ma pauvre chérie, continua-t-elle en soupirant, nous n'avons pas fini de souffrir.

Certes, les danseuses qui étaient là furent étonnées, effrayées et ahuries en écoutant ces paroles mignardes prononcées par une ruine vivante qui offrait l'image même de la caducité. Mais sur Emma Fleurdelix, malade et énervée par ses gémissements, l'effet de cette fantasmagorie décupla de violence. Elle ouvrit démesurément les yeux, regarda Hébé Caristi, et se mit à rire ; elle rit, elle rit démesurément, et toujours ce rire farouche, interminable, tyrannique, augmenta d'intensité ; sa bouche écumait, ses yeux étaient blancs, ses membres tordus, et elle riait encore. La crise se termina par des spasmes cruels et par une longue attaque de nerfs, à la suite de laquelle Emma dut être reconduite chez elle et confiée aux soins d'un médecin.

Pour moi qui avais évité la fin de cette scène en entrant dans le cirque, car je faisais la haute école sur mon joli cheval arabe, je n'avais plus conscience de rien ; je me croyais menée au sabat par quelque Méphistophélès ironique, et je regardais stupidement l'écuyer au long fouet et à l'habit boutonné, en m'attendant à voir sortir de sa bouche une souris écarlate. Tout en faisant machinalement mes exercices, je regardais les becs de gaz avec l'idée qu'ils se métamorphoseraient en comètes sanglantes ; les applaudissements qui retentissaient à mes oreilles me semblaient les mugissements d'un tonnerre infernal; je voyais les spectateurs avec des faces vertes. Raphaël! Raphaël! Raphaël! je répétais involontairement jusqu'à m'en rendre folle ce nom devenu pour moi plus extraordinaire que ceux de tous les monstres antédiluviens exterminés aux âges fabuleux par les oiseaux héroïques. O ciel! quel pouvait être ce Raphaël amoureux d'Hébé Caristi, et qui lui faisait souffrir les martyres de l'amour contrarié? En fermant les yeux, j'essayais de me le figurer, mais jamais je ne pouvais me le figurer avec une face humaine!

Cependant, cette malheureuse vieille femme continua à nous étaler sa poignante folie. Tantôt elle venait avec des bouquets destinés à être offerts par elle au sortir de la répétition, ou elle nous consultait sur des cravates et sur des bijoux d'hommes; elle nous montrait des bagues plates avec le *Dieu vous garde*, ou des alliances récemment achetées au Palais-Royal et portant les deux noms d'Hébé et de Raphaël. Chaque fois que j'assistais à ces infernales facéties, j'éprouvais ce mal de cœur indicible qui vous saisit au bord d'un abîme profond de mille toises, quand le pied vous manque tout à coup et qu'on va rouler dans l'effroyable vide. J'évitais, je fuyais par tous les moyens les confidences de la vieille funambule. Mais comment les fuir; elle s'attachait à moi et elle me parlait avec l'ingénuité d'un enfant, persuadée que pour tout le monde rien n'était plus intéressant que de lui entendre roucouler son *Oaristis!*

O fureur ! ô délire ! vengeance de l'amour acharné sur sa proie hideuse ! Ces conversations, je ne pourrais pas les raconter, et cependant elles me poursuivent, elles se cousent à mes rêves, elles se substituent aux phrases que je veux prononcer, elles m'obsèdent, comme, parfois, tel vers d'une chanson imbécile que, malgré soi, on répète mentalement pendant des jours entiers. Je les ai oubliées et elles me dévorent, elles m'assassinent en évoquant dans mon âme une impression durable, pareille à celle qu'on éprouve dans un souterrain obscur et fétide, où brillent les toiles d'araignée et les yeux des crapauds, et où on sent vaguement courir les reptiles glacés. Non-seulement le Raphaël, heureusement resté dans la coulisse, mais Hébé non plus ne me semblait pas réelle ; à chaque instant je croyais que j'allais la voir se disloquer en morceaux ou s'évanouir en fumée, et que, le noir enchantement disparu, le calme renaîtrait à la fois dans mon esprit et dans le ciel. Mais non, tout cela est arrivé ; Hébé Caristi a vécu, car je l'ai vue mourir.

Parfois elle arrivait, vêtue de vert-pomme ou de lilas tendre ; elle essayait un sourire à la Pompadour; sa perruque était frisée en nuage; elle rayonnait de joie. — Ah! ma chère, disait-elle, je m'étais trompée, il m'aime, il m'est fidèle. Si vous saviez comme je suis heureuse, il m'a apporté un bouquet ravissant! Et cette Florestine que je croyais sa maîtresse; ah! comme j'avais tort de me monter la tête! Une amie de sa sœur, tout simplement. Mais comme vous prenez peu de part à ma joie! Ah! Martirio, vous êtes froide; véritablement, vous n'avez pas de cœur.

Ainsi le visage et les ajustements d'Hébé étaient le thermomètre de sa félicité affreuse, et disaient exactement en quels termes elle était avec son Raphaël. Par cette avidité inexplicable qui nous pousse vers les choses perverses, j'avais parfois une poignante curiosité de voir cet être sans nom dont le sobriquet déshonore à jamais le souvenir du plus beau des hommes. Et pourtant je sentais que s'il se fût trouvé derrière moi sur la plate-forme des tours Notre-Dame, j'aurais sauté en bas pour ne pas le regarder! Heureusement, mon inquiétude n'a jamais été assouvie, et je n'ai pas eu à mesurer la dose d'horreur qu'il nous est possible de subir. J'ai lu *L'Enfer* d'un poëte romantique, avec ses ingénieux appareils de tenailles, de scies, d'hommes en fer rouge, et de chaudières à cuire la chair humaine. C'est un beau livre, mais il est incomplet; l'auteur, qui a tant d'imagination pour les supplices, a oublié d'inventer dans son tartare un supplice pour Raphaël !

Sans doute, ce parfait Dorante défila bien vite le chapelet de ses rouereies, car avec une fatale rapidité la toilette d'Hébé Caristi se mit à pousser au noir ; le noir l'envahit et la domina, et quel noir ! Coup sur coup et comme par magie, disparurent le velours, la soie, les robes à jolis bouquets roses, les bijoux à devises, le tour bien frisé, les petits cachemires. Pâle, verte, défaite, oubliant de mettre du rouge, la vieille funambule noyée de larmes, abrutie par le chagrin, se montra avec des hardes misérables. Ce fut sa période de folie où, comme l'Ophélia de Shakspere, on l'entendait murmurer des chansons interrompues et dire des lambeaux de phrases poétiques, parfumées de romarin et de violettes ! Ce malheureux spectre était voué par le destin à toutes les parodies et à toutes les profanations. Comme les victimes poursuivies par les dieux sauvages de Léda et de Pasiphaë et marquées pour les embrassements d'un monstre, elle se tordait au fond de son néant, condamnée à la douleur risible, à une torture ridicule, à des tourments dont la vue produisait un effet grotesque. Certes, celle-là a reculé les limites du malheur humain !

7.

Alors, dans ces moments affreux où elle vit s'enfuir sa dernière et stupide espérance, Hébé Caristi se cramponnait encore à moi, et m'adressait des supplications insensées. — Oh dites, dites-le moi, Martirio, s'écriait-elle, croyez-vous qu'il existe vraiment des philtres pour se faire aimer, et pour retenir un amant infidèle? On m'avait parlé d'une sorcière et de cœurs sanglants, mais ce n'est pas vrai, n'est-ce pas? D'ailleurs j'ai essayé, cela ne m'a pas réussi. Mais enfin, il doit y avoir quelque chose! C'est impossible qu'il n'y ait pas un moyen. Se consumer d'amour et n'être pas aimée, c'est un trop grand supplice. Martirio, Martirio, dites-moi un moyen pour qu'il m'aime encore!

Ainsi parlait Hébé dans ses délires. Et, bien entendu, je me taisais. Que répondre à ces cris de démence? Alors, son vieux visage, déjà plus plissé qu'il n'est possible de le supposer, se plissait encore sous les éclairs d'une furieuse ironie. — Ah! oui, disait-elle avec l'expression du dédain et de la haine, j'oubliais que vous ne connaissez rien de tout cela! Moi aussi, quand j'étais jeune, ai-je été assez fière et heureuse, et orgueilleuse, de ne rien sentir s'agiter dans mes veines; mais la vieillesse viendra, soyez tranquille! — Et moi, pendant qu'elle me faisait cette prophétie sinistre, je voyais passer devant mes yeux une foule de pâles figures portant le stigmate du Vice; et le regard fixe, je contemplais les uns après les autres ces hideux visages, que mon imagination prêtait tour à tour au fabuleux Raphaël.

Bientôt la vieille funambule porta tout à fait la livrée de la misère. Les dernières robes, les dernières chaussures avaient été dévorées; et, chose horrible à raconter, Hébé, pour se vêtir, tirait de ses cartons, enfouis sous la poussière d'un demi-siècle, des robes du premier empire taillées en tuniques, des fourreaux de satin bleu-ciel, attachés sous la gorge avec des ceintures en cheveux et des chapeaux en auvents de maisons, auxquels nous ne croirions pas si les gravures de modes n'étaient restées pour nous attester leur existence. Elle se traînait, attifée avec d'anciens déjeuners-de-soleil dont le soleil avait déjeuné sous les yeux de Murat et du maréchal Lannes, le lendemain de la bataille d'Iéna! Ses yeux ahuris étaient tout à fait sanglants; une toux sèche la minait; elle était devenue poitrinaire à un âge où la maladie elle-même nous dédaigne, et se mourait comme une héroïne de roman. Vouée, comme le modèle de Marguerite Gautier, aux camellias blancs et aux poses penchées, elle aussi parlait fiévreusement de l'avenir, et souriait avec mélancolie à la chute des feuilles. Mais, à ce moment-là, elle ne fut plus ridicule; bien plutôt, elle parut terrible, comme toutes les personnes transfigurées par une passion violente, car elle mettait à trouver de l'argent la rage frénétique du lion affamé de proie dans les gorges de l'Atlas. Elle sentait que ses dernières minutes d'illusion étaient à ce prix, et elle défendait sa vie avec des rugissements. Alors l'ancienne directrice des *Exploits militaires* se réveillait ; il fallait l'entendre discuter les questions de salaire avec M. Dejean ; elle était adroite, violente, éloquente, dissimulée, impérieuse, insinuante, inépuisable ; elle parlait deux heures sans fatigue apparente, en se tamponnant les lèvres avec son mouchoir inondé de sang.

Mais elle devint trop malade pour continuer ses représentations, et elle dépensa toute son énergie à emprunter de l'argent parmi nous, exécutant sur des natures brutales des miracles inénarrables de séduction. Depuis les cent francs jusqu'aux sommes les plus minimes, elle épuisa tout ; rien ne lassait sa patience, elle buvait la honte comme un cher calice. A la fin on la fuyait, on se sauvait quand on la voyait venir, et quand sa victime s'échappait ainsi, elle s'arrêtait immobile, lançant au ciel une dernière imprécation, regardant si la nue allait se déchirer ou la terre s'ouvrir pour lui jeter un dernier secours !

Moi-même, j'avais fait pour elle le possible et l'impossible ; acharnée à combler le gouffre ouvert sous ses pas, je m'étais endettée gravement, et j'avais vu arriver ce moment suprême où il faut devenir insensible, quoiqu'il nous en coûte. Hébé arriva chez moi, et entra malgré ma femme de chambre. Elle n'osa rien me demander, mais ses yeux semblaient vouloir décrocher les tentures. Elle s'agitait machinalement, en répétant : C'est fini, je n'ai plus rien, je n'ai plus rien; Raphaël va me quitter ! Comme je détournais la tête, péniblement affectée, j'aperçus du coin de l'œil la lueur d'un éclair rougeâtre. Hébé s'était jetée sur une broche de rubis, posée sur le coin de la cheminée, et l'avait cachée sous son châle. Si rapide qu'eût été mon regard, il s'était croisé avec celui d'Hébé ; elle vit que je la voyais ; elle resta calme, mais comme foudroyée. Moi, pour retourner la tête vers elle et pour parler, je crus qu'il me faudrait mille ans, et il me sembla que j'avais à faire un effort plus pénible que pour soulever un monde. J'aurais voulu que cette seconde d'anxiété fût éternelle. Enfin, je pus rompre le silence, et je murmurai : Si cette bagatelle vous plaît, Hébé, je suis trop heureuse de vous l'offrir.
— Eh bien, dit-elle, je la prends !

Ses yeux s'étaient levés avec l'expression d'une suprême détresse. Farouche, elle montrait qu'elle avait tout offert en holocauste ! Pourtant, en me voyant verser une larme, elle fut attendrie ; avant de sortir elle prit ma main, et la baisa en sanglotant. Moi, j'étais persécutée par l'idée de Raphaël, et je me disais : En ce moment-ci, que peut-il faire ? Et j'entendais encore dans mon escalier la toux déchirante d'Hébé Caristi.

« Huit jours après, je la revis dans le cabinet de M. Dejean, qui lui avait vainement défendu sa porte. Elle voulait absolument donner une dernière représentation, pour laquelle elle demandait cinq cents francs ; et la voyant mourante, le directeur refusait, par humanité. Mais elle emporta d'assaut ce marché épouvantable, et le jour fut choisi. L'annonce de cette dernière apparition de la vieille funambule avait attiré beaucoup de monde au Cirque ; Paris, qui sait tout, savait son histoire, et on était curieux de savoir jusqu'où va l'héroïsme désespéré. Quand je vis Hébé coiffée du casque d'or, cuirassée d'écailles, toute ruisselante d'émail, d'argent, et d'écarlate, fagotée dans son cher costume de Pallas, elle me parut rajeunie de dix ans : son visage était éclairé, elle songeait au billet de cinq cents francs qu'elle sentirait frissonner dans sa main en descendant de la corde roide !

« Mais sa fatigue était excessive ; elle toussait, crachait le sang ; elle s'évanouit trois fois pendant le quart d'heure qui précéda son apparition. Ces évanouissements n'avaient rien de pareil à tous ceux que j'ai vus. Habituellement, lorsqu'une personne tombe en syncope, on sent que sa vie est suspendue, mais seulement pour un temps ; chez Hébé, c'était une véritable mort, complète, absolue. On eût dit qu'elle était depuis bien des années un cadavre, auquel les enchantements d'un magicien avaient prêté les apparences de la vie, et que, le sortilége fini, elle redevenait la proie légitime du trépas. Son cœur ne battait plus d'une manière appréciable ; son haleine ne ternissait pas le miroir collé sur ses lèvres ; elle était blanche, glacée et rigide.

— Madame, lui dit le médecin du théâtre, lorsqu'elle revint à elle pour la dernière fois, vous ne pouvez monter sur la corde aujourd'hui, et surtout, moi, je ne dois pas le permettre. Comprenez que je ne puis assumer cette grave responsabilité.

La vieille Hébé fit un bond sauvage, comme si elle eût été mordue par une tarentule.

— Malheureux, s'écria-t-elle, c'est toi qui veux ma mort ! Puis avec un sourire funèbre : Allons, mon petit docteur, vous êtes trop gentil pour vouloir contrarier une dame !

Enfin, tout à fait hors d'elle, elle tira de sa poche un petit poignard, et reprit avec égarement : Je vous jure par les os de ma mère que si vous empêchez ma représentation, je me tue avec ceci.

Le médecin du Cirque est un homme fort, qui a vu des drames comme ceux-là, et bien d'autres encore, depuis trente ans qu'il met du baume sur les âcres morsures faites par les passions parisiennes. Aussi ne fut-il pas ébranlé par le petit couteau de la funambule. Malheureusement, il fut requis en toute hâte pour donner ses soins à un personnage illustre qui, dans la salle même, venait d'être frappé d'un coup de sang. Hébé profita de cette diversion pour gagner le cirque, et elle monta, chancelante, l'échelle qui la conduisait sur sa corde roide, à trente pieds de tout secours humain.

Aux premiers pas qu'elle fit sur la corde, ce fut un grand cri d'admiration ; car, sur son théâtre idéal, cette déesse de la mimique retrouva sa souplesse, son ardeur inouïe, son agilité de panthère, sa puissance extraordinaire à faire d'elle-même une représentation et un symbole multiples. Oui, aux bruits des clairons, au chant orgueilleux des fanfares, cette femme, cette Pallas, cette guerrière à l'aigrette rougissante, c'est l'armée française elle-même, oubliant ses souffrances de six mois et s'avançant vers les âpres ivresses de la conquête. Tantôt elle est le général qui contient l'ardeur de ses troupes, et alors son œil est dominateur, sa bouche immobile et sévère ; puis elle est le soldat heureux de jouer sa vie ; puis le jeune tambour qui bat la charge et à qui la première bataille apparaît comme dans les roses vives d'une aurore ! Ainsi on suivait sur le visage d'Hébé Caristi les péripéties de la tragédie militaire ; tout à coup la funambule s'arrête, roide, tout d'une pièce, comme figée ou changée en statue de sel. Par un geste désespéré, elle leva à la fois au ciel ses deux bras, et en même temps le sang envahit son visage ; du fond même de l'amphithéâtre, on put la voir devenir toute rouge.

Un soupir immense sortit de six mille poitrines ; tout le monde ferma les yeux ; pour tout le monde elle avait dû être précipitée de la hauteur effroyable où la maintenait la Volonté, tomber sur le sable de l'arène et s'y briser. Mais après ce moment d'épouvante, quand les regards se levèrent de nouveau, on revit la saltimbanque vivante et debout : par un effort surhumain dont elle-même n'eut pas conscience, elle avait pu garder l'équilibre au moment où la vie l'abandonnait, miracle plus prodigieux que tous les tours de force avec lesquels elle avait émerveillé les empereurs, au temps de sa fougueuse jeunesse. Oui, elle se tenait debout, mais comme un soldat frappé au cœur, et qui marche encore quelques pas sous le vertige même de la mort. Enfin, ses membres se détendirent, ses reins plièrent ; elle tomba en arrière, mais sur la corde, où elle se coucha avec grâce encore, en s'y cramponnant d'une main, comme lorsqu'elle jouait la scène épisodique du trompette blessé. Mais ses forces étaient tout à fait épuisées ; pour retourner jusqu'à l'échelle, il lui fallut ramper, se traîner sur les genoux, marcher à quatre pattes sur cette corde, que tout à l'heure elle avait foulée d'un pied insolemment dédaigneux et superbe.

Pour les spectateurs, ce dernier effort fut mille fois plus poignant que la minute même où on l'avait crue morte, car maintenant elle ressemblait à un oiseau qui balaie la terre de son ventre souillé et de ses ailes fracassées. Elle arriva, mais n'ayant plus figure humaine, sentant le froid dans ses os, et enveloppée dans un noir linceul d'horreur.

A peine fut-elle descendue de l'échelle, on s'empressa pour la soigner, pour la consoler, pour s'informer des indicibles terreurs qu'elle avait dû subir. Il s'agissait bien de cela ! Hébé Caristi était déjà à la caisse, et réclamait ses cinq cents francs, comme une tigresse du désert réclame ses petits, avec des regards qui auraient fondu les lingots de la Banque de France.

— Mais, lui dit le caissier, M. Raphaël est venu les toucher tout à l'heure, avec un mot de vous ; il avait même votre reçu que j'ai enregistré, comme vous voyez.

— Ah! cria seulement la vieille funambule. Bien que cette syllabe eût pu être prise par le caissier comme exprimant une approbation, l'enfer sait ce qu'elle contenait de suprême misère et de rage épouvantée.

Hébé sortit. Une heure après, comme je me disposais à me mettre à table, on introduisit près de moi une mégère affublée de haillons sordides. C'était la portière de la maison où demeurait Hébé Caristi. Elle m'apprit que cette malheureuse femme allait mourir et demandait à me voir encore une fois.

Arrivée à une masure infecte de la rue de Venise, je montai, sur les indications du vieux savetier ivre qui gardait cet antre. Quand je fus au haut de l'escalier de pierre, taillé à vis, quand j'eus lâché la corde graisseuse qui servait de rampe, j'entrai dans une petite antichambre sans meubles. Ce cabinet, tendu d'un papier en lambeaux, précédait le galetas où expirait la funambule.

Là, involontairement je m'arrêtai, car j'entendis une discussion ardente dans laquelle se mêlaient deux voix. L'une était douce et hypocrite, l'autre violente, énergique, impérieuse, quoique brisée par la souffrance. Celle-là était celle d'Hébé. Longtemps j'écoutai, me croyant sérieusement la proie d'un cauchemar; je n'avais plus le sentiment de ma propre vie.

— Ecoutez, fit la voix douce, voici les quatre billets de cent francs, et réellement c'est mon dernier mot. Voulez-vous signer?

J'entendis le bruit de la plume sur le papier; je devinai le geste avec lequel Hébé mettait ses griffes sur les billets de banque.

— Maintenant, cria-t-elle, va-t-en, bourreau! Et je vis passer devant moi un jeune homme presque chauve, au front pensif et dévasté.

Je venais d'assister à la dernière torture d'Hébé Caristi, au marché par lequel elle vendait son cadavre à un jeune chirurgien déjà célèbre, dont l'âme est avide et implacable comme la Science.

Je tournai la clef et j'entrai. Je m'assis près du lit de sangle où agonisait celle qui avait senti ondoyer sur ses épaules le cachemire de la princesse Borghèse.

— Vous avez entendu, murmura-t-elle faiblement.

Et, comme je lui répondais oui, en détournant les yeux : — N'est-ce pas, reprit-elle, que ce n'est pas un sacrilége? N'est-ce pas que je ne suis pas coupable? D'ailleurs, il me l'a dit lui-même : tout est permis dans l'intérêt de la science! Mais Martirio, écoutez moi, je n'ai besoin de rien ni à présent, ni (ajouta-t-elle en ricanant) après ma mort. Un jour je vous ai follement menacée d'une vieillesse pareille à la mienne. Depuis une heure je prie Dieu d'écarter de vous ce calice, et je vous bénis; voulez-vous me pardonner?

Je baisai pieusement le front de la pauvre victime qui avait eu le bonheur de souffrir de telles expiations, et je sortis pour me mettre en quête des secours spirituels et matériels que réclamaient ses derniers moments. La nuit alors était presque venue. Sur l'escalier, j'entendis à quelques marches au-dessous de moi une voix éraillée qui fredonnait la dernière chanson de Nadaud, avec d'ignobles fioritures.

Je fermai les yeux, mais trop tard ; aux dernières lueurs du crépuscule, j'avais entrevu un béret de velours bleu, une cravate rouge, une face pâle comme le masque de Boswell. Cette vision, c'était Raphaël sans doute. Je me collai au mur pour le laisser passer, retenant mon souffle, et je ne rouvris pas les yeux avant que je n'eusse entendu se refermer la porte d'Hébé Caristi.

Une demi-heure ne s'était pas écoulée quand je revins de nouveau. Le prêtre et le médecin montèrent, et je les attendis en bas, dans la voiture. Au bout de quelques minutes, le médecin redescendit seul. Hébé Caristi était morte. Le docteur Crestié est pour moi un vieil ami ; je le chargeai de prendre toutes les dispositions nécessaires, et de rompre, si cela était encore possible, l'odieux marché signé au bord d'une fosse ouverte ; mais je n'eus pas la force de rentrer dans la chambre où s'était accompli ce pacte de sang. Bien des fois depuis, j'ai reconnu en rêve le pâle visage que j'avais entrevu ce jour-là dans l'escalier de la rue de Venise, et voilà pourquoi je suis invulnérable, car, si quelque danger trop attrayant me sollicite, je songe toujours à cette ignoble figure sous laquelle m'est apparu le démon infâme de la Perversité. »

Quand Martirio eût ainsi raconté l'histoire de celle qui a été, en même temps que madame Saqui, la déesse de la corde roide, nous demeurâmes plongés dans une sorte de stupeur. Rosier surtout paraissait très-bouleversé : — Ma foi, dit-il à Martirio, je comprends que ce drame du ruisseau vous ait vivement impressionnée; car enfin, nous savons que vous avez reçu le don exceptionnel de ne pas souiller vos petits pieds en traversant la fange du théâtre! Eh bien! si absurde que fût la prédiction d'Hébé Caristi, ce rapport entre sa jeunesse et la vôtre devait vous donner à réfléchir.

— Oui, répondit en rêvant Martirio. Mais je suis Espagnole et j'ai du sang noble dans les veines. ..... Moi, je me tuerais.

XII

LA DIVINE COURTISANE

— CÉLINE ZORÈS —

Madame la vicomtesse Paule de Klérian est une de ces petites femmes que les peintres du siècle dernier avaient raison de représenter en amazones cuirassées ou en Dianes chasseresses, et qui sont braves en amour comme elles le seraient à la guerre, s'il survenait une nouvelle Fronde. Sa jolie tête, qui rappelle les fillettes de Greuze, charme par un mélange de décision et de naïveté. Le regard de ses grands yeux bleus a des étonnements ingénus, mais son sourire voluptueux pétille d'esprit, et son petit nez aux narines roses est bien de ceux qui changent les lois des royaumes. Elle appartient à la grande race de ces victorieuses qui reprendraient leur amant dans les bras d'une reine, et qui l'iraient chercher dans les enfers.

Gracieusement accoudée sur le rebord de sa loge, à l'Opéra, madame Paule de Klérian se réjouissait de se sentir admirée, lorsqu'un nom, prononcé assez haut pour qu'elle l'entendît, la força d'écouter la conversation échangée entre deux jeunes gens placés à l'amphithéâtre, sous sa loge même.

— Vous savez, disait le comte de Savalette à son jeune ami, le marquis d'Auneuil, c'est une tête aux cheveux ébouriffés, noyée d'ombre et de lumière, et au bas du tableau il y a cette légende : *Edmond Richard, à son ami Flavien de Lizoles.*

— Oui, répondit M. de Savalette, merveilleux, mon cher, admirable. Cette tête est, pour moi, ce que Richard a le mieux réussi. Mais que ne trouve-t-on pas d'après un pareil modèle !

— Quel modèle ? fit le marquis d'Auneuil.

— Mais, reprit le comte, c'est la tête de Céline Zorès !

— Ah ! je connais cette légende. Céline Zorès est

une créature d'une beauté inouïe, qui pose quelquefois pour les grands peintres, mais à ses heures, et seulement quand cela lui fait plaisir.

— Oui, et depuis un mois, elle n'a pas quitté l'atelier d'où sortent les paysages, les tableaux de fleurs et les Vénus, si agréablement maniérées, que signe Flavien de Lizoles.

— Alors, dit le marquis d'Auneuil, Flavien de Lizoles est un homme heureux. Je m'en étais toujours douté. Il faut qu'un artiste ait le cœur bien inondé de joie pour créer de si magnifiques pavots, de si triomphantes pivoines, et des roses trémières si contentes de vivre.

En entendant ces derniers mots, madame de Klérian frissonna, comme si elle eût été mordue par une vipère, et se tourna vivement vers son oncle l'amiral, occupé à lire le cours de la Bourse. — Partons, lui dit-elle, je ne me sens pas bien.

L'amiral se leva avec une obéissance toute militaire, en témoignant seulement par un faible soupir le regret de ne pas entendre mademoiselle Alboni dans le dernier acte de *La Favorite*. Quand madame de Klérian, bien emmitouflée, se fût blottie dans sa voiture, emportée par les chevaux rapides, elle se mit à réfléchir, et jamais ses réflexions n'avaient été si tristes. Quoi, courtisée par les hommes les plus beaux, les plus nobles et les plus illustres, elle aimait étourdiment un artiste qui était tout au plus à demi-célèbre, et cet ami, choisi par elle entre tous, la dédaignait pour une créature vendue, pour une femme qui a laissé toute pudeur, et qui fait commerce de ses charmes vulgaires ! Désormais son miroir peut bien lui dire, comme tous les jours, que sa chair délicate ressemble à la pulpe des fleurs de la balsamine, et que ses cheveux sont légers et aériens comme la cendre fine dans un rayon de soleil ; l'abeille peut encore se tromper à ses lèvres, et s'y poser comme sur les boutons d'une rose, et les poëtes peuvent rabaisser le céleste azur en le comparant aux saphirs de ses prunelles aux pupilles noires, Paule de Klérian ne les croira plus, car elle saura bien, elle, si tout le monde l'ignore, que ses enchantements ne sont plus irrésistibles. — Ah ! se dit-elle, j'ai envie d'aller cacher dans quelque solitude ce triste visage, qui n'a pas su garder sa conquête ! Et une larme que personne ne devait voir brûla les yeux de l'aimable Paule.

Cette franche et vive nature ne savait pas supporter l'incertitude. Le lendemain, de grand matin, au moment où Flavien, qui habitait au haut du faubourg Saint-Honoré, venait de sortir selon sa coutume pour faire une promenade à cheval, madame de Klérian descendit d'une voiture sans armoiries, où elle avait attendu avec patience pendant plus d'une heure. Elle monta précipitamment l'escalier de la maison où demeurait le peintre, et, arrivée à la porte de l'appartement, elle sonna avec résolution. Un groom, âgé de douze à treize ans, vint lui ouvrir.

— M. de Lizoles m'a indiqué cette heure pour une séance, dit-elle sans hésitation. Je sais qu'il est sorti, mais je l'attendrai.

L'enfant, un peu étonné, n'osa pas pourtant mettre en doute l'affirmation émise par une femme qui, évidemment, appartenait à la plus haute société parisienne. Il introduisit madame de Klérian dans un petit salon meublé avec une élégance parfaite, et se retira.

Arrivée là, la jalouse maîtresse de Flavien sentit son cœur battre violemment, et elle eut besoin de s'asseoir, car ses jambes faiblissaient. Elle avait déployé déjà une grande énergie, mais le plus difficile restait à faire. Il lui fallait chercher et trouver sa rivale dans cet appartement qui lui était inconnu, et cette action violente répugnait à toutes les délicatesses natives de son âme. Mais Paule était incapable d'indécision. Elle fit le geste de Célimène au moment où elle voit partir Alceste, et tourna le bouton de la première porte qu'elle rencontra. Madame de Klérian avait été bien inspirée ; la porte qu'elle ouvrit donnait justement dans l'atelier de Flavien. Mais au premier regard qu'elle y plongea, elle s'était arrêtée fascinée, et comme éperdue.

Elle vit une femme, une déesse, une beauté, dont les cheveux rouges, aux reflets ardents, s'entouraient d'une lumineuse auréole. Tout d'abord, sur son visage sublime, d'une pâleur fauve avivée par un sang jeune et riche, ses yeux vert de mer étincelaient sous leurs sourcils bruns, et sa bouche écarlate et savoureuse montrait à demi les dents de lys. Sur une espèce d'estrade, au-dessus de laquelle s'étendait un dais de trône en tapisserie, surmonté de panaches, datant du règne de Louis XIV, assise dans un siége d'ivoire, elle travaillait à une tapisserie avec de la laine pourpre, et ses pieds chaussés de soie foulaient une riche draperie de satin à fleurs d'argent, jetée sur les marches. Elle était vêtue d'une robe à manches demi-flottantes et ajustées au poignet, faite d'une étoffe antique, et, comme l'arcade de ses paupières, ses mains idéales, blondes, transparentes, expliquaient la statuaire des âges fabuleux.

Au moment où cette éclatante figure l'éblouit, madame de Klérian ne pensa plus au motif qui l'avait amenée, ni à Flavien, ni à elle-même. Il lui sembla que le monde mystique imaginé par les poëtes s'animait sous ses yeux. Vénus encore frémissante du baiser des flots, Diane enivrée de la senteur des forêts, les Grâces tressant des fleurs, et les Muses dansant pieds nus sur la neige rose des cimes apparurent dans son esprit, soudainement inondé d'une sérénité inouïe. Comme si, remontant les âges, elle eût pu tout à coup se sentir vivre dans la Grèce héroïque, il lui semblait qu'elle venait d'entrer dans quelque temple de la Vénus guerrière, et qu'au bruit de la foudre tonnant dans un ciel pur, l'Immortelle s'était substituée à un vain simulacre et fixait sur elle ses prunelles immobiles. Ou, n'avait-elle pas devant les yeux la belliqueuse amante de Thésée, miraculeusement sortie de son tombeau en forme de losange, et cherchant à côté d'elle son baudrier magique et son glaive teint de sang? Puis, quand elle regardait les bronzes, les émaux, les miroirs de Venise, les chandeliers touffus aux grandes corolles de lys, tout ce luxe du seizième siècle qui entourait magnifiquement la femme aux longs cils et à la crinière d'or, elle en faisait quelque nymphe thessalienne évoquée par la sorcellerie pour servir de modèle à Benvenuto, et elle aurait cru que le cruel statuaire allait paraître, soulevant une portière de soie, et tenant à la main son marteau qui ressuscite les effrayantes splendeurs des Olympes.

Enfin, toute cette magie se dissipa. Paule de Klérian comprit qu'elle avait devant les yeux une femme d'une beauté surhumaine, mais enfin une femme. Malgré le feu qui brûlait son visage et la sueur qui perlait sur son front, elle trouva la force de parler.

— Madame, dit-elle en s'inclinant légèrement, je croyais trouver ici M. de Lizoles ?

Mais à peine eût-elle laissé échapper ces mots, comme si son cœur eût été de cristal, elle le sentit pénétré par le clair regard de l'inconnue, et elle eut la révélation positive que tout mensonge devait s'émousser contre sa clairvoyance terrible, comme les flèches d'acier sur une statue de diamant.

D'un geste rythmé comme une musique, Céline Zorès montra un siége à madame de Klérian; ses lèvres s'ouvrirent, et avant qu'elle eût articulé une syllabe, Paule sentit qu'elle allait entendre une harmonieuse voix aux notes d'or.

— Madame, dit Céline Zorès, je suis heureuse

que vous soyez venue, car on assure que la jalousie est un mal cruel, et ce mal, je puis vous en guérir. Vous pouvez sans crainte aimer Flavien.

Madame de Klérian éprouva une angoisse inouïe en entendant cette fille de rien qui lui parlait comme peut parler une reine, et en s'avouant tout bas qu'elle se soumettait malgré elle à un ascendant inexplicable. Ses jolies lèvres se froncèrent ; la révolte éclata dans ses yeux charmants.

— Pourtant, répondit-elle avec impatience, vous êtes sa maîtresse.

— Madame, reprit Céline Zorès, je vous répète que vous ne devez pas être jalouse.

— Je le comprends, fit la belle Paule, en qui se réveilla tout l'orgueil de la race. Jalouse de quoi ? d'un amour que vous accordez à tous ceux qui ont modelé ou peint vos images ? de cette beauté qui n'a plus de secrets pour personne ?

— Regardez-moi, dit Céline avec une douceur ineffable. (Et, rejetant derrière elle des flots d'étoffes, elle se leva triomphante et comme épouvantée elle-même des perfections qu'elle montrait au jour.) Regardez-moi et regardez-vous. Votre beauté ne perd rien auprès de ma beauté, hélas! divine; car partout dans ce sourire, dans ces plis où niche la grâce, se révèlent les sentiments humains. Mais moi, ne remarquez-vous pas que l'idée même de l'amour jure avec mon visage implacable; où l'amour pourrait-il se prendre dans cette perfection désespérée ?

Certes, si j'avais été assez heureuse pour connaître ses délicieuses faiblesses, je pourrais l'avouer la tête haute, car la honte suppose une sorte de déchéance, et comment pourrais-je déchoir? Hélène enlevée à l'âge de treize ans par le vainqueur des Pallantides, ou Vénus aimant Adonis au fond des bois vivent-elles dans notre mémoire comme des femmes méprisées et humiliées? La parfaite beauté n'est-elle pas comme la neige, comme les étoiles, comme la clarté des sources que rien ne peut souiller et ternir? Mais, hélas! jamais une lèvre embrasée n'a effleuré mon front; jamais la main d'un homme n'a touché mes doigts d'ivoire. Dans ma poitrine habite un cœur calme et héroïque dont rien ne trouble la pureté et que ne font pas battre les désirs terrestres.

— Mais, dit madame de Klérian effrayée, quelle est votre vie? Pourtant, vous avez aimé?

— Mille fois ! mille fois ! s'écria Céline Zorès avec enthousiasme. J'ai aimé d'abord tous ceux qui m'ont donné la vie quand ce corps sommeillait encore dans l'infini, Hésiode, Cléomène, Euphranor, Albert Durer qui a gravé ma puissante mélancolie, Michel-Ange pour qui j'ai été la Nuit immense et farouche, Rubens qui m'a enivrée de lumière pourprée et transparente, Henri Heine qui m'a vue en Hérodiade capricieuse, portant sur un plat d'or, au milieu des chemins, la tête pâle de Saint-Jean-Baptiste ! J'ai aimé, j'aime encore tous ceux en qui je devine une parcelle de génie, car savez-vous quelle est ma seule, mon ardente passion? J'ai le désir effréné d'échapper à la mort, et l'Art seul peut m'accorder cette joie, car la nature succomberait à vouloir reproduire mes traits immortels. Peintres, graveurs, poètes, les artistes en qui s'agite une étincelle du feu sacré m'ont tous trouvée sur leur chemin ; j'ai été leur conscience, leur inspiration visible, la génératrice de leurs idées confuses. A celui-ci, j'ai révélé Ophélie et Juliette éplorée dans son tombeau ; à celui-là, Marguerite aimante et simple dont il emporte dans la mort la chaste figure. C'est moi que tous les poètes ont célébrée et qui ai fait renaître la Lyre dans un âge où son nom même était oublié ; c'est moi que les nouveaux cygnes ont appelée Véronique, Elvire, Deidamia et Cécile ! C'est moi dont les traits gravés dans l'or respirent sur les médailles de ce temps ; c'est moi, que les sculpteurs ont couronnée de raisins sur les onyx et les agates qui passeront aux époques futures.

J'ai soulagé bien des misères, soutenu bien des défaillances, relevé bien des courages abattus, mais je ne donnais rien ; je faisais un marché d'usurier ; je vendais à mes amants un peu de gloire ; et, en revanche, ils m'ont assuré l'espace, l'infini, les siècles sans nombre. Quand je vois s'achever un tableau ou un poëme, je tressaille comme une mère qui baise au front son nouveau-né : toutes ces œuvres portent au front mon effigie ! Comme dans un miroir, j'y regarde l'ombre soyeuse de mes grands cils, et les flammes vives de ma chevelure.

Telle est ma vie : enfant encore, la fortune m'est venue d'elle-même, et s'est donnée à moi sans que j'aie dû lui faire aucun sacrifice, car le Génie, la Beauté et la Richesse sont des forces qui se cherchent sans cesse et qui tendent à se confondre pour réaliser la Vérité absolue ! Je n'aurais eu qu'à me montrer pour avoir un trône, mais il me faut plus que cela, je veux l'avenir ! Maintenant, madame, voulez-vous savoir ce que je venais faire chez Flavien de Lizoles ? Cet enfant, trop affolé de caprice et de fantaisie, avait perdu le sens du beau qui est en lui. Il s'éblouit des guirlandes qui tombent toutes fleuries de sa palette ; je suis venue pour lui faire revoir la muse ensevelie dans son âme, et que n'apercevaient plus ses yeux aveuglés. Mais il a retrouvé son génie et sa force ; je pars d'ici pour longtemps, sans doute pour toujours ; vous pouvez aimer Flavien !

Paule de Klérian sortit émue et pensive de cette entrevue, mais elle l'oublia bien vite. Cette radieuse fille d'Eve a mieux que l'avenir des marbres inertes et des toiles périssables ; elle a la vie ! et ces petites dents sans tache, qui mordent si bien dans la pomme du Bien et du Mal. Rien ne troubla ses amours avec Flavien, qui serait devenu un grand peintre s'il se laissait moins ravir par ses pivoines et par ses roses trémières, les plus belles qui soient jamais écloses sous une brosse ivre de rose. Elle lui a donné quatre années de paradis parfait, ce qui peut passer pour le bonheur sur la terre. Au bout de cette félicité incommensurable, il s'ennuyait comme on s'ennuie dans tous les Edens ; et, par un soir étoilé, assis avec Paule devant une fenêtre du château de Klérian, il regardait tristement la noire silhouette de Blois, et les flots de la Loire, étincelants d'astres.

Une figure lumineuse vint s'accouder sur le bord de la croisée. C'était Céline Zorès, dont les cheveux rouges brillaient comme un soleil au milieu de la nuit, pensivement voilée. Elle regarda fixement le peintre, et, étendant son bras de statue, elle lui dit de sa voix mélodieuse et pénétrante :

— Allons travailler.

Flavien se leva, et la suivit silencieusement.

Ici finit ce douzain des *Parisiennes de Paris*, que les dilettanti de la musique parlée ont déjà lu avec quelque sympathie sur des feuilles volantes que le vent emporte. Sans doute j'aurais pu donner des sœurs à ce troupeau de folles amoureuses ; mais, chère madame Philomène, quelle que soit l'indulgence des amis inconnus qui me suivent, je ne veux pas abuser de ces peintures, un peu violentes à cause de la réalité crue de leurs modèles. Si mes *Parisiennes* ont plu au lecteur, il les retrouvera dans quelque autre livre, toujours vouées à la poudre de riz, aux Euménides et aux passions impossibles, comme il sied aux filles de Gavarni et de Monna

Belcolor. En attendant, nous allons vous raconter les célèbres noces du poète Médéric, dans lesquelles il ne fut pas mangé, comme aux noces de Gamache, un bouvillon farci avec des cochons de lait, et vous saurez enfin par quel heureux concours de circonstances ce brillant mariage ne produisit pas d'autres enfants que des recueils de poésies lyriques imprimés sur papier vergé, avec des vignettes, des culs-de-lampe et des lettres majuscules dessinés par Thérond, d'après les plus beaux décors de l'antiquité et de la Renaissance.

LES
NOCES DE MÉDÉRIC

LES

NOCES DE MÉDÉRIC

CHAPITRE Ier. — *Où l'auteur, éminemment coloriste, prouve qu'il n'appartient pas à l'Ecole du bon sens, et insinue qu'il possède un dictionnaire des rimes françaises.*

Au dehors, la nuit était sereine. Et cependant ton âme, ô Médéric, était plus calme et plus sereine que cette blanche nuit d'hiver, où le clair de lune et les rayons des étoiles faisaient danser leurs clairs esprits sur la terre gelée.

Car il était dans sa chambre, le beau, le blond, le spirituel, l'heureux Médéric ! Dans sa bonne chambre de la place de l'Odéon, n° 4, à l'entresol, chambre souriante, bien close, bien chaude, calfeutrée par les étoffes de soie et les étoffes de laine, par la toile et le velours, et par les bourrelets innombrables.

Il était commodément assis dans un bon fauteuil, l'honnête Médéric; il était assis devant son feu, un grand feu, et ne faisait absolument rien. Je me trompe, il fumait une cigarette. O cigarette, cigarette, petite courtisane au panache bleu, follement campée dans ta robe de papel de hilo, je ferai certainement un poëme sur toi la prochaine fois que je retrouverai mon dictionnaire des rimes. Ce sera un poëme en strophes de six vers, comme *La Malédiction de Vénus*, et je le ferai imprimer sur papier à cigarettes, de sorte qu'on dira à l'avenir : voulez-vous fumer un sixain?

Il y avait un si grand feu que tout flamboyait et craquait dans la chambre : statuettes, cristaux et porcelaines de Chine! Pour Médéric, pareil à un monsieur qui a sa loge à l'Opéra, il écoutait nonchalamment les harmonies domestiques, sans se donner la peine d'applaudir aux beaux endroits.

Et d'abord, dans la flamme du foyer, au milieu des turquoises et des émeraudes et des floraisons flamboyantes de roses bleues et aurore, chantait et dansait, au bruit du triangle et des castagnettes, la folle salamandre, vêtue de toiles d'or et d'argent, et de papier métallique avec toutes sortes d'oripeaux et de paillettes ! Et ses joyaux de Venise, ses colliers de verre, ses voiles de crêpe rose et bleu semés d'étoiles de fer-blanc, tourbillonnaient dans les éblouissants arcs-en-ciel des joyeux tisons.

— Je t'aime, disait-elle à Médéric, moi qui suis gaie comme l'oiseau, folle comme les comètes, éblouissante comme la prose de l'ami Théo, et qui rossignole comme une suite de triolets galamment troussés par un grand enfileur de perles ! Je t'aime parce que tu es un honnête garçon et que tu aimes mieux me voir danser pour toi seul que d'aller applaudir cette bégueule de Rosati, en compagnie de quinze cents imbéciles. Va, mon cher trésor, je te ferai des feux d'artifice comme Ruggieri n'en a pas rêvé, des aurores boréales inconnues de Seraphitus-Seraphita, et des féeries comme tu n'en as jamais vu aux Funambules, même le jour où Joséphine, serinée par moi, jouait *La Fille du feu,* avec trente-deux mille escarboucles, sans compter ses yeux !

Et les torchères allumées, flammes fantasques, embarrassées et tortillées entre elles comme de jeunes Lesbiennes, disaient à Médéric :

— Nous sommes les astres et les étoiles de ta maison, et c'est pour toi que nous dansons nos folles sarabandes ! Nous avons des robes orange, nous, et nous sommes rouges comme des cerises ! Nous ne sommes pas comme nos maigres sœurs du ciel, qui se mettent du blanc pour plaire aux poètes romantiques ! Nous t'aimons parce que tu es un jeune homme sage et que tu ne vas pas à Feydeau, quoique tu demeures à côté d'un architecte qui y va tous les soirs !

CHAPITRE II. — *Où l'auteur, qui a lu les romans de Méry, et qui tient à étaler son érudition, met en scène des chinois et un suisse qui étonneront M. Stanislas Julien et feu M. Topfer.*

Et dans la pendule rocaille, retraite charmante, où plus d'une fois s'était égarée la rêverie de madame de Pompadour, l'heure disait à Médério :

— Je suis née au temps des belles amours et des beaux jardins, à cette époque fleurie où les parterres étalés sur des robes de soie ressemblaient aux jardins en fleur ! Je t'aime et je t'envoie mille baisers de ma bouche en cœur, car je suis toujours jeune et charmante, bien que j'aie vu cet âge d'or où les femmes laissaient leurs gorges à nu et mettaient des guirlandes sur leur tête poudrée à blanc, pour signifier la neige des cœurs et l'incarnat des roses mystiques ! Je t'aime, et c'est pour toi que je frappe mon harmonica de cuivre doré, sur lequel je fais sans fin courir mon pied sonore !

Et puis dans les carafes de Venise, les naïades disaient ensemble :

— Nous aimons, ô Médéric, cette prison étincelante de laquelle nous passerons sur tes lèvres ou sur le cou de tes jeunes amantes. Nous aurions pu verser notre onde dans les vertes prairies, parmi les myosotis célestes, et nous reposer après dans le lit de la Loire immense, qu'ombragent les grands peupliers. Nous aurions pu avoir pour prison de beaux tuyaux de plomb solidement soudés et réparés, chaque année, par les soins du conseil municipal de la ville de Paris, et nous aurions versé nos pleurs à travers de belles urnes, tenues par une déesse Égyptienne, et surmontées d'un distique latin de Santeuil. Mais nous préférons pour palais et pour cachottes carafes de Venise, à travers lesquelles nous voyons rayonner ton jeune sourire !

Et dans la vaste coupe autour de laquelle court dans le cristal une orgie sanglante, chef-d'œuvre de Lahoche, la bacchante disait tout émue :

— C'est pour toi que j'ai suivi sur les monts et les coteaux de la fertile Bourgogne, le beau Lyœus au visage de femme. J'ai déchiré de mes mains aiguës les grappes aux poitrines rebondies, pour te faire boire leur sang qui te rendra pareil aux Dieux. Vierge vaincue, je t'offre, ô mon amant, mes lèvres plus chaudes que le soleil et plus embaumées que le miel de l'Hymète !

Et sur les plats, les rideaux, les paravents, les soucoupes et les éventails, tout le peuple des chinois peints disait à Médéric :

— C'est pour toi que nous avons quitté le pays du grand Yao et du grand Yu, le céleste empire où sur les fleuves indigo, les barques d'or, pareilles à des coquilles d'œuf, voguent au milieu des soleils d'artifice et des monstres écarlates et verts en papier huilé. Pour toi, nous avons quitté le fleuve Chookeang qui roule ses vagues célestes sous les voûtes de tamarins échevelés, et les forêts de sycomores où fleurissent à l'ombre, l'haïtang, le jasmin et le pégé-long, aux fleurs écarlates ! Et nous t'aimons, ô Médéric, parce que tu ne vas voir jouer aucune féerie chinoise, et que tu n'achètes pas de thé à la Porte Chinoise !

Et au bruit perçant du tam-tam, une jeune chinoise, peinte à la gouache sur du papier brun, disait à Médéric :

— Vois mes yeux pareils à des oiseaux, ma bouche qui a l'air d'un gros bouton de rose, et mes ongles plus lumineux que les étoiles, plus doux que les plumes de paon !

Mais au moment où la jeune Kia allait oublier,

en pinçant du lutchun à treize cordes, que la pudeur est la première vertu des femmes chinoises, le coucou de Nuremberg se mit à sonner huit heures du soir avec un effroyable carillon de sonneries et de sonnettes. Et aussitôt seize portes, comme à toutes les heures, s'ouvrirent dans le coucou prodigieux, et par ces portes s'élancèrent les oiseaux de bois, blancs et rouges, qui chantent mieux que les rossignols, les petits soldats qui montent la garde, les chemins de fer avec les wagons en mouvement, la petite sainte qui joue de la viole, et l'empereur Frédéric Barberousse.

Et quand tout ce monde-là eut défilé bien en ordre et gentiment sa petite parade, une porte plus grande que les autres s'ouvrit violemment, et par cette porte sortit, comme d'habitude, le bon suisse, qui est le roi du coucou de Médéric.

Le bon suisse du coucou de Médéric a de petits yeux gris, un nez écarlate, des joues écarlates, un chapeau très-bas de forme, un habit bleu-barbeau boutonné, un gilet vert-bouteille, et des mains de fantaisie. Ses souliers sont vernis, son habit bleu est verni, son chapeau est verni, son nez écarlate et ses joues écarlates sont vernis. Le bon suisse est parfaitement verni et brille comme une paire de bottes neuves.

Il s'avança gravement avec la petite planche qui lui sert de socle, et dit à Médéric en ôtant son chapeau :

— Bonjour, monsieur. Je vous salue, monsieur. Vous voyez, monsieur, que j'arrive fort exactement à l'heure juste, et que mon coucou est en règle. Les suisses, monsieur, sont d'honnêtes gens, économes, mais serviables. Vous êtes un jeune homme rangé, qui restez chez vous au lieu d'aller voir jouer *Les trois Maupin* de M. Scribe. Je vous en félicite, monsieur. Je vous salue, monsieur. Bonsoir, monsieur.

Toutes les portes du coucou claquèrent en se refermant les unes après les autres, et la porte du bon suisse se referma avec un cri sec.

CHAPITRE III. — *Où Médéric regrette ses chandeliers, ses poteries, mademoiselle Ninette, mademoiselle Louisa, et une femme du monde qui désire garder l'anonyme.*

Médéric qui pensait encore aux *Trois Maupin* de M. Scribe, s'écria soudain :

A propos, j'oubliais que M. de Bourgjoly des Aubiers, mon futur beau-père, et mademoiselle Edwige de Bourgjoly des Aubiers, ma future épouse, m'attendent ce soir, et que je dois signer chez eux mon contrat de mariage.

C'est cela, je me le rappelle on ne peut mieux à présent. Je suis rentré chez moi cette après-dînée pour brûler la petite malle en cuir doré, cerclée de fer, qui contient les lettres et les gages d'amour de mes maîtresses ! O jours trop vite envolés !

Eh bien ! puisque tu m'aimes, ô salamandre, nymphe des feux et des flammes, déchire avec tes dents aiguës toutes ces choses de mes vingt ans : cheveux noirs, cheveux blonds comme le miel, et rubans feuille de rose ! Et cette guipure, et ce haillon de soie couleur du ciel, et ces frêles tablettes, et ce bijou d'argent ciselé par l'ongle des fées, ô salamandre !

Et vous, ô torchères d'or, étoiles de ma maison, vous ne danserez plus pour moi vos danses ! Et toi, pendule de madame de Pompadour, ce n'est plus pour charmer mon oreille que ta petite enchanteresse agacera du pied la cloche amoureuse !

Mademoiselle Edwige achètera une pendule de Denière et des *bronzes d'art*.

Et vous, ô naïades familières, ondes caressantes et fraîches, naïades aux yeux d'azur moiré, vous pouvez aller faire l'amour sous les saules échevelés ou dans le vaste réservoir de la rue de l'Estrapade, orné de dauphins de fonte imitant le bronze !

Mademoiselle Edwige fera mettre à la cuisine ma belle fontaine de grès brun, découpée et fouillée comme l'Alhambra, et à l'office mes carafes de Venise.

Et toi, ô coupe altérée, sur laquelle les Ménades vêtues de fourrures ruisselantes ont écrit leur ode avec le sang des treilles !

Mademoiselle Edwige te rangera sur le plus

haut rayon d'une armoire et elle achètera des verres de trois francs. Et non-seulement elle achètera des verres de trois francs, mais encore elle achètera des *porcelaines élégantes* et des *étoffes de bon goût.*

Ainsi, vous pouvez, ô gais chinois couverts de grelots et de haillons d'or, paons écarlates et poissons de topaze aux ailes transparentes, vous pouvez regagner le fleuve Chookeang, et la montagne du Ho-nan, et les forêts d'ébéniers où fleurit l'yo-kiang hoa, *la fleur qui s'ouvre et embaume la nuit!*

Et toi, coucou de Nuremberg, avec tes charmantes fleurs grossières et ton peuple de bois peint de couleurs variées, mademoiselle Edwige te mettra dans la chambre de mon domestique! et tu seras réduit à honorer ce laquais de ton petit speech, bon suisse si bien verni, qui me souhaitais le bonjour avec tant de politesse!

Donc, brûle et dévore, ô flamme azurée, tout ce qui fut mon cœur et ma vie, et même ce qui fut mon rêve pendant ces années joyeuses! Mets mon âme entre tes tisons et piétine dessus, danseuse folle!

Tu travailles pour mademoiselle Edwige jusqu'à ce que mademoiselle Edwige te chasse; car elle te chassera, ô salamandre ! et elle dira que tu es une flamme libertine.

Mademoiselle Edwige fera établir ici un calorifère.

Devenez cendre et fumée, doux souvenirs !

Ce bouquet de violettes desséché, c'est à toi, Ninette ! Pauvre ange ! tu n'avais pas encore quinze ans ! Te souviens-tu du petit jardin sur la fenêtre et de nos serments dans le mois des lilas, et du vent qui dénouait tes cheveux pendant que tu becquetais ta colombe ! Pauvre Ninette ! nous avons bien pleuré le jour où elle est morte, cette blanche tourterelle !

Brûle, petit bouquet d'un sou, dont le parfum divin semblait l'âme de nos jeunes amours !

C'est à Louisa, ce diadème d'impératrice fait de strass et de chrysocale, et ce collier de verroterie bizarre que Titien eût voulu passer au cou de sa maîtresse. C'est à Louisa, la grande funambule aux cheveux noirs comme la nuit, qui faisait le combat au sabre, vêtue d'une cuirasse d'or et coiffée d'un casque ombragé de plumes !

Brûlez, diadème et collier de cette amazone superbe, qui est retournée un beau jour dans la patrie de Praxitèle et de Laïs !

O Julie, noble femme ! Il est à vous, madame la duchesse, ce camée inestimable qu'a porté avant vous Julie, la fille de l'empereur Octave-Auguste, Julie, l'amante du poëte Ovide ! Vous aviez, madame, une fleur de lis dans votre blason, et c'est vous qui m'avez ordonné de vivre et de mourir en chevalier. Soyez bénie !

Et toi, brûle aussi, parure sacrée qui as touché le sein de la plus belle princesse de Rome et le front de la plus belle dame de France !

Chapitre IV. — *Apothéose triomphante de Naïs, crêpe bleu, licopode et feux de Bengale.*

Mais que m'importent Ninette, Louisa et madame Julie ? La voilà celle que j'ai vraiment aimée ! Oui, c'est toi, Naïs, Naïs, doux nom virgilien ! nom de poëme et d'églogue.

Oui, je te vois, Naïs bien-aimée ! mes vraies amours ; c'est ton corps deviné par le seul Rubens, et cette tête enfantine, toute blonde, ces grands yeux étonnés, cette petite bouche écarlate, bouche de petite fille ! Ses dents étaient blanches, blanches, mais pas d'une blancheur cruelle, comme celles d'Henriette. J'aimais surtout ses pieds et ses mains, si beaux, si purs, si bien proportionnés, mais qui avaient le bonheur de n'être pas tout petits ; car c'est une terrible chose, les mains et les pieds de roman ! Elle avait été au couvent, et lorsqu'elle chantait le *Stabat* ou *Inviolata*, c'était à ravir le paradis et Racine lui-même. Elle sait aussi des chansons populaires, cette enfant née au village, et je jure que c'est la vraie poësie et la vraie musique !

Que me parlez-vous de Mademoiselle Alboni et de Madame Lauters ? Il fallait entendre Naïs chanter :

> Mes souliers sont rouges,
> Ma mie, ma mignonne ;
> Mes souliers sont rouges,
> Adieu mes amours !
> J'ai de beaux souliers,
> Que ma mie m'a donnés, etc.

Et ceci :

> J'ai un' commission à faire,
> Je ne sais qui la fera.
> Si je l'dis à l'alouette,
> L'alouette le dira.
> La violette se double, double,
> La violette se doublera.

Doux Ronsard, toi le vrai lyrique, tu aurais bien aimé Naïs ! Elle avait imaginé un mot charmant : *dormette* (cela voulait dire un lit). Pour *dormir*, elle disait aussi : *Je vais faire ma dormette;* (alors cela voulait dire : mon somme.)

Mais c'est qu'elle en avait inventé une merveilleuse *dormette!* En passant devant chez le serrurier qui vend des jardinières, sur le boulevard des Italiens, elle avait admiré, en souriant comme une petite folle, les petits berceaux d'enfants en fer doré et en soie jaune safran ou rose clair. Et Naïs, cette splendide femme de Flandre, s'était fait faire pour dormette un grand berceau rose et or !

C'est à Naïs, ce petit calepin à couverture d'argent niellé, ces souliers de chambre en soie blanche capitonnée, cette tresse de cheveux cendrés et ce marabout rose, (doux souvenir!) et encore cette poupée habillée par Palmyre ; car elle joue à la poupée, Naïs !

O Naïs, petite Naïs, ma bien-aimée, toi pour qui j'eusse essayé de traduire *Le Cantique des Cantiques !*

Poussée par une déesse, sans doute, je t'ai toujours vue arriver chez moi et frapper : toc ! toc ! les jours où j'allais faire une bêtise, et toujours tu m'en as empêché.

Petite Naïs, pourquoi n'es-tu pas venue me voir ce matin ?

CHAPITRE V ET DERNIER. — *Le roman finit au moment où M. Bouquet allait devenir intéressant.*

— Toc ! toc !

(Mais je me suis trompé en écrivant le titre du chapitre précédent. C'est ici la vraie apothéose des Funambules, avec l'air rose ! Il marche vivant dans son rêve étoilé.)

— Toc ! toc !

C'est elle, Naïs, la petite Naïs avec sa robe de soie blanche et son cachemire collé à son beau corps ! Naïs avec sa tête d'enfant noyée de tresses blondes !

— Mon cher seigneur, dit-elle en entrant, j'ai senti, où j'étais, que vous alliez faire une bêtise ! dites, mon âme ?

— Mademoiselle, répond Médéric, asseyez-vous et buvez ce vin parfumé comme vos lèvres. Je vous jure que je vous aime comme jamais Juliette n'a aimé Roméo. Et voici votre *dormette*, qui étale sur sa couchette d'ébène des blancheurs de neige et d'ivoire !

Et Médéric fut si joyeux qu'il se récita tout d'une haleine *Le Triomphe de Pétrarque*, cette ode qui ressemble à un vase de diamants empli jusqu'aux bords de pleurs limpides.

Et il jeta par la fenêtre un exemplaire de *L'Ombre d'Éric*.

Au dehors, la nuit était sereine. Et cependant, ta poitrine, ô Naïs, brillait plus blanche que ce clair de lune !

Et ses lèvres ! ô Sapho et Phryné, mes amantes idéales, qu'eussiez-vous dit en les voyant fleurir comme les lauriers roses sur les bords argentés de vos fleuves !

Cependant, plus prompt que la mort envoyée par l'Ojibewas, habile à lancer les traits ;

Plus rapide que *Le Véloce*, qui brûlait pour treize cents francs de charbon par jour pour porter Alexandre Dumas et sa compagnie ;

M. Bouquet, l'estimable concierge de Médéric, courait à toutes jambes vers le numéro 1 de la rue du Havre, porteur d'une lettre ainsi conçue :

A M. de Bourgjoly des Aubiers.

Monsieur,

Mon médecin et ami, le docteur Crestié, m'a, sur mes instances, laissé voir la triste vérité dans toute son horreur. Je suis poitrinaire, monsieur, et je ne verrai pas la nature renaître au printemps prochain.

Il ne me reste plus qu'à pleurer l'honneur de votre alliance et mademoiselle des Aubiers, cet ange pour lequel j'irai prier les anges du ciel.

Je mourrai, en me disant, monsieur,

Votre très-humble et très-obéissant serviteur,

MÉDÉRIC.

Telle est, racontée avec soin par un narrateur impartial, l'histoire exacte des noces de Médéric.

Et, disons-le en terminant, notre assembleur de syllabes a su trouver résolument le vrai bonheur. Combien de mortels, au contraire, cherchent dans des sentiers où n'a jamais passé le vent de son aile, ce chatoyant phénix, dont les yeux sont des diamants noirs ! C'est là une vérité qui vous sera démontrée victorieusement, si vous consentez à laisser vivre encore un peu la sultane Schéhérazade, et si vous voulez bien ne pas trop fermer les yeux ou détourner la tête jusqu'à la fin de cette petite heure, pendant laquelle défileront devant votre fauteuil *Un Valet comme on n'en voit pas*, *La Vie et la Mort de Minette*, *Sylvanie* et *Le Festin des Titans*. La soirée sera terminée par *L'Illustre Théâtre*, épilogue curieux et surprenant, dans lequel toute notre troupe comique paraîtra avec des costumes entièrement neufs. Vous y reverrez surtout avec plaisir Arlequin, l'excellent compère, que nous avons recueilli pieusement depuis le jour où Messieurs les Comédiens français l'ont mis à la porte de chez Marivaux, comme rappelant trop exactement par son costume les arcs-en-ciel, les aurores boréales, les boutiques de joaillerie, les sonnets de Desportes, les paysages radieux et les bouquets de fleurs.

UN VALET

COMME ON N'EN VOIT PAS

UN VALET

COMME ON N'EN VOIT PAS

C'ÉTAIT au petit lever d'un des princes de la critique, entre dix et onze heures du matin. On causait. Tout à coup, un nouveau personnage, célèbre à plus d'un titre parmi les artistes, entra bruyamment, donna au feuilletoniste une vigoureuse poignée de main, et se laissa tomber dans une moelleuse bergère, en murmurant son fameux *ouf!* plus connu à Paris que le *mon dieu-je!* d'un bouffon célèbre.

— Louis, s'écria le critique, du rhum, des cigares !

— Ah ! dit le nouveau venu en admirant la noble candeur et l'impassibilité sérieuse avec laquelle Louis disposait sur un guéridon les jolis verres de Bohême, cet homme est heureux ! Quel directeur général d'une compagnie de chemin de fer, quel ténor, quel prélat du *Lutrin* oserait se dire plus heureux que Louis ? Comme vous, il a vu familièrement dans ce petit salon mademoiselle Rachel, monsieur le comte Demidoff, M. Ballard du Vaudeville, et toutes les célébrités contemporaines ! Comme vous, il marche sur des tapis de la Savonnerie et prend son café dans une tasse de Saxe ! Il a été de moitié dans tous vos bonheurs et dans toutes vos joies. De votre vie il n'ignore qu'une chose, et quelle chose ! Il ne sait pas ce que c'est que de *faire de la copie*, l'heureux homme.

Ce fruit merveilleux de la gloire qui flotte devant vous comme le repas de Tantale, ce rocher du feuilleton que vous roulez incessamment comme Sisyphe, cette nue éclatante qui s'appelle la popularité, et que vous étreignez comme Ixion entre vos bras avides, il ne les connaît pas, si bien que ce fortuné gaillard passe comme vous depuis vingt ans à travers tous ces amours, toutes ces fêtes, tous ces événements gais ou tristes, toutes ces pantomimes et ces belles comédies racontées chaque matin, et qu'il n'a pas corrigé une seule épreuve ! Il ignore ce que c'est que le *cicero* et le *petit romain*; et le plus bel Horace de Baskerville ne vaut pour lui que cinquante centimes, comme pour l'épicier du coin! Que ne suis-je domestique!

— Tiens, s'écria un des assistants, vous avez dit cela comme : *Que ne suis-je la fougère?*

— Ah! messieurs, dit un peintre célèbre, ne rions pas. Après l'état de jolie femme, l'état de valet est bien le plus heureux que je sache. Vous savez que Gavarni a écrit si spirituellement : *Quand on a dit qu'on a une femme, ça veut dire qu'une femme vous a!* C'est bien plutôt votre domestique qui vous a. Je vous jure ma parole d'honneur que le mien est parvenu par ses intrigues à me faire faire le portrait de sa maîtresse!

— Et le mien! dit un jeune maëstro, auteur d'une symphonie à succès, le mien joue de la clarinette chez moi, malgré moi, et je le souffre!

— Vous voulez dire que vous en souffrez, dit le peintre.

— Pourquoi le souffrez-vous? hasarda timidement un petit astre encore non découvert, ce qu'on pourrait appeler un poète lyrique de première année.

— Il le *fâllait!* reprit le musicien en parodiant le grand Bilboquet.

Et la conversation continua sur ce ton, chacun se renvoyant *le mot,* si bien comparé par Balzac à la balle élastique des écoliers.

— Le mien, dit quelqu'un, apporte chez moi des opéras-comiques !

— Comiques ! C'est inouï ! Vous cire-t-il vos bottes ?

— Quelquefois.

— Enfin ! pourvu qu'il ne vous fasse pas cirer les siennes !

— Cela s'est vu. Un de nos plus grands poètes a écrit des feuilletons tout exprès pour raconter à l'Europe les étourderies de son nègre. Voilà un garçon qui savait se faire cirer ses bottes par son maître ! Quand les théâtres envoyaient des loges, ce charmant jeune homme, qu'on appelait Abdallah, faisait son choix dans le paquet de billets, et allait voir, en partie fine, un vaudeville selon son cœur.

— Faisait-il le feuilleton, au moins?

— Allons donc! Pour qui le prenez-vous? Par exemple, quand son maître l'envoyait toucher de l'argent dans quelque boutique, il s'acquittait scrupuleusement de la commission.

— Bah! il rapportait l'argent?

— Au contraire. C'était lui qu'on rapportait, au bout de trois jours, et avec un mémoire de deux cents francs. Comme je viens de vous le dire, il touchait très-bien l'argent; mais il avait l'habitude de le boire après.

— Et il buvait deux cents francs comme cela?

— Non, il consommait le reste en carreaux. Son maître l'adorait.

— Je comprends ça. Après tout, un valet comme Abdallah, bon teint, c'est la poule aux œufs d'or, une source éternelle de copie.

— Mon Dieu, c'est selon la manière de voir. Il y a des maîtresses qui rapportent ça et qui coûtent moins cher.

— Oui, mais ça compromet.

— Tout compromet. C'est précisément pour ça qu'il faut avoir un valet qui vous empêche d'être compromis, et ça coûte cher, parce qu'il sait tous vos secrets. C'est une autre variété de nègre, l'ancien Frontin.

— Dans ce genre-là, dit le peintre, j'en ai connu autrefois un très-beau à Valentin, le caricaturiste du *Charivari*. On l'appelait M. Félix. Figurez-vous un beau garçon de cinq pieds trois pouces. Habits, cheveux à la dernière mode, bottes très-remarquables, tenue de dandy et les mains blanches. Eh bien, messieurs, il passait rue Le Péletier pour un sous-secrétaire d'ambassade, et il entretenait une marcheuse.

— Joli !

— Très-jolie. Par exemple, avec M. Félix, on n'entend jamais parler de créanciers, de parents, de maîtresses, ni de toutes ces espèces là. Prix : dix mille francs par an !

— Ce n'est pas cher.

— Attendez donc. Dix mille francs par an, *qu'il faut payer*.

— Diable !

— M. Félix n'est pas breveté ?

— Si. Il a inventé une eau *Corinthienne* qui fait pousser des cheveux.

— Où ça ?

— Dans le prospectus. Il écrit très-bien.

— Messieurs, dit le musicien, voilà bien ce qui prouve la faiblesse de notre esprit. Nous voilà tous convaincus que l'état de valet est le meilleur de tous, et cependant nous n'en voudrions pas. Arrangez cela ! D'ailleurs, qui servirions-nous ? Nos laquais ne voudraient jamais se faire maîtres. Il n'y a que nous qui soyons assez bêtes pour cela.

— Amis, s'écria le critique qui n'avait rien dit encore, ne calomniez pas l'humanité toute entière. J'ai connu un homme d'esprit qui avait le courage de… votre opinion !

— Vraiment ! fit l'ami pour lequel on avait apporté du rhum. Contez-nous cela, *vous qui contez si bien !*

Le critique s'arrangea et se pelotonna sur un divan, comme dut faire Enée avant de réciter six livres de *L'Enéide* et parla ainsi :

— Mon ami s'appelait, par un caprice du sort, Louis Jodelet. Je l'ai beaucoup aimé. C'était un charmant garçon. J'avais fait sa connaissance chez une demoiselle allemande avec laquelle j'aimais beaucoup à causer, parce qu'elle ne savait pas le français.

— Est-ce que vous savez l'allemand?

— Non. Jodelet avait alors vingt-deux ou vingt-trois ans. C'était bien le plus singulier garçon qui eût jamais bayé aux grues de la place de l'Odéon au boulevart des Italiens! Rêveur et folâtre, enthousiaste et résigné, hérissé de systèmes et d'utopies, il mettait le paradoxe, non pas dans sa conversation, comme le vulgaire, mais, à la façon des grands hommes, dans sa vie. Négligent comme un bohémien et paresseux comme un poète, tout à coup on le voyait se faire faire quatre habits complets et écrire des volumes de roman ; et il laissait le tout dans ses tiroirs. Il faisait la cour aux femmes, tantôt avec la timidité de Chérubin, tantôt avec la hardiesse de don Juan, toujours avec la persistance de Lovelace ; mais il oubliait ordinairement d'aller chez ses maîtresses le jour où elles se proposaient de n'avoir plus rien à lui refuser.

A toutes ces originalités, Louis en joignait une

plus grande encore, sous forme d'opinion philosophique. Il était persuadé que *la responsabilité personnelle étant la source de tous les maux humains*, il n'y a ici-bas que deux bons états, l'état de femme et l'état de domestique. Ne pouvant absolument devenir femme, il poursuivait le rêve de se faire valet.

— Ah! mon cher Léon, me disait-il souvent, le bonheur est là. Quel jour endosserai-je enfin cette livrée, qui est la liberté, l'indépendance, l'oisiveté, la rêverie, l'oubli du bien et du mal!

J'étais tellement habitué à ces boutades, que je n'y faisais plus guère attention. Un matin, je vis Jodelet entrer chez moi transfiguré.

— Enfin, s'écria-t-il, j'en ai fini! J'ai eu le courage d'être heureux! Oui, mon cher, ma dernière pièce de cinq francs avait vécu, je suis allé dans un bureau de placement, et tu vois en moi le valet de chambre de M. Bischoffsheim, riche banquier, comme on dit au théâtre.

Sans vouloir rien écouter, j'emmenai Louis. Nous montâmes dans un cabriolet et nous courûmes au bureau de placement où je dégageai, malgré lui, la parole de ce fou. Je le reconduisis jusque chez lui, je l'installai de force dans son propre fauteuil et je lui mis à la main un volume de Hugo. Cela fait, je renversai les tiroirs sens dessus dessous. La première chose qui me tomba sous la main était un manuscrit intitulé : *Véronique.* Sur-le-champ je me mis à lire.

Dès la seconde page, j'étais consterné d'étonnement. Le livre de Jodelet était un chef-d'œuvre. Il y avait dans ces pages dédaignées par leur auteur toutes les grandes qualités des écoles modernes, les hautes conceptions, les larges vues morales et philosophiques, la hardiesse et l'élégance d'un style rompu à toutes les habiletés, et enfin cette lumière vive qui réchauffe la tranquille et puissante harmonie des compositions magistrales. Seulement, de loin en loin, je trouvais des développements parfaitement indiqués, mais que l'auteur avait négligé d'écrire, par dégoût ou par lassitude. Après avoir dévoré tout le manuscrit, je dis à Louis, qui environné de fumée, semblait poursuivre son rêve favori :

— Écoute, Jodelet, je ne t'engage pas à compléter ton livre, je sais que ce serait inutile ! Si tu veux, je souderai le tout et j'irai trouver Ladvocat. Mais sache bien une chose, il y a six mille francs là dedans.

— Fais comme tu voudras, me répondit Louis

d'un ton dolent, mais à quoi bon ! Un jour ou l'autre ne faudra-t-il pas finir par être domestique !

Je me levai furieux, et j'emportai le manuscrit. Huit jours après, Ladvocat, au comble de la joie, m'envoyait les six billets de mille francs, dans un portefeuille enrichi d'une magnifique miniature d'Isabey. Il voulait absolument que le roman parût à quinze jours de là. Forcé par un douloureux événement de famille de faire un voyage à Tours, je suppliai Jodelet de revoir les épreuves avec soin. A mon retour, je trouvai une lettre de Ladvocat. Elle était courte, mais énergique. La voici dans toute sa simplicité.

« Mon cher Verdier,

» Vous m'avez fait *boire un bouillon* que je ne vous pardonnerai jamais. Votre roman, qui en manuscrit m'avait paru un chef-d'œuvre, est tout simplement une ignoble platitude. Venez recevoir à loisir toutes nos malédictions, en vidant avec nous quelques bouteilles de ce Château-Margaux que vous avez trouvé si bon.

» Je suis votre tout dévoué. »

Je courus chez mon complice Jodelet ! Le misérable avait disparu sans laisser le moindre indice qui pût mettre sur sa trace. Seulement, lui aussi avait laissé une lettre pour moi. Je brisai le cachet avec rage ; j'avais la fièvre :

« Mon cher Léon, tu as failli me perdre ! Si je t'avais laissé faire, notre *Véronique* se vendait à cinquante mille exemplaires et je devenais un littérateur célèbre ! Merci. Où aurais-je trouvé après cela le courage de me faire domestique ? »

Cette stupide raillerie m'avait exalté jusqu'au délire. Je ne sais comment j'arrivai chez Ladvocat. Sans le saluer, sans lui serrer la main, je me précipitai comme un fou sur un exemplaire de *Véronique*, et je lus !

Bonté divine ! non jamais professeur de danse écrivant un poëme didactique, jamais poète d'opérettes et d'opéras comiques n'auraient pu trouver dans leurs mauvais jours un galimatias pareil ? Figurez-vous le chaos en délire, des figures ineptes, des accouplements d'images baroques et cruelles, pas d'idées, pas de style, la grammaire de Margot et l'orthographe de M. Marle ! Atterré, confondu, j'aurais voulu être à six mille lieues de là, et je priais la terre de s'entr'ouvrir.

— Mon ami, dis-je à Ladvocat (et j'avais des larmes

dans les yeux,) j'y périrai ou je vous rendrai vos six mille francs.

— Non pas, me répondit Ladvocat avec cet aimable sourire et ces belles manières qui faisaient de lui le seul libraire de ce temps, vous ne me rendrez rien, mais vous me donnerez quarante mille livres de rente !

C'est avec des mots comme celui-là que ce grand homme nous renvoyait au travail plus forts, plus jeunes et plus audacieux après une chute. Quinze jours après, j'avais oublié cette histoire, et quant à Jodelet, je ne le revis pas de trois mois.

— Et où le revites-vous ? demanda le peintre.

— Messieurs, c'est ici que l'histoire devient incroyable.

— Alors, dit le musicien, nous la croyons.

— C'était, reprit Verdier, au commencement de l'été, par une éclatante matinée de juin. Après avoir fait un très-bon déjeuner, je me promenais aux Champs-Elysées en songeant à une dame blonde, et en piétinant sur ces longs rubans d'asphalte que nous ont donnés des édiles prévoyants pour que nous puissions défier la fange et la poussière. L'air était pur, le ciel bleu, les nuages amusants; le feuillage éclatait sur ma tête avec des tressaillements de lumière chatoyante et fleurie; je ne songeais pas à mon feuilleton, j'étais ce qu'on appelle un homme content de vivre. Tout à coup, un spectacle singulier frappa mes regards.

Un jeune homme beau et fort, mais vêtu de haillons sordides, traînait une voiture de pains d'épices, à laquelle il était attelé. Une vieille, digne de Callot et de Goya, le suivait en criant d'une voix enrouée :

— Allons, hue! allons, hue! allons, hue!

Et parfois elle aiguillonnait, au moyen d'un méchant petit fouet, la paresse de ce coursier humain.

J'admirais cette scène comme le motif d'une jolie eau-forte, quand tout à coup l'attelage se jeta à mon cou sans quitter sa voiture et me dit d'un ton amical :

— Tiens, c'est Léon! comment te portes-tu?

— Malheureux! m'écriai-je.

J'avais reconnu Jodelet.

Je le regardai d'un air indigné. Sa figure exprimait un ravissement complet. Il avait l'air d'un homme aimé pour lui-même ou d'un boursier qui revient d'un voyage dans le bleu.

— O mon ami, s'écria-t-il, j'ai enfin trouvé le bonheur ! je suis le domestique de madame ! Le matin, nous venons de la place Maubert, toute la journée je traîne la voiture d'un bout à l'autre des Champs-Elysées, et le soir, je la remonte place Maubert ! Madame me nourrit, me loge, m'habille, me donne six sous par jour; je n'ai à m'occuper de rien ! C'est à présent seulement que je suis indépendant et libre ! C'est à moi l'air, l'espace, les eaux, les feuillages, la nature, la rêverie, la poésie ! C'est à moi et non pas à ceux qui ont à s'occuper de payer leurs loyers, leur nourriture et leur habillement, et surtout d'avoir de l'esprit !

Malgré tous ces beaux raisonnements, après avoir employé l'éloquence, la menace, la prière et tous les gestes nobles, je décidai enfin Jodelet à me suivre. En ôtant sa bride de son cou, il versa des larmes amères.

La vieille, restée sans domestique, nous suivit des yeux jusqu'à ce que nous fussions montés dans une voiture. Cette femme penchée avec désespoir sur sa charrette, semblait une Parque à qui l'on aurait enlevé le fil des destinées humaines.

— Ah! Léon, me dit Jodelet en sanglotant, voilà la seconde fois que tu m'empêches d'être heureux; tant que tu vivras, cela me sera bien difficile! Tu sais cependant qu'à mon sens il n'y a qu'un bon état :

— Celui de domestique!

Décidément, il eût fallu être fou pour en douter, Jodelet ne voulait pas écrire de chefs-d'œuvre.

Quoi tant de génie éteint, tant de jeunesse ensevelie! Ce domestique d'un rêve, cet esclave d'une raillerie ironique, toutes les muses s'offraient à lui et se donnaient sans résistance, et il leur préférait, pour en faire sa maîtresse, une marchande de pains d'épices! Ce poëte, il aurait pu sur les grandes ailes de l'ode élever nos âmes jusqu'au concert enivrant des sphères; il aurait pu, comme Théocrite, nous faire suivre d'un sourire mouillé de pleurs, le chœur charmant des amours idylliques sur le penchant des collines verdoyantes, au frais murmure des fontaines! S'il avait voulu nous raconter les tragédies de son âme, il aurait tordu la foule sous sa passion et sous sa colère. Esprit enthousiaste et hardi qui entrevoyait toujours le sourire des muses comiques à travers le terrible drame de la vie humaine, sans doute il aurait raillé comme Rabelais ou Henri Heine ; peut-être il eût pu écrire le *Voyage Sentimental*, et il aimait mieux remplacer un cheval !

Heurter de front sa manie, c'était envoyer Jodelet tout droit chez le docteur Blanche. Mais ici, la difficulté devenait inouïe. Où trouver, de la Tamise au fleuve Jaune, une position de valet qui fût une position honorable? Il n'a guère jamais existé de lien bien sympathique entre les professions extrêmes. Si ce principe dut souffrir une exception, c'est seulement à propos des pairs de France et des marchands de peaux de lapins ; et encore était-ce la toute-puissante fantaisie d'un humoriste qui avait rivé d'un trait de plume ces chaînes idéales ! Que faire de Jodelet ! Je m'y perdais.

Tout à coup j'eus une inspiration du ciel, un de ces éclairs qui, au moment des grandes batailles illuminent d'une soudaine clarté le génie des capitaines.

J'avais trouvé mon affaire.

Messieurs, vous connaissez tous la marquise de T...; cette femme restée seule d'un grand siècle comme la figure vivante de la Courtoisie, cette grande dame qui fut aimée par un roi et par un poète, et qui, presque centenaire, garde encore pour un historien à venir, les précieuses traditions de la politesse et des élégances françaises. Dès ce temps-là, la marquise m'honorait d'une amitié maternelle, et de tous les triomphes plus ou moins vides que j'ai dus à mon art, celui-là est le seul dont j'aie jamais été fier !

La dernière fois que je l'avais visitée dans son petit château de Bellevue, dans cette maison de briques rosés peinte par Boucher, et où le grand Wateau lui-même a laissé tomber de sa palette radieuse quelques scènes attendrissantes et mélancoliques de son aventureuse élégie aux cent actes divers, j'avais trouvé la marquise très-triste. Les pieds sur ces tapis dont le moindre est un poëme comme *L'Astrée*, aux lueurs des torches voluptueuses, entourée de ces meubles contournés par les mains de la Grâce elle-même et sur lesquels les fleurs de marqueterie, déjà pâlissantes, se fanaient parmi les lacs d'amour, cette grande femme se sentait vaincue et désolée en voyant ainsi tomber autour d'elle tout ce qui avait été enfant au temps de sa jeunesse. Dans son parc dessiné par quelque noble élève de Lenôtre, dans ce lieu de délices où, reflétées par les eaux tranquilles, les naïades souriantes se mouraient sous le vert rideau des charmilles; parmi ces calmes vestiges d'un monde évanoui, la marquise faiblissait en sentant le souvenir l'abandonner, et enfin elle avait peur de ne pas mourir debout, une rose fleurie à la main, comme il convient à une femme de sa beauté et de sa race.

— Léon, m'avait-elle dit, vous pouvez me rendre un grand service, et je sais que vous êtes heureux d'obliger, comme nous l'étions autrefois. Vous le savez, je ne puis guère causer avec les livres ; vos livres sont trop difficiles à vivre ! De mon temps, les romans étaient pour nous des amis avec lesquels nous faisions de l'esprit et de l'amour comme avec nos autres amis ; mais les vôtres, pour y trouver du plaisir, hélas ! il faut d'abord les supplier de se laisser lire ! Et puis, avouez mon enfant, que vos poëmes n'ont rien compris à cette grande époque qui eut horreur de la laideur et de la mort, comme la Grèce d'autrefois.

— Ah ! madame la marquise, répondis-je en tremblant, n'attendez pas de moi un livre qui vous rende ces joies du printemps et de la jeunesse ! Tout au plus, au milieu de notre vie agitée à tous les vents, je pourrais raconter, dans quelque rapsodie écrite au hasard, les faiblesses et les révoltes de nos âmes maladives qui ont soif de la joie et qui ne savent la chercher décidément ni sur la terre ni dans le ciel ! Je pourrais faire agoniser devant vous une victime pâle et glacée, levant encore sur un lâche amant ses regards que voilent déjà les ténèbres de la mort ! Mais un livre calme et spirituel, à lire les pieds sur les chenets, n'attendez pas cela de nous, madame, qui avons trop souffert et aussi trop espéré.

— Cher enfant, me dit la marquise, je ne vous demande pas un chef-d'œuvre, hélas! C'est à peine si on en écrivait pour moi du temps que Lancret peignait ce portrait où j'étais représentée en Diane demi-nue, avec mes lévriers couleur de rose ! Ce que je vous demande, c'est une double bonne action à faire, quelque jeune homme savant et pauvre à sauver de la misère. Peut-être existe-t-il (et s'il existe vous devez le connaître,) un jeune poète, grand et modeste, vaincu par l'envie ou par la misère, et qui consentirait à être le secrétaire d'une vieille femme qui n'a pas de lettres à écrire ! En un mot, mon enfant, voilà ma dernière folie, je voudrais un secrétaire, assez instruit pour me parler de mes poètes et de mes grandes dames comme s'il les avait connus. Je suis encore très-riche, et peut-être, pardonnez-moi cette dernière ambition, peut-être les ombrages et les fontaines de ce parc abandonné pourraient-ils encore donner à la France un poète, auquel, moi, j'aurais donné d'abord cette médiocrité dorée que vous aimez, avec le calme, l'indépendance, et la charmante oisiveté des retraites silencieuses.

Chercher la pierre philosophale aurait été plus court que de trouver ce jeune homme savant et modeste, et toutefois j'avais promis à la marquise de soulever, comme Asmodée, les toits de toutes les mansardes pour lui trouver ce livre vivant.

Peine inutile, comme vous pensez bien ! mais une fois, en voiture avec Jodelet, je songeai à ces promesses, et comme je vous le disais, ce fut un éclair de génie. Lui seul peut-être était assez savant pour sauver la marquise et pour jouer auprès d'elle ce beau rôle de sœur de charité littéraire.

— Connais-tu ton dix-huitième siècle? lui demandai-je.

— Je crois que oui, me dit-il négligemment; et il se mit à me parler de la cour de Louis XV comme s'il y avait vécu toute sa vie.

Chose étrange! dans son insouciante existence de vingt-deux ans, Jodelet avait tout lu, et peut-être était-il arrivé au dégoût à force de science.

Le lendemain, quand je le présentai à la marquise,

sous les ombrages de Bellevue, Jodelet qui est né pour jouer tous les rôles, s'était mis en train d'avoir de grandes manières. Ses cheveux blonds, tourmentés par la bise, avaient l'air de la chevelure poudrée d'un marquis; mon habit noir lui allait comme s'il eût été taillé pour lui par le tailleur de Richelieu; il prenait du tabac à la rose et chiffonnait avec des airs de prince le jabot d'une de mes quatre chemises à jabot, seul héritage de mon grand-père!

Explique cela qui voudra! Jodelet fut grand seigneur comme la marquise fut grande dame. Moi-même, en écoutant sa conversation, ébloui, fasciné, je me trouvai transporté dans ce monde de scepticisme et d'élégance, avec les chevaliers, les paillettes, les épées en verrouil, les femmes en poudre, en paniers, en taille mince bariolée de soie et de dentelles, avec les bichons, les abbés, les rondeaux redoublés et les vers à mettre en chant! Parfois, dans cette causerie folle, étincelante, vague et poétique comme un rêve, je voyais bleuir autour de moi les forêts où le grand Wateau égare dans une lumière incertaine et divine son peuple de héros d'amour, frappés au cœur, mais cachant sous les livrées de la joie le désir inextinguible qui les dévore. J'y voyais sourire les Cidalises et les Florices enamourées, les Dorilas frappés de langueurs mortelles, tout ce troupeau fuyant vers Cythère sur une galère confiée aux flots infidèles !

A vrai dire, je vécus comme en songe jusqu'à l'heure où, repartant pour Paris, je laissai Jodelet installé chez la marquise avec six mille francs d'appointements et un pavillon où M. de Buffon aurait pu écrire en manchettes, le tout à la charge de lire la *Gazette de France* à la marquise et de causer avec elle du dix-huitième siècle.

Je vous l'avouerai très-naïvement, j'étais fier de mon ouvrage, j'avais résolu un problème qui eût fait reculer d'effroi M. de Humboldt lui-même. Enfin, pour parler comme *Flambeau* dans une charge deventie célèbre, Jodelet était domestique et il n'était pas domestique ; il était domestique si l'on veut et il ne l'était pas si l'on ne veut pas ; il était peut-être valet pour lui et il ne l'était pas pour les autres !

Ainsi je me berçais dans la gloire de mon triomphe, et considérez, mes amis, à quel point l'amour-propre d'auteur nous égare, tous tant que nous sommes ! Mais je veux laisser parler la marquise, car je n'oublierai jamais avec quelle verve d'indignation cette excellente femme me raconta les nouvelles espiégleries de Jodelet.

— D'abord, me dit-elle, je fis prier votre ami de vouloir bien venir dîner avec moi, il me répondit qu'il mangerait à l'office, comme c'était le devoir de sa condition. Le lendemain, il me demanda quand sa livrée serait prête, et il me supplia de lui donner ma femme de chambre en mariage. Que vous dirai-je? En votre faveur, mon cher Léon, je m'étais imposé de prendre tout cela pour d'excellentes plaisanteries de chevalier en vacances, bien qu'elles me parussent un peu jeunes, adressées à une femme de mon âge. Malgré tout, j'aurais gardé mon secrétaire, car j'y tenais comme on tient à sa dernière fantaisie, mais jugez vous-même si cela m'a été possible!

— Bon, m'écriai-je, je gage qu'il vous aura brisé quelque meuble précieux ou quelque vase de vieux Sèvres, pour pasticher Jocrisse.

— Ah! si ce n'était que cela! s'écria la marquise. Votre ami, mon cher Léon, après s'être annoncé ici comme le fantôme de M. de Lauzun, me disait qu'il était *fantaisiste!* et mettait des gilets de cachemire écarlate. Il a absolument refusé d'ouvrir *La Gazette*, et il me lisait malgré moi un journal qui s'appelle *Le Charivari*. Enfin, sous prétexte qu'il était mon secrétaire, il prétendait que j'étais obligée d'écouter ses ouvrages, et il m'a forcée à entendre tout un livre qui avait pour titre : *De l'inutilité de l'Amour, des Arts et de la Littérature.*

En me racontant toutes ces folies, la pauvre marquise avait un sourire triste et semblait désespérer décidément d'un monde où les hommes de vingt ans trouvent l'amour inutile !

Je n'ai pas besoin de vous dire si je me confondis en excuses, et je crois que pour consoler ma vieille amie, je retrouvai dans ma mémoire au moins trois madrigaux inédits de Dorat et de Boufflers !

Mais, une fois sur la grande route, c'est alors que je laissai éclater ma colère et que je fis des serments terribles ! Je jurai que, dussé-je retrouver Jodelet vêtu d'écarlate et de galons, je ne ferais plus rien pour le guérir de sa folie, et que je lui clouerais plutôt moi-même sa livrée sur le corps !

— En effet, dit le peintre à Verdier, il est fâcheux, pour l'intérêt de votre histoire, que vous n'ayez pas à la fin rencontré votre ami habillé en Scapin, en Pasquin ou en Basque. Ce serait plus complet.

— Je l'ai pardieu bien vu ainsi, reprit Verdier, et dans quelle circonstance, grands dieux ! Je travaillais depuis six mois seulement au journal qui me fait l'honneur de me compter depuis vingt ans au nombre de ses collaborateurs. Le rédacteur en chef, M. B..., l'honnête et grand journaliste que vous savez, donnait un dîner auquel avaient été conviées toutes les illustrations des sciences et des arts. Bien entendu, je me bornais à écouter, et, ce jour-là, je devinai tout de suite combien de choses j'avais à apprendre ! Seul, parmi tous les convives, l'Amphitryon *où l'on dînait* me parut être resté un peu au-dessous de sa renommée.

Malgré cette parfaite courtoisie que vous lui connaissez, M. B..., passionné avant tout pour son journal, ne pouvait dissimuler une excessive impatience. Une heure avant le repas, il avait appris qu'une maladie grave retenait au lit le grand écrivain dont les articles *Variétés* étaient alors l'événement en vogue dans tout le monde lettré. Il fallait laisser passer les nouvelles publications sans donner à un public, très-attentif dans ce temps-là, la suite des admirables travaux critiques qu'il attendait avec une réelle impatience.

Comme je songeais à part moi à cette insurmontable difficulté, mon intention fut tout à coup attirée par un des laquais qui servaient à table : ce valet, rose et blond, coiffé en Nicodème avec une queue et une cadenette, portait une culotte à agrafes et un habit rouge trop court, qui visait évidemment à rappeler la petite souquenille de Brunet.

Affairé, haletant, agile comme le clown le plus excentrique des théâtres de Londres, ce singulier domestique brisait des assiettes sur la tête des valets, enlevait les plats avant qu'on n'y eût touché, versait à boire coup sur coup à des personnages graves, et exécutait des tours de prestidigitation avec la serviette qu'il portait sous le bras, comme un marmiton dansant de Molière. Il se gardait bien de sortir de la salle sans faire le grand écart, et prenait des poses gracieuses.

Ma stupéfaction était au comble, quand le bizarre Jocrisse que j'avais sous les yeux ouvrit lui-même de gros yeux hébétés, étendit comme un danseur la jambe droite en avant, en raidissant la jambe gauche, et, levant les bras au ciel avec un entrain enthousiaste pareil à celui des paillasses de la foire, laissa tomber sur le parquet une énorme pile d'assiettes qui se brisa avec un fracas terrible.

— Tiens, dit Jodelet avec une excessive tranquillité, car bien entendu c'était Jodelet ! c'est toi, Léon, comment te portes-tu ?

— Malheureux, m'écriai-je avec une fureur étouffée, pas un mot !

Cependant j'avais beau vouloir me cacher, M. B..

avait tout vu. Il n'y avait pas à tergiverser ; il fallait à l'instant même prendre un parti.

Dès qu'on eût quitté la table, j'emmenai M. B... au fond du jardin.

— Monsieur, lui dis-je, par une de ces incroyables aventures que sans doute nous ne pourrons jamais expliquer, je viens de voir chez vous, caché sous la défroque d'un valet, le seul homme qui puisse vous tirer d'embarras. M. Jodelet est un des plus grands écrivains de notre époque. Seul peut-être, il a vu d'assez haut les questions économiques pour pouvoir vous donner, du jour au lendemain, l'article qui vous manque.

Vous riez, messieurs ; le lendemain, Jodelet, traité par M. B... comme un prince de la science, donnait au journal un travail qui occupa pendant un an les revues anglaises et allemandes, et qui fut l'origine d'une polémique où furent dépensés des prodiges de patience et de génie.

— Alors, dit le musicien, Jodelet devint décidément, cette fois-là, un littérateur célèbre.

— Bon ! reprit Verdier, vous ne le connaissez pas encore ! il avait eu soin d'effacer sa signature sur les épreuves. Quand on le chercha pour l'accabler de remerciments, il avait irrévocablement disparu.

— Alors, il doit y avoir une dernière rencontre !

— Il y en a une, dit sentencieusement le critique, et celle-là, c'est précisément mon chapitre à effet, celui qui vaut seul un long poëme !

Il va sans dire, qu'à ce moment-là, on s'écria comme dans les comédies :

Ecoutons ! écoutons !

— Encore par un jour de soleil, dit Verdier, je me trouvai arrêté sur le Pont-Neuf par un embarras de voitures.

L'une de ces voitures était une carriole normande attelée d'un bidet. Dans cette carriole, il y avait deux hommes. L'un maigre, bilieux, impatient, faisait claquer son fouet et se donnait un mal inouï pour dégager la carriole ; l'autre, calme, digne, obèse comme un vieux chinois, frais comme un champ de roses et de lys, était majestueusement appuyé au fond de la voiture et semblait attendre les événements, avec l'impassibilité du juste chanté par Horace.

Celui-là, c'était Jodelet.

— Mon ami, me dit-il d'une voix grave, j'ai enfin trouvé exactement l'état que je voulais. Monsieur est propriétaire d'une délicieuse métairie normande entourée de pommiers ; en avril, on vit là sous une voûte de neige odoriférante et fleurie. Monsieur me trouve extrêmement spirituel ; je suis son domestique, il me sert à table et me cire mes bottes. Nous sommes venus ici toucher de l'argent que je compte dépenser à embellir la maison de Monsieur. Embrasse-moi pour la dernière fois.

Ce fut fini, je ne revis plus Jodelet.

— Messieurs, s'écria le musicien, je demande la parole pour proposer quelque chose d'extrêmement sensé. Si nous reparlons de cette aventure, nous tirerons des conclusions et nous gâterons l'histoire. C'est comme cela que La Fontaine a nui à ses fables. Ainsi donc, n'imitons pas Naucratès, et passons immédiatement à un autre ordre d'idées.

— Parbleu, dit le peintre, voilà le premier mot spirituel de la matinée.

LA VIE

ET

LA MORT DE MINETTE

LA VIE

ET

LA MORT DE MINETTE

—

ous la restauration florissaient encore sur les théâtres du boulevart le mélodrame à spectacle et le mélodrame-féerie, genres tout à fait perdus aujourd'hui, et dont il est difficile de se faire une idée, même en se reportant aux chefs-d'œuvre de cet ordre les plus connus ; car Guilbert de Pixérécourt, que nous nous figurons à distance comme le héros de cette littérature pompeuse, n'en fut au fond que le Malherbe. Il s'en empara pour la civiliser, et par conséquent pour y déposer les premiers germes de destruction. En ce temps peu éloigné encore, il est

vrai, mais déjà séparé de nous par tant de faits, le théâtre populaire se proposait un but radicalement opposé à celui qu'il poursuit aujourd'hui : au lieu de chercher à émouvoir l'ouvrier des faubourgs par le spectacle de sa propre vie, au lieu de lui représenter ses poignantes misères de chaque jour, il était la fantaisie qui les lui faisait oublier par des fictions où le merveilleux abondait comme dans les contes de fées et les récits des *Mille et une Nuits*.

Autant les auteurs cherchent aujourd'hui à atteindre une réalité d'où puissent découler des enseignements, autant alors, se bornant au rôle modeste d'étourdir et de distraire au lieu d'instruire, ils employaient tous leurs efforts à faire vivre le spectateur au milieu des plus étincelantes poésies du rêve. Aussi le côté moral n'était-il représenté dans leur œuvre que par le triomphe complet de la vertu au dénoûment, conclusion aussi éminemment consolante qu'elle est fausse au point de vue humain et religieux, car tout terminer ici-bas, n'est-ce pas démontrer l'inutilité d'une autre vie?

Qu'on me pardonne ces quelques lignes d'avant-propos, sans lesquelles on se figurerait involontairement tel qu'il est aujourd'hui le théâtre de la Gaîté, où s'est passée tout entière l'existence poétique et singulière que je veux essayer de retracer. Pour l'imaginer tel qu'il était alors, il faut rêver une sorte de compromis entre les théâtres où on joue l'opéra et les petits spectacles où nous voyons représenter des pantomimes. Décors à effet montrant les cieux, les enfers, et, comme paysages purement terrestres, les sites de montagnes les plus échevelés, avec les torrents, les cascades et les pins croulants sur des abîmes; machines compliquées, trucs, illusions, vols aériens, feux de Bengale; armées de danseuses, de comparses et de personnages amalgamant dans leurs riches et prétentieux costumes toutes les mythologies et toutes les époques chevaleresques, tel était l'effet général d'un théâtre de boulevart, à cette époque où le spectacle était encore la seule pâture donnée aux instincts artistiques du peuple.

Les habitants du Marais, pour qui la représentation d'un mélodrame était une si grande affaire que pendant quinze jours au moins ils en critiquaient jusqu'à la partition avec le sérieux réservé aujourd'hui aux discussions politiques; les amateurs de la vieille roche qui nomment avec tout le respect du souvenir Tautain, Frénoy, Ménier père et mademoiselle Lévesque, se rappellent encore une actrice, nommée Adolphina, qui remplissait habituellement les rôles de fées ou de génies, et qui jouissait d'une incomparable célébrité pour l'adresse qu'elle apportait dans l'exercice vulgairement nommé : combat au sabre et à la hache.

En 1843, une année avant la naissance de sa fille Minette, qui a laissé, elle, une véritable réputation, Adolphina était une femme de seize ans à peu près, mais à qui tout le monde en aurait donné vingt-deux, tant sa tête était flétrie et déflorée par les habitudes les plus grossières. Magnifiquement proportionnée, mais d'une taille colossale, dont les statues de villes posées sur la place de la Concorde peuvent donner une idée avec leurs muscles de taureau et leurs membres athlétiques, cette amazone de bas étage eût été belle, si l'idée de beauté pouvait s'allier avec le manque complet d'intelligence et d'idéal. En effet, ses traits admirablement réguliers effrayaient et éloignaient pourtant le regard par tous les signes qui indiquent l'âme absente. Son front étroit, sur lequel empiétait encore une forêt touffue et inextricable de cheveux d'un blond fauve, l'expression hébétée et féroce de ses yeux d'un gris verdâtre, sa bouche charnue, exprimant tous les appétits sensuels, et meublée de dents blanches comme celles d'un nègre ou d'un animal carnassier, ses oreilles trop petites et d'une merveilleuse structure, enfin les taches de rousseur répandues à profusion sur sa peau où se brouillaient inégalement le blanc et le rose et l'or du hâle, tout en elle accusait ces races éternellement indomptées qui en pleine France vivent de la vie sauvage.

A sept ans, Adolphina s'était enfuie de chez ses parents, pauvres ouvriers de Châlons-sur-Saône, pour suivre des saltimbanques, dont elle avait depuis lors exercé le métier, fourrant sa tête dans la gueule des lions, faisant des armes avec des sergents-majors, enlevant avec ses dents des poids de cinq cents livres et se faisant fracasser des pavés sur le ventre. Remarquée à la foire de Saint-Cloud par un directeur qui l'avait trouvée superbe l'épée en main, elle avait été engagée au théâtre de la Gaîté. Peu de temps après, on y voyait entrer à sa suite l'homme à qui obéissait cette étrange créature, moitié femme moitié bête fauve.

Qui ne l'a observé ? Le besoin de s'agenouiller devant un maître follement aimé existe chez ces natures sauvages au même degré que chez les âmes d'élite. Adolphina avait trouvé son vainqueur dans un clown, nommé Capitaine, qui, grâce à sa protection, avait quitté les baraques de la foire pour représenter dans les mélodrames-féeries les crapauds, les tortues et tous les monstres infernaux qui disparaissent par une trappe anglaise, au commandement de la sorcière. Il est inutile de dire que la sauteuse, en qui tout était vice, et qui passait son existence noire de coups et ivre d'eau-de-vie, ne pouvait se donner qu'au Vice ; seulement, elle avait su en trouver une expression plus honteuse et plus basse que ce qu'elle était elle-même, car elle représentait du moins la Force aveugle et intrépide !

Au contraire, quoique lui aussi fût doué d'une vigueur qui le rendait redoutable, Capitaine était lâche. Haut de quatre pieds dix pouces à peu près, il avait tout à fait l'aspect d'un nain à côté de la géante qu'il tyrannisait et qu'il battait sans rien perdre de son prestige. Sa figure était exiguë et ignoble. Ses yeux noirs, humides, enfouis sous des sourcils épais, avaient l'air d'avoir été percés avec une vrille. Son nez grotesque, sa bouche démeublée et capricieusement fendue, son menton trop court exprimaient la cruauté stupide. Surmonté de cheveux rares, toujours trop bien frisés, ce visage était envahi tout entier par une barbe qui, même rasée avec soin, le laissait tout entier d'un bleu foncé. L'incroyable toilette de Capitaine ne contribuait pas peu à compléter cet ensemble. En tout temps, il portait sous un col rabattu une cravate de soie couleur de rose ; son corps maigre flottait dans une redingote garnie de velours, et une énorme chaîne en chrysocale émaillé se balançait sur son gilet de velours bleu de ciel. Ajoutez un pantalon de fantaisie collant, des chaussures toujours percées et toujours vernies, des mains courtes et maigres chargées de bagues et de pierreries, et une de ces pipes courtes et noires dites *brûle-gueule*, dont toute la personne du clown exhalait le parfum mêlé à celui de l'alcool, vous aurez à peu près cette figure de mime, si ignoble qu'elle en devenait presque effrayante.

Tel était à peu près le couple que, même dans un monde trop exempt de préjugés, personne ne voyait sans terreur, après plusieurs mois de rapports quotidiens. Aussi, quand, le spectacle fini, Adolphina traversait les couloirs, appuyée sur le bras du monstre qu'elle appelait *son homme*, tout le monde s'écartait par un mouvement involontaire. Plusieurs fois, dans des guets-apens, Capitaine, qui était d'une habileté prodigieuse à tous les exercices du corps, avait laissé ses adversaires sur le carreau avec des dents brisées et des côtes enfoncées ; d'ailleurs, on le savait capable de tout. Il inspirait un effroi mortel jusque dans la maison qu'il habitait avec Adolphina, rue de la Tour. Chaque soir on les voyait rentrer, portant l'un ou l'autre avec le paquet de hardes une bouteille de litre pleine d'eau-de-vie, et lorsqu'une demi-heure après commençaient les cris, les bruits de lutte et de vaisselle brisée, personne ne songeait à aller s'entremettre dans ces querelles de ménage, comme aussi personne ne s'avisait jamais de questionner Adolphina sur les coups de couteau dont elle portait les traces, ou sur les coups de bâton à la suite desquels elle se montrait avec le crâne fendu et sanglant.

Tous les voisins s'attendaient à voir le clown sortir seul quelque matin, et à trouver sa compagne assassinée. Pourtant les deux saltimbanques continuaient au contraire à s'adorer de cet amour mêlé de haine qui était le fond de leur vie, et c'est là surtout qu'il n'eût pas fait bon de venir mettre le doigt entre l'arbre et l'écorce. Si la curiosité des voisins ne fut pas entièrement déçue, du moins ne se trouva-t-elle pas satisfaite par le dénouement qu'elle attendait; un jour, ils s'aperçurent que l'actrice était enceinte.

Dans quel étrange dessein la Providence pouvait-elle vouloir donner un enfant à cette créature qui, non-seulement n'avait rien d'une mère, mais qui n'avait rien d'une femme? Adolphina ne se souvenait pas d'avoir jamais été embrassée par sa mère, et les enfants lui faisaient horreur. A travers ses voyages de saltimbanque, quand par hasard elle avait vu une de ses compagnes allaiter un de ces petits anges dont la vue désarme même les cœurs les plus cruels, ce spectacle n'avait excité chez elle que du dégoût et de l'impatience. Du jour où elle sut qu'elle aussi allait être comme ces femmes qu'elle avait raillées, ses querelles avec son amant devinrent encore plus violentes et plus furieuses que par le passé. L'ivresse seule, cette ivresse de plomb qui succède à d'effroyables excès, pouvait mettre un terme à leurs combats toujours sanglants, et cependant Adolphina résistait à tout cela, grâce à son corps de fer. On croyait bien que le clown aurait tué vingt fois son enfant avant qu'il ne vînt au monde; mais personne n'osa aller le dénoncer aux magistrats. Enfin le jour de la délivrance arriva sans que Capitaine eût cessé un moment ses brutalités envers sa maîtresse, sans que celle-ci eût éprouvé un sentiment humain tandis que tressaillaient ses entrailles. Dans ce grand moment qui dompte les courages les plus fiers, ce ne furent pas des cris de douleur qu'elle poussa, mais des cris de rage.

Une fois qu'elle fut mère, il y eut un point sur lequel les deux amants s'entendirent à merveille : ce fut pour reporter sur l'enfant, mais cent fois plus vive, cent fois plus acharnée, cent fois plus implacable, la haine qu'ils avaient l'un pour l'autre.

Maintenant, quel enfant pouvait être né de parents semblables? Un collectionneur qui laissera une bibliothèque dramatique aussi complète que celle de M. de Soleinne et une remarquable galerie de tableaux représentant tous des acteurs, conserve deux beaux portraits de la jeune fille qui fut célèbre au théâtre sous le nom de Minette.

Le premier, daté de 1822, la représente à l'âge de sept ans, l'autre à celui de quatorze ans, où elle mourut à la suite d'un accident tragique dont le souvenir existe encore au boulevart.

Le lecteur voudrait sans doute un nom plus poétique, et je n'aurais pas manqué de le choisir tel, s'il m'eût été permis d'inventer. Mais celui-là a été consacré par les journaux du temps et par les pièces de théâtre imprimées, aussi dois-je les conserver. D'ailleurs, comme il arrive toutes les fois qu'on s'est habitué à attacher à un nom tout un ensemble de souvenirs, pour moi le nom étrange de Minette représente merveilleusement la douce et pâle figure de cette enfant morte si jeune.

Dans le premier portrait déjà, la pâleur nacrée et transparente de la tête sur laquelle flotte une indicible mélancolie, le nez et la bouche d'une finesse excessive, et pour ainsi dire exagérée, de grands yeux bleus d'un bleu céleste de myosotis, qui boivent tout le ciel, et des cheveux blonds comme ceux des saintes, qui se confondent avec l'auréole, séparés au milieu de la tête et aplatis tout droits au-dessus d'une oreille d'une délicatesse infinie, jettent l'âme dans un attendrissement profond, car on aperçoit sur cette image tous les signes dont sont marqués les êtres qui ne doivent pas vivre. Par un heureux caprice, l'artiste a eu le bon goût de ne rien changer à l'habillement de la petite Minette. Elle grelotte sous un fichu bleu troué, dont les plis fatigués et flasques ne peuvent pas du tout dissimuler une maigreur dont la vue fait peine.

Quant à l'autre portrait, je dirais qu'il est tout à fait celui d'une sainte, ravie en extase, si je ne craignais de blasphémer en parlant ainsi d'une pauvre fille qui mourut sans avoir été lavée par l'eau du baptême. Dans ce tableau, fait comme le premier par un artiste qui, sans connaître la petite Minette, avait admiré sa beauté angélique dans les coulisses de la Gaîté, le regard est tout à fait perdu dans l'infini, la bouche pâle et triste est éclairée par un sourire qui ne la quittera plus, même au delà de cette vie, les cheveux trop fins volent au souffle de la brise comme des fils de la Vierge, les mains amaigries et transparentes semblent vouloir saisir les palmes vertes du paradis.

Est-il besoin de dire quelle inguérissable tristesse s'empara de cette enfant délicate et frêle, glacée d'effroi dès que ses yeux s'ouvrirent, dès qu'elle commença à entendre et à comprendre, car elle n'entendit que des cris et des menaces et ne vit que des scènes de violence. Abandonnée sur un méchant berceau garni de haillons indescriptibles, elle s'était tout de suite habituée à serrer contre son corps ses pauvres petits membres quand le froid la saisissait, car elle avait bien vite compris que personne ne viendrait la couvrir; quand elle avait faim, elle se taisait, car elle savait qu'en le disant elle exciterait la colère de son père et de sa mère, et ferait redoubler ces cris qui la faisaient frémir. Pendant les six heures à peu près que durait le spectacle, la petite Minette restait sans lumière, toujours couchée dans son berceau défait, et frissonnant sous sa chemise de grosse toile qui lui déchirait la peau. Alors, une fois qu'elle avait entendu le double grincement de la clef qui l'enfermait, déchirée par le froid et la faim, enveloppée par la nuit noire, l'enfant se sentait élevée par les ailes du rêve, car c'est une grâce que Dieu ne refuse jamais aux créatures complétement malheureuses, de leur ouvrir la porte d'or qui mène aux paradis invisibles. Elle voyait des choses dont rien n'avait pu lui donner l'idée dans le triste galetas dont elle n'était pas sortie, des feuilles, des fontaines, de grands paysages pleins de fleurs, où passaient des figures de femmes en robes bleues semées d'étoiles.

Puis elle était réveillée par le retour de ses parents déjà à demi ivres, qui rentraient avec colère en renversant les meubles et en s'injuriant. Adolphina se délaçait en jurant et s'enveloppait de quelques méchantes jupes ; Capitaine allumait son brûle-gueule et endossait une souquenille rouge pareille à celle que portent les forçats ; puis assis chacun d'un côté à une table de bois blanc qu'éclairait une chandelle fumeuse, les deux mimes commençaient à boire de l'eau-de-vie en criant, en se disputant et en hurlant des chansons que l'enfant ne comprenait pas, mais qui la jetaient dans une profonde terreur. Enfin l'ivresse allait croissant, et les coups se mettaient de la partie. La lutte s'engageait pour durer jusqu'à ce que les deux combattants tombassent ivres morts sur le lit ou sur le carreau ; et la chandelle dont la longue mèche rouge faisait flamboyer les ténèbres à l'entour, ne s'éteignait que lorsqu'elle était tout à fait consumée après avoir répandu sur le chandelier, sur la table et sur les verres des torrents de suif noirâtre.

Alors c'était de nouveau la nuit, l'ombre et le silence affreux, au milieu duquel les ronflements du clown et de sa maîtresse épouvantaient l'enfant presque autant que l'avaient fait leurs vociférations. Minette, les yeux tout grands ouverts, les mains pendantes hors de son petit lit, essayait de ressaisir les belles visions qui l'avaient bercée en l'absence de ses parents, et parfois elle parvenait à s'endormir parmi ces jolis rêves. Aussi tressaillait-elle de tout son corps au bruit horrible que faisait en se levant Capitaine, qui allumait sa pipe et vernissait ses bottes trouées en hurlant à tue-tête sa chanson favorite : *Il était un grenadier du régiment de Flan-an-dre.*

C'est ainsi que la pauvre petite fille atteignit l'âge de six ans, n'ayant jamais été embrassée, et n'ayant jamais entendu un mot qui ne fût une injure. Alors, ses parents songèrent à l'utiliser en lui faisant jouer des rôles d'enfant dans les mélodrames-féeries, et il fut décidé que Capitaine lui apprendrait à lire. Jusque-là, elle n'avait été que rudoyée; de ce jour elle commença à être battue. Mais de ce jour-là aussi s'ouvrit pour elle tout un monde de consolations, car son père avait choisi pour lui enseigner la lecture un exemplaire des *Contes des Fées* de madame d'Aulnoy, imprimé sur papier gris, et qu'il avait acheté quatre sous sur le boulevart, à l'étalage d'un bouquiniste. Si elle tremblait comme la feuille en entendant son père l'appeler des noms les plus abominables, si elle devinait, à lui voir froncer les sourcils, qu'il allait encore lui briser ses pauvres petits doigts avec la tringle d'acier qu'il ne quittait pas pendant tout le temps que durait la leçon, si elle toussait à rendre l'âme, étouffée par les bouffées de fumée que le clown lui envoyait en plein visage, du moins elle put vivre en idée loin de la hideuse réalité qui la tuait.

Pour elle qui n'avait rien vu, qui ne savait rien, le monde enchanté de madame d'Aulnoy, avec ses féeries, ses princesses captives, ses palais magiques, ses combats, ses épreuves, ses triomphes, ses costumes splendides, fut le monde réel. En apprenant par ces poëmes si bien faits à l'image de la vie, qu'ici-bas toute félicité devait être achetée par des travaux et des souffrances, elle s'imagina qu'elle aussi respirerait un jour l'air pur, débarrassée de ses haillons et de l'enfer qui l'entourait, et elle sentait son front rafraîchi par le souffle de quelque bonne fée. Dans ses extases, elle traversa les airs sur des chariots célestes; accoudée sur une conque de nacre, elle glissa sur les eaux, aux chants des nymphes couronnées de fleurs. Quand elle avait marché toute une nuit au milieu d'une campagne aride où les ronces et les cailloux déchiraient ses pieds, alors, guidée par quelque lumineuse étoile, elle arrivait à un palais dont les portes de diamants s'ouvraient d'elles-mêmes, et où de belles servantes l'attendaient pour la laver dans les eaux de senteur, et pour lui passer, avec le linge blanc comme la neige, les colliers, les diamants, les saphirs, les robes couleur de soleil et couleur de lune. Debout, près de la table chargée d'aiguières d'or, un beau chevalier appuyé sur sa grande épée encore souillée du sang des monstres, l'attendait pour s'agenouiller devant elle et pour lui offrir le talisman qui fait obéir les génies. Ainsi elle vivait, désolée, meurtrie, mais donnant toute sa pensée à l'existence idéale dans laquelle elle se voyait transfigurée et heureuse.

Comme son père lui apprenait à lire, sa mère lui apprit à coudre, afin de l'employer à mettre en état les robes de ville et les oripeaux de théâtre. Adolphina maltraita sa fille plus cruellement encore que ne le faisait le clown ; mais Minette, qui était née pour ainsi dire avec les suaves douceurs d'une âme résignée, était devenue la résignation même depuis que son esprit d'enfant avait trouvé une fenêtre ouverte pour s'envoler dans le ciel. En songeant aux jeunes filles des contes renfermées dans quelque grotte obscure, ou condamnées à de pénibles travaux par la méchanceté des enchanteurs, elle se sentait presque heureuse de ravauder les chiffons de sa mère, et de tendre ses jolis doigts à la tringle d'acier de Capitaine. Maintenant qu'elle savait assez de couture pour faire adroitement ce que lui ordonnaît Adolphina, on lui laissait de la chandelle pour passer la soirée, mais en lui infligeant un travail au-dessus de ses forces. De plus, elle devait préparer le souper de ses parents avec les provisions qu'on lui laissait, et se remettre ensuite à l'ouvrage. Mais elle avait bien vite expédié toute cette besogne avec ses doigts de fée, et elle pouvait revenir à son cher livre, qui lui racontait les aventures merveilleuses.

Elle lisait déjà si couramment et si bien que Capitaine avait arrêté là ses leçons, seule éducation que dût jamais recevoir Minette. Un jour, pour la première fois depuis longtemps, sa mère la lava et la peigna avec soin, lui mit du linge blanc, une petite robe neuve et un fichu de laine bleue qu'elle avait apportés du dehors, et ayant fait elle-même une toilette aussi soignée que le lui permettaient ses habitudes de désordre, dit à Minette :

— Prends ton livre, tu vas venir avec moi.

L'enfant ne savait que penser, mais suivit aussitôt Adolphina avec son obéissance accoutumée. Comme elle n'avait jamais passé la rue de la Tour, où ses plus longues courses consistaient à aller chez le boulanger, chez le charbonnier ou chez la fruitière, elle se sentit toute joyeuse en respirant l'air dans la rue des Fossés-du-Temple, où le boulevart envoyait quelques parfums de fleurs et de printemps, car on était en juin. Pendant la route qui dura trois ou quatre minutes à peine, elle se demandait où la conduisait sa mère, lorsque celle-ci s'arrêta devant un grand bâtiment percé de nombreuses fenêtres et d'une petite porte au-dessus de laquelle on lisait en grosses lettres : *Entrée des artistes.* C'était le théâtre de la Gaîté.

— Entrons, dit Adolphina, c'est ici.

Puis entraînant toujours l'enfant après elle, elle monta l'escalier, traversa les couloirs, la scène obscure, d'autres couloirs encore, arriva enfin à une antichambre meublée de quelques mauvaises banquettes, et dit à une espèce d'huissier :

— Il m'attend, dis-lui que c'est moi.

— Dans un instant, répondit le domestique ; madame Paul est avec lui ; ils n'en ont pas pour cinq minutes.

En effet, moins de cinq minutes après, Minette ouvrit de grands yeux en voyant passer devant elle une femme élégamment parée qui lui représenta les fées et les princesses dont elle lisait tous les jours l'histoire ; puis sa mère et elle furent introduites dans le cabinet du directeur.

— Ah! dit celui-ci à Adolphina, tu ne m'as pas trompé, l'enfant est très-jolie! Ah çà, comment diable as-tu fait pour être la mère d'un bijou pareil? Tu dis qu'elle sait lire?

— Comme toi et moi.

— Eh bien! dis-lui qu'elle me lise quelques lignes, à haute voix, et bien lentement.

L'enfant, toute interdite, ne bougeait pas.

— Tu n'entends donc pas, petite mendiante, petite misérable! lui cria sa mère en la frappant violemment sur l'épaule.

— Oh! fit le directeur, je vois qu'elle a été bien élevée.

Minette ouvrit son livre et se mit à lire le conte de *Gracieuse et Percinet*, mais avec tant d'âme et d'intelligence, car ce beau récit était pour elle une histoire vraie, avec une voix si délicieusement sympathique et suave que le directeur charmé prêtait l'oreille comme à une musique! Sans doute il n'eût pas songé de longtemps à interrompre la petite fille dont il contemplait la tête blonde et mélancolique avec le plaisir qu'on éprouve à laisser se prolonger un rêve agréable ; mais le domestique entra.

— Monsieur... dit-il.

— Va-t'en au diable, s'écria le directeur avec une voix si bourrue que le valet s'enfuit épouvanté.

Puis, se retournant vers Adolphina :

— Cela me va parfaitement, dit-il, aux conditions que tu sais. Demain on répète la féerie au théâtre ; amène-la dès demain, et tâche qu'elle sache son petit rôle par cœur. Surtout ne bats plus ce pauvre petit ange, tu la tuerais !

— Bon, répondit Adolphina en emmenant sa fille, j'en ai reçu bien d'autres, et ça ne m'a pas empêché de grandir.

Tels furent les simples événements à la suite desquels Minette se trouva remplir un petit rôle de génie pendant les nombreuses répétitions d'un mélodrame fantastique, sans savoir ce que c'était que le théâtre, dont elle n'avait jamais entendu parler d'une manière qui fût compréhensible pour elle. Habituée qu'elle était par ses rêveries et par son livre à se figurer que toute existence humaine avait deux côtés bien distincts, l'un hideux comme ce qu'elle voyait chez sa mère, l'autre merveilleux comme les aventures qui occupaient toute sa pensée, elle ne s'étonna pas du tout d'entendre des hommes et des femmes en habit de ville s'appeler entre eux prince et princesse, ni de voir des nymphes des fontaines en manches à gigot et des génies du feu en polonaise verte. De même elle trouva tout naturel d'entendre parler de forêts magiques, de palais célestes et de torrents enchantés parmi de vieux châssis poudreux couverts de toile peinte ; car elle se doutait bien qu'un jour la lumière inonderait ce monde enfoui dans l'obscurité et dans la poussière, et en ferait un monde de réelles féeries et de splendeurs éblouissantes. Elle devinait qu'alors sous les rayons qui perceraient toute cette ombre, les fleuves rouleraient des flots pleins de fraîcheurs et de murmures, que les feuillages se balanceraient sous le vent, que les fleurs s'épanouiraient éclatantes et parfumées, et que les palais découperaient sur l'azur du ciel leurs délicates sculptures.

Et, elle le sentait aussi, tout le peuple merveilleux qui devait habiter ces salles, ces clairières, ces paysages, ces maisons de diamants incendiées par le soleil, ces campagnes penchées sur des ondes endormies au clair de lune, toute cette foule passionnée, ivre d'amour, reprendrait ses riches habits, ses pierreries, sa dorure, et aussi la noblesse des traits et du geste. Vieillards à la chevelure de neige couronnés d'un cercle d'or; fées voltigeant sur un lys; chevaliers agitant leur épée flamboyante; jeunes femmes aux robes lamées, éperdues sous les menaces des divinités ennemies; génies et anges traversant le ciel comme des sillons de lumière; tous ces personnages de sa comédie laisseraient là leurs grossières enveloppes, et apparaîtraient tels que les lui avait montrés madame d'Aulnoy, éclairés par toutes les flammes que secoue sur ses créations la main mystérieuse de la Poésie.

Aussi dois-je le dire hardiment, au risque de paraître avancer une chose incroyable, le jour venu, la représentation, les décors, les costumes, les machines, les feux de la rampe et du lustre, la salle, les parures, les toilettes, la foule curieuse et palpitante n'excitèrent chez Minette aucune surprise. Les seuls étonnements qu'elle devait connaître de sa vie, elle les avait éprouvés chez sa mère, dans son berceau et dans son lit d'enfant, en ne comprenant pas que la vie pût être ce qu'elle voyait, ce taudis infect, cette chandelle rouge et fumeuse, ces chansons d'orgie, ces ivresses et ces combats horribles. Du moment où une révélation inattendue était venue lui dire : la vie n'est pas cela ! elle y avait cru avidement ; ces contes qu'elle avait lus étaient devenus pour elle l'histoire du monde. Aussi ne devait-elle jamais comprendre que le théâtre fût une fiction ; pour elle, ces féeries dans lesquelles elle jouait un rôle devaient toujours être des drames réels. Jusqu'au jour où elle mourrait, son cœur devait se serrer quand l'héroïne se débattait contre des monstres qui pour elle sortaient en effet de l'enfer ; et ce fut avec une émotion bien réelle, avec une croyance bien profonde, que, soutenue par un fil de fer auquel elle croyait moins qu'à ses petites ailes, elle s'arrêta au milieu des airs pour dire à son camarade Couturier : « Rassure-toi, prince Charmant, les puissances infernales se lasseront bientôt de te persécuter, et cette radieuse étoile dissipera les ténèbres qui te cachent la retraite d'Aventurine ! » La pauvre petite, en étendant la main pour montrer son étoile en strass tenue par une queue de laiton, croyait bien vraiment porter dans ses mains un astre du ciel ; illusion qui n'était pas même ébranlée lorsque le chef d'accessoires lui reprenait des mains cette verroterie.

Les critiques me demanderont sans doute comment ces rêveries ne s'enfuyaient pas au moment où tombait le rideau de manœuvre, et comment Minette continuait à y croire une fois que le décor était défait, les quinquets éteints, et lorsque les chevaliers vainqueurs avaient quitté la cotte de mailles pour la houppelande sous laquelle ils daignaient se laisser admirer au café Achille. D'abord je répondrais que j'essaie de raconter et non pas d'expliquer cette douce et poétique folie ; mais n'y aurait-il pas là le sujet d'une remarquable étude psychologique? Une fois notre éducation faite, nous ne nous rappelons pas assez les peines qu'on s'est données pour séparer dans notre esprit le merveilleux du réel; nous oublions tout ce qu'il a fallu d'études, de raisonnements et d'expériences pour détruire en nous cette confusion qui enivre les âmes naïves. De même que nous ne naissons pas avec le sentiment des distances, et que l'expérience, la comparaison, et le secours des sens nous apprennent seuls que tous les objets que nous pouvons apercevoir ne sont pas à la portée de notre main ; de même aussi il nous faut tout un enseignement pour apprendre où finit l'ordre matériel des choses et où commence la vie surnaturelle ; et encore les âmes simples et les hommes de génie ne le savent-ils jamais bien ?

Pour la petite Minette à qui rien n'avait été appris, elle voyait bien chaque jour s'arrêter à la même heure ce qui lui semblait être l'existence vraie, mais elle n'y croyait pas moins pour cela ; même dépouillés de leur costume, les personnages de la féerie gardèrent toujours pour elle leur puissance, et, même vus dans leur réalité hideuse, les machines, les trappes, les cordages furent toujours pour elle les éléments d'enchantements formidables. Il y avait alors au théâtre de la Gaîté un machiniste nommé Simon, très-brave homme tout chargé de famille, exact à remplir ses devoirs, à qui la nature s'était plu à donner, par un jeu singulier, le physique rébarbatif des diables qui sortent des boîtes à surprise. Malgré tous les éloges que la petite Minette avait entendu faire de ce père excellent, et quoiqu'il lui témoignât une profonde douceur, elle le regardait comme un démon venu de l'enfer, et rien ne put la rassurer à ce sujet. En voyant le visage rouge de l'honnête Simon, ses yeux sanguinolents, ses sourcils terribles, et la crinière en broussailles qui lui servait de chevelure, elle reconnaissait un suppôt de Satan et de Proserpine, la dame au diadème de paillon rouge, à qui les mythologues du boulevart le mariaient si cavalièrement, sans respect pour les théogonies. Jamais elle ne montait sans tressaillir sur une machine ou dans une gloire dont le maniement était confié à Simon ; et s'il fallait qu'elle passât à côté de lui dans un couloir, elle se reculait toute tremblante et se serrait contre le mur en se faisant si petite qu'on ne la voyait plus. Alors le bonhomme souriait tristement, et Minette tremblait plus fort, croyant voir le sourire d'un bourreau attendri d'avance sur la victime qu'il sera forcé d'égorger.

En revanche Minette avait une adoration pour une belle personne, pleine de douceur, madame Paul, qui jouait les bonnes fées, les princesses vertueuses, et en général tous les rôles sympathiques. Le fait est que c'était une jeune femme bienveillante et aimable, blanche et timide comme une colombe, et peu faite pour vivre au milieu des triomphants Almanzors qui composaient la troupe de la Gaîté. Madame Paul adorait la petite Minette ; lorsqu'elle la voyait au foyer, elle la prenait sur ses genoux, l'embrassait, et lui donnait des bonbons qui faisaient moins de plaisir que les baisers à cette enfant toujours privée de caresses. Une fois que Minette regardait avec une convoitise involontaire un petit sachet turc brodé de soie et de paillettes, que madame Paul portait au cou, et qui dans la pièce représentait un talisman, celle-ci le lui donna après le spectacle. Une autre fois, un artiste avait apporté à madame Paul, dans les coulisses, plusieurs exemplaires d'une lithographie coloriée qui la représentait dans un costume de Fée des Eaux. Les dessins lithographiés, d'une invention encore toute récente alors, étaient un objet de grande curiosité ; tout le monde s'empressait autour de la comédienne pour admirer ce portrait et pour tâcher d'en obtenir une épreuve. Minette qui, bien entendu, n'osait rien demander, mais qui ouvrait tout grands ses beaux yeux bleus, fut la première favorisée et faillit devenir folle de joie.

Le sachet qu'elle portait à son cou pour ne jamais le quitter, fut pour elle un véritable talisman. De même que dans les féeries elle voyait madame Paul, armée de sa baguette de diamant et couronnée de resplendissantes étoiles, terrasser les démons, rapporter la lumière au milieu des nuits funèbres, et changer les voûtes infernales en paysages du paradis; de même elle s'imagina que cette bonne fée la sauverait de tous les périls, et ferait briller enfin d'une clarté pure sa vie maintenant voilée par tant de ténèbres. Elle avait attaché avec des épingles, sur le papier de la pauvre chambre qu'elle habitait avec son père et sa mère, le portrait dont elle faisait une idole; et quand par hasard on lui donnait quelques fleurs, elle en parait cette chère image. C'est devant elle qu'elle élevait son âme dans les rêveries qui étaient pour elle la prière, puisqu'elle ne savait aucune prière. C'est aussi devant cette image qu'elle passait de longues heures à broder, entre les répétitions et le spectacle.

En effet, Adolphina et Capitaine avaient bien vite pensé que cet enfant de leur haine ne leur rapportait pas encore assez d'argent, et qu'il fallait lui faire apprendre un métier. D'abord elle ne jouait pas dans toutes les pièces ; puis sa mémoire lui permettait de dépenser très-peu de temps à étudier ses rôles. Justement, il y avait dans la maison une madame Lefèvre, entrepreneuse de broderies dont le mari, monteur en bronze, avait pris Minette en amitié pour sa gentillesse. On fit marché avec cette femme, et on lui confia Minette, dont l'intelligence miraculeuse dévora là encore les difficultés avec une incroyable ardeur. En moins d'une année, elle était devenue une ouvrière de première force, et dès lors sa mère la reprit avec elle. Tous les trois ou quatre jours, elle allait chez les marchands, et apportait à Minette une tâche qui eût découragé les filleules des fées. Lorsqu'en rentrant à l'heure du dîner, elle ne trouvait pas la tâche faite, elle battait sans pitié la pauvre enfant qui ne répliquait pas un mot, et pleurait sans rien dire. Pourtant, elle faisait des merveilles de prestesse et d'habileté. Sous ses doigts agiles, les fleurs, les fleurettes, les festons, les guirlandes, les arabesques, les feuillages naissaient par enchantement. Lorsque ses petits doigts n'en pouvaient plus, elle regardait le portrait de sa fée chérie et se mettait à travailler de plus belle, faisant jouer son aiguille et ses fins ciseaux, comme s'ils eussent été vivants.

A douze ans qu'elle avait alors, Minette, qui ne devait jamais connaître ni le nom du roi, ni l'existence de la cour, brodait déjà des chefs-d'œuvre, qui, vendus pour rien à une célèbre marchande de la rue de la Paix, excitaient l'admiration à la cour de Charles X. Mais tant de fatigues l'avaient tuée. Ses traits, naturellement très-fins, étaient devenus d'une ténuité extrême; son nez aminci, ses lèvres pâlies, et les taches roses qui coloraient ses pommettes, indiquaient, sans que le doute fût possible, une maladie de poitrine qui allait devenir mortelle. Parfois, au foyer, quand madame Paul la mettait sur ses genoux, à la voir si souffrante et si frêle, elle pleurait en se rappelant une fille qu'elle avait perdue et qui aurait eu l'âge de Minette. Rafraîchie par ces larmes qui coulaient sur son front comme une douce rosée, l'enfant prenait dans ses petites mains la tête de son amie et la couvrait de baisers ardents. En termes assez mesurés pour ne pas fâcher Adolphina, madame Paul la suppliait de ménager sa fille.

— Vous la tuerez, disait-elle.

— Bah! répliquait la funambule en jouant avec son sabre de la pantomime, la mauvaise herbe croît toujours!

Plus Minette, en grandissant, avait montré d'intelligence, de soumission et de douceur, plus la haine de ses parents s'était accrue, sans que rien pût expliquer ce sentiment étrange. Au milieu de leur ivresse quotidienne, une seule pensée survivait en eux bien distincte et jamais endormie : celle de tourmenter et de désespérer leur enfant. Ces deux êtres violents, qui se craignaient et s'exécraient sans pouvoir se passer l'un de l'autre, voyaient-ils chacun dans la petite fille un portrait de l'être qu'ils haïssaient ? Ou bien cet ange tendrement résigné leur semblait-il être un reproche vivant de leurs vices, de leurs débauches et de leur vie irréparablement souillée ? Peut-être encore, en la voyant si délicate, si pareille en sa beauté aristocratique à ces enfants riches que leurs bonnes promènent aux Tuileries, sentaient-ils redoubler leur rage contre la vie honnête dont ils étaient à jamais exclus ? Car, malgré leurs talents, et malgré tout le parti qu'ils tiraient de Minette, leur inconduite les condamnait forcément à la misère.

Sans doute en regardant cette créature poétique, qui, toute maltraitée et abandonnée qu'elle était, ressemblait aux enfants nés pour le luxe, ils songeaient à ces maisons commodes et bien rangées, égayées par une élégance simple et éclairées par un feu souriant, que le soleil visite avec joie ! Chacun d'eux, en regardant son sauvage compagnon, se

disait à part soi : J'aurais tout cela si j'étais seul !
Et alors leurs regards se tournaient féroces et impitoyables contre le pauvre être dont la naissance avait encore resserré une chaîne détestée. Du moins, ils le croyaient ainsi ; car quelle femme assez robuste pour boire sans sourciller des litres d'eau-de-vie, et pour recevoir sans en être ébranlée des coups qui auraient terrassé un lutteur, pouvait remplacer pour Capitaine l'athlétique Adolphina ; et, quant à elle, quel homme lui eût fait oublier son charmant clown à cravate rose ?

Déjà Minette avait cette petite toux sèche, si effrayante quand on l'a déjà entendue, et qui retentit dans le cœur de ceux qui l'écoutent. Souvent, dans le foyer, les jambes et le col nus, vêtue en ange ou en amour, elle avait des quintes si terribles qu'elle semblait prête à rendre l'âme. Le sang affluait à son visage, ses yeux se fermaient, et elle pouvait à peine se soutenir. Alors sa mère lui criait :

— Veux-tu te taire, méchante drôlesse !

Elle la prenait par la main, la faisait sortir du foyer en la bousculant, et l'emmenait dans sa loge. Dès qu'elles étaient sorties, on frissonnait en entendant dans le couloir les menaces d'Adolphina et les pleurs étouffées de l'enfant. Capitaine, costumé en diable ou en grenouille, avec sa tête sous les bras, ne faisait aucune attention à cet épisode et continuait à fredonner quelque romance sentimentale. Si quelqu'un de ses camarades lui faisait remarquer les cruautés d'Adolphina : — Bah ! disait-il, ce sont leurs affaires ! Je n'entends rien aux questions de pot-au-feu, je suis un artiste !

Pourtant les souffrances de Minette, ce martyre de toutes les heures infligé à une enfant qu'on voyait déjà couronnée par les roses blanches de la mort, avaient attendri quelques honnêtes cœurs, et on fit des efforts pour intéresser le directeur à cette histoire fatale. Madame Paul, qui était entourée au théâtre de ce respect que savent imposer dans tous les mondes les caractères dignes, le supplia d'interposer son autorité.

— Hélas ! madame, lui répondit le directeur, je souffre comme vous de voir assassiner, sous mes yeux, cette créature angélique ; sa toux me bouleverse l'âme. Je donnerais tout au monde pour la sauver, mais j'y perdrais mes peines ! Vous me demandez de moraliser ces familles de comédiens ; mais j'ai déjà assez de peine à concilier leurs amours-propres et à obtenir qu'ils sachent leurs rôles ! A ce que je vous dis là, vous devez croire que je n'ai pas de cœur. Le seul être que j'aie aimé sur la terre, ma propre fille, une enfant de quinze ans, belle comme une sainte, s'est enfuie de ma maison pour suivre un ténor sans voix, qui portait des cols en papier et des gants verts ! Elle a subi toutes les horreurs de la pauvreté et de la faim, et elle est morte désespérée, sans soins et sans secours, avant que j'aie pu savoir ce qu'elle était devenue ! Madame, ma pauvre Marie, pour qui j'aurais donné, une à une, toutes les gouttes de mon sang, elle a été battue ! Elle a rendu le dernier soupir dans des draps déchirés et sales ! Tenez, nous vivons du théâtre, sachons vivre au théâtre tel qu'il est, et que Dieu prenne pitié de la petite Minette !

Dieu prit pitié d'elle en effet, car il lui envoya ce qui est le dernier espoir des malheureux et des désespérés, la seule illusion qui puisse faire vivre encore les âmes profondément blessées et saignantes d'une plaie mortelle, l'amour ! Quoi, direz-vous, à treize ans ! Hélas ! c'est la destinée de ces existences de hasard, que les âges mêmes soient déplacés pour elles, et que leur plus charmante promesse soit moissonnée en sa fleur ! N'oubliez pas que nous sommes au théâtre de la Gaîté en 1828, c'est-à-dire que deux révolutions et tout un monde d'idées ont passé sur ces événements obscurs.

J'ai nommé Couturier, qui jouait le prince Charmant! Quelques années auparavant, tout le boulevard du Temple avait beaucoup parlé de Couturier, qui était le Lauzun d'un monde impossible. La vie de cet acteur, pour qui avaient soupiré les plus célèbres courtisanes du temps, et dont le nom mis en vedette sur l'affiche avait encore une influence directe sur la recette des avant-scènes, avait commencé de la manière la moins romanesque. A douze ans, il faisait partie de ces cohortes de gamins, nés dans le ruisseau de la rue, qui ramassent des bouts de cigares, ouvrent les portières des fiacres, vendent des contre-marques et se livrent en outre à tous les commerces non reconnus par le code de commerce. Couturier n'annonçait aucune des dispositions qui caractérisent l'enfance des hommes destinés à devenir illustres, si ce n'est qu'il avait une prédilection particulière pour la musique des régiments. Quand il avait suivi pendant une heure les soldats le long des boulevarts et à travers les rues, il entrait avec eux dans la caserne et se faisait donner quelques sous, soit en faisant la roue suivant les traditions les plus pures, soit en chantant des chansons obscènes dont il savait un répertoire inépuisable. Dans ses fréquents rapports avec l'armée, le petit Couturier apprit à imiter d'une manière assez grotesque différents types de conscrits et de grognards, et de plus ac-

quit pour battre la caisse un talent dont se fût
montré jaloux plus tard le héros du divin poëte
Henri Heine.

C'est grâce à cette double spécialité de tambour
et de chanteur qu'il fut engagé en qualité de tambour sauvage au café des Aveugles et du Sauvage,
sous les galeries du Palais-Royal. Coiffé de plumes,
vêtu d'un maillot couleur de chair sur lequel s'éta-
lait une amulette de velours noir brodé d'argent, et
affublé d'une barbe d'un noir terrible, Couturier
tapait sur trois ou quatre timbales à la grande joie
des vieillards qui viennent passer là deux ou trois
heures devant une corbeille d'échaudés et une bouteille de bière. De là il se trouva tout naturellement
amené à prendre un rôle dans les comédies à trois
personnages qui remplissent les intervalles du concert, car le personnel du café des Aveugles n'était
pas assez important pour permettre à Couturier de
se borner à exercer exclusivement la profession de
sauvage. Quoiqu'il fût petit et trapu, et que son
front disparût presque entièrement sous une chevelure ondoyante et crespelée qui semblait vouloir
manger sa figure, ce jeune homme pouvait passer
alors pour beau. Ses traits, pour ainsi dire préten-
tieusement réguliers, offraient une vulgaire copie
de ceux que la statuaire prête à l'Apollon antique,
et il représentait assez bien un dieu grec devenu

marchand de chaînes de sûreté. Il joua donc les amoureux, moyen infaillible pour faire des conquêtes, à Paris surtout, où les femmes voient toujours dans le comédien le héros qu'il représente. Aussi ne tarda-t-il pas à exciter une grande passion chez une femme à la mode, que protégeait ostensiblement un des plus hauts fonctionnaires du royaume. Dès lors on vit Couturier venir à sa cave en gants blancs, en chemises de batiste, et couvert de plus de rubis, de saphirs et d'émeraudes que n'en étale une madone italienne. Il fit fureur dans le monde des impures, et chaque jour, à cinq heures du soir, le café était encombré de bouquets à son adresse. Fleurs, bonnes fortunes et femmes élégantes, tout le suivit au théâtre Lazary, où il débuta peu de temps après par le rôle de Roméo dans « *Roméo et Juliette*, drame-vaudeville en deux actes, imité de l'anglais. »

Bien qu'il affichât cinq ou six maîtresses, depuis une riche marchande du quartier Saint-Martin jusqu'à la bouquetière en renom qui lui attachait à la boutonnière de délicieuses roses du Bengale, la femme qui avait mis en lumière cette perle enfouie continua ses folies pour Couturier au théâtre Lazary. Elle y avait loué à l'année deux loges d'avant-scène dont les cloisons avaient été abattues de façon à ménager une petite antichambre, et qui, richement tendues d'étoffes de soie à crépines d'argent par le tapissier de la cour, faisaient à peu près l'effet d'un joyau de duchesse oublié sur la table d'un cabaret borgne. Par l'ostentation d'un bizarre caprice, la courtisane recevait les visites de ses familiers dans sa loge, où on savait la rencontrer de huit à dix heures du soir. Elle n'eut pas une amie intime qui ne tînt à honneur de rendre infidèle l'amant si complétement adoré, et Couturier ne fut plus appelé que *le beau Couturier,* nom sous lequel on le désigne encore au théâtre, en dépit de ses cinquante-trois ans.

Le directeur de la Gaîté qui était, comme nous l'avons vu, un philosophe, ne voulut pas laisser aux petits théâtres une si éclatante réputation, et engagea le comédien « pour les avant-scènes, » disait-il. Grâce à l'auréole dont l'entourait sa renommée, Couturier fut accepté sans conteste par les auteurs, par ses camarades et par le public pour tous les rôles qui demandaient de la jeunesse, du charme et de l'élégance, quoique son talent fût absolument nul et sa distinction on ne peut plus contestable. A l'époque où nous le rencontrons au théâtre de la Gaîté, il avait eu la petite vérole, était devenu presque chauve, et, à vingt-sept ans, ne montrait plus que des ruines. Depuis longtemps les fameuses émeraudes du café des Aveugles avaient été remplacées par des verroteries; Couturier, à force d'artifices, tâchait de persuader à ses camarades qu'il était toujours l'homme à bonnes fortunes d'autrefois; mais il sentait avec une profonde humiliation que personne ne croyait plus à ce mensonge et que bientôt on ne ferait même plus semblant d'y croire. Il était complétement découragé, et se l'avouait enfin ! D'abord, il avait espéré de jour en jour que quelque éclatante passion excitée chez une femme brillante lui rendrait tout son luxe et sa gloire ancienne; mais il était désabusé et ne comptait plus sur rien. Un seul rêve lui restait, habituel à ces natures lâches : il cherchait une femme à tourmenter, et voulait immoler à sa célébrité perdue une dernière victime. Sa dernière consolation, c'était l'idée qu'il ferait payer à quelque douce créature toutes les déconvenues dont il était abreuvé; et il tressaillait de joie en songeant qu'il pourrait encore sentir une proie vivante saigner sous ses griffes à demi arrachées. Ce fut le beau Couturier que Minette aima secrètement jusqu'à l'adoration, et sans espoir !

Pour cette âme enfantine qui flottait irrésolue dans les limbes célestes de l'idéal, pour cette vierge enthousiaste qui vivait dans un poëme et croyait aux féeries, Couturier était beau et brave, les princesses l'aimaient, les divinités assises sur des nuages roses venaient lui parler à l'oreille : il avait emporté l'eau de beauté de la grotte des Sirènes, il était le prince Percinet, il était le prince Charmant! Elle passait de longues heures à le regarder d'une coulisse agitant son épée au bruit des musiques triomphales ; elle le voyait s'agenouiller devant de belles personnes toutes tremblantes, et elle l'écoutait, désolée et ravie, murmurer d'une voix persuasive les plus belles phrases de l'amour. Elle fixait sur lui ses yeux bleus, puis elle versait des torrents de larmes, car il lui semblait impossible qu'elle devînt jamais une de ces glorieuses filles de roi qu'elle saluait au sortir d'un bosquet de roses, ou pour lesquelles, pauvre petit génie, elle agitait au haut des airs les rameaux verdoyants et les étoiles enchantées.

Or elle se disait qu'à moins de se voir ainsi la couronne en tête, et suivie par de jeunes pages portant la queue de sa robe tissée de rayons, elle n'attirerait jamais les yeux de ce héros qui triomphait des géants et des enchanteurs. Alors elle se sauvait au foyer, elle se jetait dans les bras de madame Paul, et elle pleurait encore, jusqu'à ce que la cruelle Adolphina l'eût rappelée au sentiment de ses misères réelles par quelque parole dure et brutale.

Pourtant la pauvre Minette eût été trop heureuse si cet amour fût resté ignoré de celui qui l'inspirait, et il n'entrait pas dans sa destinée qu'elle évitât aucune souffrance. Elle devait être une de ces martyres qui, toutes brisées et meurtries par les coins et les chevalets des tortures humaines, s'envolent purifiées et une palme à la main à l'heure où s'exhale leur dernier souffle. Un soir, au moment où Couturier, ses derniers cheveux au vent, récitait en scène un monologue de désespoir et se tournait vers la coulisse de gauche en s'écriant : « Et vous que j'invoque à votre tour, ne pourrez-vous rien non plus pour moi, puissances infernales, divinités de l'abîme ! » à la lueur des flammes qui sortaient du parquet pour répondre à cet audacieux blasphème, il aperçut entre deux portants Minette, qui, les bras pendants, le col tendu, le regardait fixement, avec une expression à laquelle ne pouvait pas se tromper un homme déjà vieux dans la débauche. En même temps, il entendit la toux déchirante de l'enfant, et vit distinctement une grosse larme couler sur sa joue aux transparences de nacre.

Tout rompu aux planches qu'il était, Couturier oublia son rôle pendant deux secondes, et ne put retenir un mouvement de joie. Oh ! se dit-il, cette enfant me sauve. Et il savoura d'avance les jouissances d'orgueil qu'il aurait à effeuiller la pâle couronne de cette blanche fiancée et à s'enivrer des adorations de cette mourante qui ne devait aimer personne après lui. Mais il était trop habile en ces matières pour ne pas se figurer qu'il devait employer les précautions les plus minutieuses, tant pour ne pas effrayer l'innocence de Minette que pour ne pas éveiller les soupçons d'Adolphina et de Capitaine. D'ailleurs, comme tous les hommes qui n'éprouvent absolument rien, il était admirablement apte à jouer le rôle d'un amoureux platonique et à s'accouder dans des poses à effet. Il pouvait d'autant mieux « contenir les élans de son cœur » que, tout déchu qu'il était, il avait encore su conserver deux ou trois maîtresses.

Jamais jeune homme de seize ans, amoureux de sa cousine, ne ramassa mieux les fleurs fanées et ne tressaillit en frôlant une robe de soie plus naturellement que ne le faisait Couturier, et ces plates comédies rendaient Minette folle de joie, car pour elle c'était l'amour même. Comme tous les roués, le comédien ignorait une seule chose : la passion vraie, et par conséquent il n'aurait pas pu se douter qu'il se donnait des peines inutiles.

Dès le premier moment, Minette s'était donnée à lui corps et âme en pensée; elle l'aurait suivi

au bout du monde sans lui demander seulement :
M'aimez-vous ? et si Couturier lui avait dit : Je
veux te tuer ; elle n'aurait senti que du bonheur
en tendant sa gorge au couteau. Il aurait pu la
prendre dans ses bras, échevelée, et l'emporter où
il aurait voulu, elle ne se serait pas détournée pour
regarder derrière elle ! Les gens vicieux ne croient
jamais à ces amours-là, et c'est leur punition. Couturier se contentait de serrer à la dérobée la main
de Minette, et il ne s'apercevait pas qu'elle recevait
cette caresse banale comme une faveur inespérée.
Une fois pourtant il la rencontra seule au théâtre
dans une pièce peu éclairée, et elle le regarda avec
un abandon si passionné, que Couturier la prit
dans ses bras et posa sur sa bouche un long baiser.
Toute renversée en arrière, Minette sentit son cœur
battre un grand coup ; tout son sang s'agita : elle
crut mourir. Quelqu'un venait : Couturier, qui entendit du bruit, se sauva précipitamment, et Minette
s'en alla avec le ciel dans son cœur.

A présent, Minette avait trouvé ses vertes Florides ; elle y marchait parmi les fleurs en écoutant
chanter les oiseaux et murmurer les fontaines ! Libre
et joyeuse, elle allait, appuyée sur le bras du bien-aimé, livrant ses mains aux baisers, sa chevelure
aux folles brises. Elle s'enivrait de parfums ; elle
s'arrêtait sous les berceaux de jasmins, pour y re-

garder passer les beaux papillons et les scarabées
au corsage d'or. Elle se délassait au murmure des
flots argentés ; elle guérissait sa tête brûlante dans
la fraîcheur des nuits d'étoiles. Quant à sa vie réelle,
qu'était-ce auprès de ces rêves? Ses souffrances?
Est-ce qu'elle les sentait seulement? Aimée, tout
lui semblait doux, et son pénible travail de couturière et de brodeuse, et la servitude affreuse du
ménage. Battue, meurtrie, prisonnière dans le
bouge où sa mère buvait l'eau-de-vie, et où Capitaine fumait son brûle-gueule en chantant ses
chansons infâmes, elle se trouvait heureuse, car
l'espérance lui faisait un paradis, même de cette
chambre, soudainement peuplée de visions riantes !
Elle ne sentait plus sa poitrine déchirée, elle ne
s'affligeait pas de sa toux opiniâtre, elle ne songeait
qu'au bonheur de vivre ! Le clown pouvait fredonner, dans les intervalles de ses colères, le *Grenadier du régiment de Flandre* ; elle n'entendait que
les hymnes des fées et les harpes de sainte Cécile !

Mais, hélas ! il lui fallut bien sortir de cette extase
pour entendre les cris qui éclataient dans son enfer,
car de nouveaux événements y étaient survenus, et
rendaient sa vie tout à fait impossible. Depuis
quelque temps Adolphina, devenue coquette, se
parait d'une manière inusitée, et ne rentrait presque
plus à la maison. Les courts instants où elle y pa-

raissait se passaient en querelles et en batailles abominables avec Capitaine. Le clown comprit qu'il était trompé, et s'abandonna à des fureurs insensées. La nouvelle passion d'Adolphina n'était déjà plus un secret pour personne ; mais, comme toujours, Capitaine fut le dernier à apprendre qu'elle s'était follement éprise d'un jeune homme de dix-sept ans, écuyer au Cirque, et beau comme un enfant trouvé qu'il était. Au dire de la sauteuse, ce diable à quatre passait à travers les ronds de papier de soie avec une grâce qui devait faire rêver une femme ! Toujours est-il qu'elle n'avait pas trop mal choisi, car son amant s'engagea dans l'armée quelques mois plus tard, et mourut en Afrique, officier de hussards et aide de camp d'un général. Capitaine battait et déchirait sa maîtresse sans obtenir un aveu ; et Adolphina, que rien n'engageait plus à ménager son tyran, ne se faisait pas faute de lui rendre coups pour coups. Minette avait beau se jeter entre eux et tendre ses mains suppliantes, son père ou sa mère la foulait aux pieds sans plus s'inquiéter d'elle que si elle n'avait pas existé, et, leurs visages saignants, leurs cheveux arrachés, continuaient leurs luttes de bêtes fauves. Le plus souvent Minette, évanouie d'effroi et d'horreur, se trouvait seule quand elle revenait à elle.

Éperdue, elle se levait en versant des torrents de

larmes, et sentait mille pointes aiguës déchirer sa poitrine. Elle s'épongeait le visage avec de l'eau froide, rajustait sa pauvre toilette fripée, et moitié folle, courait au théâtre, où elle retrouvait pour quelques heures sa vie d'enchantements, la musique, les lumières, et les poëmes animés dont le héros était toujours celui dont la seule vue la faisait trembler de bonheur, et madame Paul, son bon génie ! Mais ces alternatives de terreur et de plaisir la laissaient brisée, sans souvenirs et sans force. L'harmonieuse pâleur d'une mort prochaine glaçait ses joues amaigries, ses prunelles s'éclairaient d'une flamme intérieure, et, comme une auréole, ses fins cheveux blonds frissonnaient dans une transparente lumière. Tout le monde le voyait, une année plus tard, cette douce enfant aurait fini de souffrir, et, croisant ses mains délicates sur sa poitrine enfin apaisée, dormirait d'un calme sommeil.

Mais les cruels événements de sa vie n'étaient pas finis là. Voici le terrible drame auquel assistèrent un matin les locataires qui habitaient la rue de la Tour.

Après un tumulte épouvantable qui dura une demi-heure, et dans lequel se confondaient les cris de rage, les hurlements de douleur, les imprécations, le craquement des meubles qu'on brise et le bruit des vaisselles cassées, on entendit les vitres d'une fenêtre voler en éclats. Cette fenêtre était celle du logement où demeurait le clown. Les fragments des vitres tombèrent avec fracas sur les pavés et s'y émiettèrent ; en une seconde tout le monde était dans la cour. On vit le châssis s'agiter comme si une personne faisait des tentatives désespérées pour l'ouvrir, et comme si une autre personne l'en empêchait avec violence. Enfin la fenêtre fut ouverte.

Adolphina parut, sanglante, percée de coups de couteau, les lèvres écumantes, terrible encore de l'effort affreux qu'elle venait de faire. Elle ouvrit la bouche comme pour parler, mais le sang l'étouffa ; elle tournoya sur elle-même et retomba, cadavre inerte, contre l'appui de la fenêtre, sur lequel pendirent ses cheveux. Elle était morte. Alors seulement, on aperçut Capitaine dressé tout roide sur ses pieds, fou de fureur, les yeux sortis de leurs orbites, les cheveux hérissés. Ses manches de chemise étaient relevées sur ses bras tatoués de cœurs enflammés et de lacs d'amour ; il tenait encore à la main le couteau avec lequel il venait d'assassiner sa maîtresse.

En voyant la cour pleine de monde, en entendant les cris qui le menaçaient, le clown bondit en arrière et se mit à tourner autour de la chambre comme un tigre forcé par les chasseurs. Avec sa force d'athlète, il traîna tous les meubles vers la porte, les entassa les uns sur les autres, et en fit une solide barricade. Il était temps. Déjà les crosses des fusils sonnaient sur le carreau dans le corridor. Alors, par un saut effrayant et qu'un clown seul pouvait tenter, car le logement était situé au troisième étage, Capitaine s'élança par la fenêtre. Il espérait tomber à terre sain et sauf, et s'enfuir, grâce à l'étonnement que causerait sa chute. Cette pensée avait traversé son esprit, et il l'avait exécutée, en moins de temps que ne dure un éclair. Malheureusement pour lui, sa chemise s'accrocha à un gros clou enfoncé au deuxième étage, et le tint ainsi suspendu. Il entendait toujours crier; il sentait à quelques pieds au-dessous de lui la foule menaçante, il perdit complétement la tête et se débattit avec rage. La chemise céda, et vainement de ses mains étendues Capitaine chercha un point d'appui. Il tomba sur le pavé, mais non pas mort. Il avait le crâne ouvert, les deux jambes et une épaule brisées.

Au même instant Minette rentrait de la répétition. Elle se glissa dans la foule. D'un coup d'œil elle vit sa mère morte, dont la tête échevelée pendait à la fenêtre, et son père gisant à ses pieds. Elle se dressa en arrière, étendit les mains et tomba sur le pavé inanimée, blanche elle aussi comme un cadavre, à côté du corps de Capitaine.

Ce fut seulement huit jours après que Minette, couchée dans un lit blanc à l'hôpital Saint-Louis, s'éveilla de son délire. Une bonne religieuse, la sœur Sainte-Thérèse, assise à son chevet, semblait épier ce moment, et se pencha vers elle avec sollicitude. Minette sentit en même temps une soif ardente et une horrible douleur dans sa tête, qu'assiégeaient à la fois tous ses souvenirs. Elle considérait avec étonnement la grande salle où elle était couchée, ce parquet ciré, ces nombreux lits aux rideaux blancs, ces bassins de cuivre, ces hautes fenêtres, ces infirmières allant et venant. La religieuse prit une mesure d'étain placée sur la table de nuit, remplit de tisane un gobelet et le tendit à Minette, qui but avidement.

— Ah! s'écria-t-elle, où est ma mère?

Tout le sang qu'elle avait vu le jour du fatal événement passa devant ses yeux, et avant que sœur Sainte-Thérèse eût eu le temps de lui répondre, la fièvre et le délire l'avaient reprise. Elle fut encore pendant quinze jours entre la vie et la mort. Le médecin en chef la soignait avec un zèle extrême, quoiqu'il se fût aperçu dès le premier moment que, si la fièvre pardonnait, la maladie de poitrine ne pardonnerait pas. Enfin le mal céda, et on put enlever la glace que Minette avait sur la tête, jour et nuit. Peu à peu le sentiment lui revint; mais elle était si pâle qu'elle faisait peine à voir, si faible qu'elle pouvait à peine articuler une parole, et elle toussait sans relâche. On était alors en février, et après l'avoir sauvée de la maladie aiguë, le médecin déclarait qu'en supposant les chances les plus heureuses, Minette ne vivrait plus six mois plus tard. Aussi la bonne sœur qu'elle avait intéressée voyait-elle surtout non pas un corps à sauver, mais une âme. Toutes les paroles échappées au délire de Minette l'avaient non-seulement étonnée, mais alarmée. En effet, la jeune fille priait les fées de sauver son père et sa mère; elle se plaignait des sortiléges qui passaient sur eux et qui les rendaient méchants; elle embrassait son talisman en invoquant Couturier et madame Paul ! Sœur Sainte-Thérèse pensa d'abord que c'étaient là des paroles incohérentes, produites seulement par une folie passagère ; mais en remarquant chez sa petite malade la persistance avec laquelle revenaient les mêmes idées exprimées de la même façon, elle se prit à craindre que Minette n'eût reçu aucune éducation religieuse, et se promit d'amener à Dieu, si elle pouvait, cette pauvre brebis égarée.

Minette approchait assez de son rétablissement pour pouvoir supporter une émotion; mais le médecin avait recommandé avec une extrême sévérité de ne lui jamais faire savoir comment sa mère était morte, insistant sur ce point qu'une révélation pareille la tuerait à l'instant. La première fois qu'elle fit sa question habituelle, en demandant où étaient ses parents, la sœur la regarda avec une commisération profonde.

— Hélas, mon enfant, dit-elle, vous ne devez plus les revoir qu'au ciel!

— Au ciel! murmura Minette. Mais pourquoi ma mère était-elle ainsi étendue contre la fenêtre, les cheveux dénoués? Pourquoi mon père était-il couché dans la cour au milieu du verglas? Pourquoi cette foule criait-elle? Et qui les a conduits au ciel; pourquoi y sont-ils montés sans moi?

— Mon enfant, répondit la religieuse stupéfaite, Dieu nous y rappelle quand il lui plaît, et nous ne pouvons que nous soumettre à ses décrets.

— Dieu! répéta Minette avec étonnement. Puis elle ajouta: Ah! sans doute quelque mauvais sort les tourmente, mais si je pouvais voir ma chère fée Paul, elle les délivrerait, allez! et s'ils sont vraiment dans le ciel, elle m'y menerait avec elle! Oui, voyez-vous, quand même il faudrait traverser les forêts pleines de démons! elle étendrait sa baguette, et elle rallumerait la lumière des étoiles! Et lui, lui, madame, il la défendrait bien contre les enchanteurs! Et puis, tenez, j'ai un talisman!

Et Minette, écartant sa chemise, montrait l'amulette qu'elle avait au cou. Puis, apercevant le chapelet de sœur Sainte-Thérèse, auquel pendait un crucifix de cuivre :

— Ah! dit-elle, est-ce aussi un talisman que vous avez là?

— Et quoi, s'écria la sœur tout effrayée, ne connaissez-vous pas l'image du Sauveur, de celui qui est mort sur la croix pour racheter les péchés des hommes?

Sœur Sainte-Thérèse, avec une piété fervente, sut apitoyer sur le sort de la jeune fille qu'on avait déshéritée du pain de l'âme le vénérable aumônier de l'hôpital Saint-Louis. Il voulut parler à Minette qui se levait déjà, et commençait à pouvoir marcher hors de la salle. En quelques conversations d'une simplicité et d'une élévation angéliques, il essaya de lui faire entrevoir les mystères de la religion.

Minette écoutait avec enthousiasme tous les récits de ce digne homme qui se sentait surpris de trouver dans un enfant idolâtre une âme toute chrétienne et pleine de vertus. Elle s'attendrissait partout avec le prêtre, son cœur agonisait au jardin des Olives, et elle pleurait avec les saintes femmes sur les pieds sanglants du Christ, mais, hélas! jamais elle ne put concevoir la vérité des histoires divines, et cesser de les confondre avec les fictions de la poésie. La lumière avait pénétré dans son esprit sans en chasser les folles visions; aussi celui qui voulait être son père spirituel attendait-il que ces ténèbres se fussent dissipées pour verser sur le front de Minette l'eau sainte du baptême. La jeune fille était devenue chère aux religieuses par son inaltérable douceur. Elle avait demandé les objets nécessaires pour broder, et pendant les deux mois qu'elle passa encore à l'hospice, elle acheva ue nappe d'autel qui excitait l'admiration de ces pieuses filles.

Si leurs vœux et ceux de l'aumônier avaient pu être exaucés, Minette serait entrée dans une maison religieuse pour y passer le temps nécessaire à son éducation chrétienne. Mais comme Capitaine n'avait survécu que quelques heures à sa chute, le sort de Minette avait dû être immédiatement fixé. Le directeur de la Gaîté avait obtenu qu'elle restât au théâtre en vertu de l'engagement signé pour elle par sa mère; et, à défaut de tous parents, on lui avait donné pour tuteur M. Lefèvre, le mari de la brodeuse qui demeurait dans la maison de la rue de la Tour. Lui et sa femme vinrent plusieurs fois voir Minette en lui apportant des friandises et des fleurs, et enfin, comme elle était tout à fait guérie de sa fièvre, M. Lefèvre, après avoir pris l'avis du médecin, se décida à emmener sa pupille. Sœur Sainte-Thérèse voulut expliquer à l'artisan qu'il ferait une œuvre méritoire en facilitant à la jeune fille les moyens de continuer à s'instruire des vérités religieuses, et de recevoir les sacrements. Mais aux premiers mots que lui répondit Lefèvre, elle comprit qu'elle devait renoncer à l'espoir de convaincre ce brave homme, profondément voltairien. Minette aurait ressenti un cuisant chagrin en disant adieu aux bonnes sœurs, et en quittant la triste et grande maison où, pour la première fois de sa vie, elle aurait trouvé le calme, si elle avait pu croire à la mort de ses parents, mais rien ne l'avait persuadée. Avant le jour où elle s'était évanouie sur le corps de son père, elle n'avait jamais vu la mort, et ce mot affreux n'avait aucune signification pour elle. Comme le seul livre qu'elle avait lu, comme les féeries dans lesquelles elle vivait au théâtre, les paroles du prêtre, qu'elle n'avait que vaguement comprises, lui avaient enseigné que toutes les épreuves sont passagères. Rien ne pouvait lui ôter de l'idée qu'elle reverrait ses parents, non pas tels qu'elle les avait laissés, mais redevenus bons et aimants, pareils enfin à ces personnages des drames qui dépouillent tout à coup les haillons du vice et de la misère pour apparaître souriants, étincelants de beauté et de jeunesse, et le cœur plein de joie.

— Mais, disait-elle au prêtre, ne m'assuriez-vous pas que ceux qui sont morts se relèveront pour goûter d'éternelles délices? Eh bien! si quelque bon génie a eu pitié d'eux, peut-être m'attendent-ils maintenant pour me faire partager leur bonheur?

N'ayant pu comprendre ni la mort ni la vie future, elle appliquait à notre vie terrestre toutes les diverses espérances de résurrection et d'existence purifiée qui nous donnent la force de supporter tous les maux. De même, elle prenait dans un sens purement matériel les saintes paroles qui nous montrent l'humilité et la résignation comme les plus puissantes de toutes les armes; aussi avait-elle hâte de revoir madame Paul, de qui sa superstition faisait un véritable ange du ciel. Elle ne savait pas que, pour porter le glaive à la main et la flamme au front, les âmes angéliques doivent avoir laissé à la terre leur dépouille mortelle. Elle croyait que sa bonne fée calmerait le feu qui lui brûlait la poitrine, puis, qu'elle la prendrait dans ses bras, et la porterait jusqu'au pays inconnu où l'attendaient les baisers de sa mère. Les nuages et les flots obéiraient, les rochers s'entr'ouvriraient pour laisser passer la belle enchanteresse. Et puis Minette rêvait aussi de le retrouver, *lui* à qui elle s'était donnée, en tout ce qu'elle connaissait d'elle-même, lui aux pieds de qui elle aurait voulu verser en une fois, comme le parfum d'un vase, tout le trésor de sa délicate jeunesse.

Sœur Sainte-Thérèse craignait beaucoup pour elle l'impression que lui ferait la vue des vêtements de deuil, modestes, mais très-convenables qu'on lui avait apportés. Elle n'avait voulu les lui montrer qu'au dernier moment, mais, ce moment venu, il fallait bien que Minette les mît pour sortir. Quoi que la bonne sœur eût supposé, les paroles de l'enfant furent bien autrement navrantes.

— Oh! la belle robe! c'est pour moi? s'écria-t-elle avec admiration. La pauvre petite ne savait pas ce que c'est que de porter le deuil; jusqu'alors on l'avait affublée de si misérables haillons, que la vue d'une robe de mérinos noir, d'un col et d'un bonnet en crêpe noir ne l'attristait pas! Elle ne s'était pas figuré qu'elle ne possèderait jamais, en dehors du théâtre bien entendu, une aussi riche toilette! Elle embrassa mille fois sœur Sainte-Thérèse en lui disant adieu, et celle-ci lui donna un petit crucifix de cuivre pareil à celui qu'elle portait elle-même à son chapelet.

— O ma chère fille, lui dit-elle en la serrant dans ses bras, et en lui tendant l'image du Christ, voilà le véritable talisman, le seul qui guérisse toutes les angoisses!

Une dernière fois encore, Minette tendit son front à la bonne sœur, et elle partit avec M. Lefèvre. Une demi-heure après, elle était de retour dans la maison où s'était écoulée sa triste enfance. Elle eut un serrement de cœur devant la porte du logement qu'elle avait habité avec ses parents, et demanda à M. Lefèvre la permission d'y entrer pour revoir les objets au milieu desquels elle avait vécu.

— Ma pauvre enfant, lui dit l'ouvrier, j'y consentirais bien volontiers, mais aucun de ces objets-là n'existe plus, pour toi du moins. A la mort de tes parents, il a fallu vendre leurs meubles pour payer les dettes qu'ils avaient laissées.

— Ah! dit Minette avec l'accent d'un vif regret.

— Ma foi oui, continua Lefèvre, on a mis un écriteau, et le logement a été loué tout de suite;

tions, à un acteur de ton théâtre, je crois, un chauve, pas jeune !

Certes, lors même qu'une fatalité invincible ne l'eût pas poussée à suivre sa destinée, Minette n'aurait pas reconnu à ce portrait, exact pourtant, *le beau Couturier*, l'idole de sa secrète passion.

— Ainsi, reprit-elle avec un air de doute, c'est bien vrai, mes parents sont morts? C'est-à-dire, n'est-ce pas, que je ne les reverrai jamais?

— Hélas! dit Lefèvre, tu n'as plus d'autre famille que nous, ni d'autre maison que la nôtre. Mais viens, ma femme t'attend.

Ils montèrent les quelques marches et entrèrent. Madame Lefèvre vint au-devant de Minette, qui fondit en pleurs, car en voyant sa maîtresse d'apprentissage, elle retrouva mille souvenirs de son enfance et de sa mère. La brodeuse fit à Minette un excellent accueil, et lui montra toute la bienveillance possible. Son mari avait tellement insisté auprès d'elle et auprès des ouvrières sur les recommandations du médecin, qu'il ne fut fait de près ni de loin aucune allusion à l'événement tragique par lequel avait péri Adolphina. Madame Lefèvre était d'ailleurs une très-bonne femme, n'ayant qu'un seul défaut, celui d'aimer l'argent avec idolâtrie. Et encore cette passion était-elle excusable chez elle, car elle avait deux fils pour lesquels elle rêvait un bel avenir : aussi comprenait-on la rapacité avec laquelle elle essayait d'entasser un trésor sou à sou.

— Ma petite, dit-elle à Minette, ici tu ne rouleras pas sur l'or, mais du moins tu ne seras ni injuriée ni battue. Tu auras pour te nipper tes petits appointements du théâtre, dont tu disposeras à ta guise. En attendant voici un peu d'argent qui te revient sur la vente. Tu es si habile ouvrière, que ton travail chez nous suffira à ton entretien et à ta nourriture ; mais, dame ! il faudra piocher ferme.

Le logement, situé au quatrième étage, était trop exigu pour qu'il fût possible d'y coucher une personne de plus. Lefèvre avait donc loué au-dessus, au cinquième, une toute petite mansarde dans laquelle il avait mis un lit de fer et une petite commode antique. Madame Lefèvre prit Minette par la main, et la mena voir cette chambre qui devait être la sienne, puis elle lui donna la liberté d'aller au théâtre. C'était justement l'heure de la répétition. Minette entra au foyer, où on s'empressa autour d'elle avec tout le respect inspiré par son malheur. Son premier regard tomba sur Couturier, un nuage passa devant ses yeux, et elle s'évanouit presque. Madame Paul la prit sur ses genoux, et la réchauffa à force de baisers.

— Ah! chère Paul, dit la jeune fille, n'est-ce pas que je reverrai ma mère? N'est-ce pas que tu me conduiras vers elle?

— Oui, oui, mon enfant, répondit l'actrice.

— Bientôt, n'est-ce pas, tu me le promets?

— Oui, bientôt, je te le jure.

En prononçant ces derniers mots, madame Paul pouvait à peine cacher l'émotion qui faisait trembler sa voix. Car elle venait de regarder Minette, si pâle et de nouveau si amaigrie, et elle se disait que bientôt en effet la pauvre enfant serait près de sa mère.

Le directeur vint aussi parler affectueusement à Minette.

— Ma chère petite, lui dit-il, tu auras au moins quinze jours de liberté, et je suis heureux que tu puisses les consacrer à ta douleur. Soigne-toi et repose-toi bien pendant ce peu de temps-là! J'aurais voulu t'en laisser davantage, mais c'est impossible. Je donne une grande pièce pour laquelle tu m'es indispensable, et où tu joueras pour la première fois le rôle de jeune fille. Je veux que tu y sois charmante, et ta bonne amie que voilà m'a promis de t'aider de ses conseils. — Tout en rougissant, Minette remercia de son mieux, et madame Paul, qui n'avait plus affaire au théâtre, voulut la reconduire elle-même. Elles sortirent donc sans que Couturier pût adresser un mot à Minette, mais il avait vu l'évanouissement de la jeune fille causé par sa seule présence; il étouffait de joie et d'orgueil. Il se mit à marcher avec agitation dans le foyer, en passant fiévreusement ses mains dans ses rares cheveux.

— Tiens, lui dit un de ses camarades, qu'as-tu donc, *le beau Couturier!* Est-ce que tu médites un crime?

— Oh? dit l'amoureux en souriant avec l'adorable fatuité qui avait fait sa gloire, je médite toujours un crime!

Il faisait un beau soleil, quoique l'air fût encore froid; on était au milieu d'avril. Madame Paul monta dans un fiacre avec Minette, et la conduisit au cimetière. Elle savait, elle, comme il fallait parler à cet enfant pour ne pas heurter les illusions qui la consolaient. Elle fit ce que le prêtre n'avait pas pu faire ; elle fit comprendre à Minette, autant que cela était possible, l'idée de la mort et l'idée de l'âme. Elles étaient arrivées devant la croix de bois qui indiquait la tombe d'Adolphina.

— Ainsi, dit Minette, en répondant à madame Paul, et en montrant la terre à ses pieds avec un geste d'effroi, ma mère n'est pas là, n'est-ce pas ?

— Non, dit l'actrice, mais puisque tu sais maintenant des prières, c'est ici que tu prieras pour elle. Mais, jamais seule ! Nous y viendrons ensemble !

— Oui, répondit Minette.

Madame Paul bénit alors les circonstances qui avaient laissé cette jeune âme s'égarer dans un monde tout idéal, car, grâce à cette ignorance de tout, Minette qui avait si peu de temps à vivre, ne saurait jamais qu'elle était la fille d'un criminel. Elle s'agenouilla sur la terre humide, et fit une courte prière. Minette l'imita. Puis elles partirent, et, après avoir cordialement embrassé sa protégée, madame Paul la quitta seulement à la porte de madame Lefèvre.

— Cher trésor, dit-elle; puisque tu m'appelles ta bonne fée, ne m'oublie jamais quand tu auras du chagrin.

— Oh! murmura Minette, jamais! Quand je souffrirai trop, je me mettrai à genoux, et je t'appellerai. Je suis bien sûre que tu sauras toujours venir à mon secours!

Et elle entra dans la maison, tandis que madame Paul lui envoyait pour dernière consolation son charmant sourire.

Et maintenant, avant d'écrire les dernières lignes de cette histoire (car le dénoûment en fut trop horrible pour ne pas devoir être raconté en quelques mots,) j'ai besoin de rappeler au lecteur que c'est la réalité elle-même qui nous montre certaines existences vouées tout entières à une infortune imméritée et implacable. N'est-ce pas là l'irréfutable argument que Dieu nous donne pour prouver que tout ne finit pas à la tombe! Ce qu'avait souffert jusqu'alors la jeune fille que je tâche de faire revivre n'était rien auprès de ce qui lui restait à endurer, car elle devait mourir comme elle avait vécu, martyre.

Encore toute tremblante pour ainsi dire du coup

qui avait failli la briser, troublée par les souvenirs qui abondaient dans sa tête brûlante, agitée par les mille idées confuses qui s'y pressaient au milieu des rêves et voulaient ouvrir leurs ailes encore captives, affaiblie par le mal qui la tuait, exaltée par l'amour tyrannique qui s'était emparé de tout son être, Minette s'était remise à sa vie laborieuse, et travaillait avec un acharnement qui aurait satisfait une maîtresse plus exigeante encore que madame Lefèvre. Pendant tout le jour, elle brodait avec cette activité fébrile qui endort la pensée, et, ne voulant songer à rien, elle s'absorbait dans cette tâche, qui, heureusement, demandait assez d'application et d'attention délicate pour endormir son âme. Elle avait beau s'apercevoir que sa force la trahissait, car, à peine levée, elle sentait ses membres engourdis par la fatigue et luttait contre de dévorantes envies de sommeil, elle avait beau retirer de ses lèvres son mouchoir, taché par de légers filets de sang, elle persistait, s'enivrant de la fatigue elle-même, jusqu'à ce que les feuillages et les fleurs de sa broderie arrivassent à l'affoler et à lui faire perdre le sentiment des choses extérieures. Ravie de cette application effrénée, madame Lefèvre se montrait très-bonne envers l'orpheline, car, les intérêts d'argent sauvegardés, elle était au demeurant, comme je l'ai dit, la meilleure femme du monde. Pendant les repas, tout le monde était affectueux pour Minette, et le soir, on lui laissait la meilleure place près de la lampe. La journée finie, elle montait à sa petite mansarde, engourdie par la lassitude, s'agenouillait devant son crucifix de cuivre en récitant les prières que l'aumônier de Saint-Louis lui avait apprises, et s'endormait de ce sommeil des malades que peuplent des songes accablants. C'est alors que tous les prestiges de féerie apparaissaient devant elle en se mêlant d'une façon douloureuse à sa propre histoire, et chaque nuit le même rêve venait la jeter dans l'épouvante. Après avoir traversé mille embûches, avoir échappé à la dent des lions et aux maléfices des génies cachés dans les noires forêts, après avoir atteint le rivage sauveur malgré la fureur des flots battus par la tempête, après être sortie vivante des flammes débordées, elle arrivait enfin dans une clairière sauvage où la pluie tombait à torrents, et où flamboyaient les éclairs. Là, son père était couché comme elle l'avait vu, sans mouvement. A côté de lui Adolphina, le visage sanglant, les cheveux épars, tournait vers Minette ses yeux éteints. Des monstres aux gueules enflammées, aux dents menaçantes, allaient s'élancer vers eux pour les déchirer. En vain Couturier, couvert d'une armure d'or, agitait son épée pour les mettre en fuite; en vain madame Paul, accourue dans les airs sur une nuée étincelante, étendait sa main protectrice; les parents de Minette ne pouvaient être sauvés que par elle, car elle seule possédait le talisman qui pouvait mettre en fuite les visions infernales.

Ce talisman, c'était l'amulette que lui avait donnée madame Paul.

Mais au moment où elle voulait y porter la main, une femme que Minette revoyait chaque nuit avec les mêmes traits, se dressait devant elle, et la glaçant de frayeur, la forçait à rester immobile. Alors elle s'éveillait, les yeux rouges, le gosier brûlant, et comme étouffée. Même après qu'elle avait ouvert sa fenêtre, il se passait cinq ou six minutes avant qu'elle pût respirer avec liberté, et alors elle toussait si longtemps que parfois elle tombait inanimée sur le bord de sa couchette. La femme que Minette voyait ainsi était belle, mais de cette beauté cruelle et funèbre que nous attribuons aux divinités farouches. Sa haute taille, sa pâleur, ses yeux et ses cheveux noirs comme la nuit, ses lèvres menaçantes, ses mains et ses bras blancs comme un linge, la faisaient ressembler à ces magiciennes qui composent leurs philtres aux mouvantes clartés de la lune.

Quand Minette n'était pas obsédée par ce rêve, alors c'en étaient d'autres encore plus sinistres, dans lesquels cette ennemie inconnue la poursuivait toujours. Tantôt elle enfonçait un couteau dans la poitrine de la jeune fille, qui sentait le froid de l'acier ; tantôt elle laissait échapper de sa main un serpent qui se glissait dans le sein de Minette et lui mordait le cœur. Minette torturait sa mémoire pour se rappeler quelle était la personne dont le spectre la tourmentait ainsi, et ses efforts restaient toujours inutiles, car en effet elle n'avait jamais vu cette femme. Mais quand le drame de leur vie se presse vers son dénoûment, les âmes exaltées reçoivent presque toujours le don de voir dans un avenir prochain, soudainement éclairé par des pressentiments funestes. Voici comment ceux de Minette se réalisèrent.

Elle quittait ses hôtes et remontait chez elle vers dix heures. Un soir d'orage, que le vent soufflait avec force, elle eut tellement peur dans sa chambre qu'elle eut envie de redescendre chez madame Lefèvre ; mais elle recula à l'idée de l'éveiller. N'osant pas non plus se coucher, elle se mit à travailler à une broderie commencée, sans faire un mouvement et sans lever les yeux. Plus le temps s'écoulait, plus son malaise augmentait, car ses songes étaient devenus cette fois des hallucinations, qui la tourmentaient même dans la veille. Aussi s'aperçut-elle avec un véritable désespoir que sa bougie finissait, et qu'elle allait rester plongée dans l'obscurité. Elle résolut alors de descendre dans la rue, quoiqu'il fût près de minuit, pour acheter elle-même d'autres bougies, et elle y courut avec le courage fiévreux que donne pour un instant l'excessive frayeur. Comme elle remontait l'escalier, en passant sur le carré du troisième étage, une habitude invincible lui fit tourner les yeux vers la porte du logement qu'elle avait habité avec ses parents. Il y avait de la lumière dans ce logement, dont la porte était entr'ouverte, et Minette aperçut à l'entrée de la première pièce, Couturier, qui l'appelait par un geste silencieux. Sans plus réfléchir que l'oiseau fasciné, elle courut vers son amant. La lumière était déjà éteinte. La porte se referma, Minette enlacée par les bras de Couturier retrouva l'impression poignante que lui avait causée au théâtre le premier baiser qu'elle avait reçu, et dont elle avait failli mourir.

Elle s'était donnée comme se donne une vierge amoureuse, sans calcul, sans regret, sans lutte possible. Pendant les premiers jours de cette liaison, il lui semblait qu'elle venait de naître, tant elle était heureuse! Quelques instants avant l'heure où Couturier rentrait du théâtre, elle descendait chez lui en retenant son souffle. Les minutes lui semblaient des siècles; elle se jetait au cou de son amant comme s'il lui eût apporté la vie, et il lui jouait si bien la comédie de la passion qu'elle se croyait adorée. Mais, qui ne le devine ? bientôt Minette subit le sort des pauvres créatures liées à des hommes sans cœur ; elle ne fut plus qu'une victime et un objet dédaigné. Elle retrouva avec horreur l'image de son père dans le misérable toujours ivre et furieux qu'elle ne pouvait s'empêcher d'aimer. Presque toujours, elle remontait chez elle le matin glacée et mourante, les yeux perdus, après avoir attendu inutilement toute la nuit Couturier, qui n'était pas rentré. Il ne la voyait plus que pendant quelques instants, à de rares intervalles, pour la brutaliser et lui voler le peu d'argent qu'elle possédait. Il lui avoua même cyniquement qu'il avait un autre amour, et poussa la cruauté jusqu'à se faire parer par Minette elle-même, quand il allait voir la femme pour qui il l'avait abandonnée. Madame Lefèvre ne tarda pas à s'apercevoir de l'intelligence de sa pupille avec Couturier ; mais poussée par son avarice, qui l'engageait à ne pas perdre sa meilleure ouvrière, elle ne dit rien. Seulement, elle manifesta dès lors à Minette autant de haine qu'elle lui avait jusque-là montré d'amitié, et l'accabla de travail, sans vouloir remarquer l'épuisement de ses forces. Arrivée à la suprême sérénité du désespoir, Minette qui crachait le sang, et sentait son courage s'évanouir tout à fait, s'élançait en idée vers la région où elle devait retrouver sa mère ; et ne vivait plus que par ses aspirations ardentes.

C'est alors qu'elle reçut, avec un petit mot aimable du directeur de la Gaîté, un bulletin de répétition pour la pièce nouvelle. L'ouvrage était prêt, car il avait été monté et mis en scène pendant que Minette était à l'hôpital. On devait reprendre les répétitions pendant une huitaine de jours seulement, tant pour elle que pour une actrice nouvellement engagée, nommée Bambinelli. Cette Italienne arrivait de Marseille, précédée d'une grande réputation à plus d'un titre, car elle s'était enfuie de Milan quelques années plus tôt, sous l'accusation d'avoir empoisonné un officier autrichien. Lorsqu'en la voyant, Minette reconnut la menaçante beauté qui avait si cruellement désolé ses rêves, elle comprit qu'il allait se passer dans sa vie quelque chose de terrible, car la Bambinelli était la nouvelle maîtresse de Couturier. Aux regards pleins de haine que cette femme lui jeta d'abord, la jeune fille se sentit perdue. Elle jouait le rôle de l'héroïne dont la destinée se débattait entre la bonne et la mauvaise fée, madame Paul et la Bambinelli! Celle-ci qui savait avoir eu Minette pour rivale, car Couturier avait habilement fait valoir son prétendu sacrifice, la traitait avec le dédain le plus insultant, et semblait réellement lui adresser les menaces et les injures que contenait son rôle. Parfois ses regards et ses gestes causaient à Minette un tel malaise, qu'elle fondait en larmes, et se jetait dans les bras de son amie, qui seule avait le don de la consoler.

Il y avait dans la nouvelle féerie un *vol* assez dangereux ; on imposait alors aux actrices des petits théâtres ces exercices périlleux, que les danseuses et les mimes exécutent seuls aujourd'hui. Cette fois encore, Minette devait traverser le théâtre à une très-grande hauteur, suspendue par des fils de fer. Chaque fois que cela fut essayé, elle ressentit malgré elle un effroi inconnu, car il lui semblait que les yeux de son ennemie l'attiraient en bas, et devaient la précipiter. Mais la présence de madame Paul la rassurait. Pourtant, le soir de la représentation arrivé (après une belle journée de mai), le cœur lui manqua à ce moment. Elle ne put trouver madame Paul, qui était malheureusement occupée à un changement de costume, et se vit dédaigneusement toisée par Couturier qui passait dans les coulisses. Elle alla à lui.

— Je t'en supplie, embrasse-moi, lui dit-elle en lui prenant la main dans ses petites mains, et avec une expression qui eût fait pleurer les anges.

Comme le machiniste Simon venait accrocher les fils de fer à la ceinture de cuir cachée sous sa robe, Minette crut voir un regard affreux échangé entre lui et la Bambinelli. Involontairement, elle ferma les yeux en entendant la réplique qui précédait son apparition aérienne. Il se fit un bruit épouvantable, et il sembla à tous les spectateurs que pendant une seconde il avait fait nuit dans la salle. Les anciens habitués du boulevard se rappellent encore ce sinistre événement, arrivé en 1829, et l'horreur qu'il excita. Les fils de fer s'étaient rompus ; Minette était brisée, morte sur les planches. Le sort de cette Psyché inconnue ne fut-il pas celui de la Poésie ignorante d'elle-même, toujours assassinée par les violences brutales de la vie?

SYLVANIE

SYLVANIE

l y a aux portes de Paris, à Villeneuve-Saint-Georges, de beaux paysages au milieu desquels la Seine se déroule si blanche et si limpide qu'on la prendrait pour la Loire, et sur les bords enchantés du fleuve, des châteaux si paisibles et si bien entourés de parcs touffus, qu'on les croirait ensevelis dans les solitudes féodales de l'Allier ou du Berry.

Par une chaude soirée de mai, où le soleil noyait d'or toute la campagne, au fond d'une de ces retraites quasi-royales que le voyageur admire en passant, deux personnes étaient réunies dans un petit salon situé au premier étage et donnant sur le parc assombri par les masses bleuâtres des arbres séculaires.

L'une de ces deux personnes était une femme de trente-cinq ans, encore belle, qui, depuis quelques instants déjà, semblait lutter silencieusement contre l'obsession d'une crainte amère.

Par intervalles, elle jetait de longs regards pleins de tendresse et de mélancolie sur Raoul de Créhange, son fils, beau jeune homme de dix-huit ans à peine, qui, assis les bras nus devant un petit piano moderne, promenait avec distraction ses doigts sur le clavier, et semblait trahir ses pensées intimes par des mélodies confuses et inachevées. On voyait que madame de Créhange avait dû être d'une beauté parfaite. Elle était brune; ses traits fins et arrêtés, ses cheveux abondants, ses grands cils, sa lèvre supérieure légèrement estompée, sa bouche rouge comme une fleur, ses dents blanches, et deux ou trois signes noirs jetés au hasard sur ses joues comme les mouches du XVIIIe siècle, tout en elle contribuait à répandre ce charme infini qui émane des femmes brunes, quand l'expression de leur visage n'est pas trop dure ou trop sensuelle. On ne pouvait pas même reprocher à cet ensemble harmonieux le léger embonpoint amené par l'âge ; car il aidait encore à faire ressortir, par une heureuse opposition, les extrémités finement attachées et la grâce calme des mouvements.

Raoul de Créhange était le portrait exact de sa mère, que cette ressemblance rendait justement orgueilleuse. Seulement, la bouche de Raoul avait les extrémités plus spirituelles, ses yeux jetaient plus de flammes, son front était plus large et plus développé, et ses cheveux épars étaient de cette belle nuance d'un blond foncé que tous les peuples nous envient.

Fille unique et dernière héritière d'une famille riche et noble, mademoiselle Noémi de Geffré avait épousé à quinze ans, par amour, un jeune homme beau, riche et noble comme elle. Deux ans après, aux plus belles heures de cette union charmante, M. de Créhange était mort, enlevé tout-à-coup par une maladie cruelle. Désormais inconsolable, madame de Créhange avait concentré sur Raoul toute sa tendresse et n'avait vécu que pour lui. Comme tous les enfants bien nés, il était déjà un enfant accompli. Il grandit sans aucune de ces timidités farouches et de ces demi-misères qui courbent le front des jeunes hommes de ce temps. A seize ans, Raoul était un homme fait, heureux, fort, croyant à tout, aimant la vie, montant les chevaux les plus fougueux, tirant l'épée comme un vaillant, et comprenant tous les arts dans leur plus délicate essence.

Mais, depuis près d'une année, un grand changement s'était manifesté dans ce caractère si insoucieux. Tout-à-coup, Raoul était devenu sombre et taciturne ; il se plongeait dans de longues rêveries, et négligeait tous les exercices du corps. De là venaient la tristesse et le chagrin de madame de Créhange, qui d'avance tremblait pour sa chère idole, et n'osait plus se sentir heureuse. C'est là ce qui lui faisait épier avec une sollicitude inquiète la rêverie de son fils au moment où nous avons commencé ce récit.

Bientôt les doigts distraits de Raoul cessèrent de faire résonner les touches du piano. Le jeune homme laissa tomber les bras le long de son corps, et, les yeux fixés au ciel, s'absorba longtemps dans la contemplation muette des splendeurs du soleil couchant. Sa mère se leva de son fauteuil sans que Raoul détournât les yeux, et vint prendre une de ses mains, qu'elle tint dans les siennes. — Raoul ! dit-elle, d'une voix douce.

Le jeune homme s'éveilla comme d'un songe, et baisa avec effusion les mains de sa mère. Madame de Créhange se rassit, et quand son fils se fut posé à ses pieds, sur un petit tabouret de tapisserie, elle jeta sur lui un regard plein de ces trésors d'affection qui devraient désarmer le sort, puis elle parut faire un grand effort sur elle-même, et enfin, elle parla : — Raoul, dit-elle, tu sais combien je respecte ta liberté. Je ne veux avoir des mères que la tendresse. Mais ne dois-je pas aussi partager tes peines, moi qui t'ai dû toutes mes joies ?

Et en parlant ainsi, madame de Créhange priait si bien, avec le regard et la voix, qu'elle était irrésistible. Elle continua. — L'amour, n'est-ce pas ?

— Oui, répondit le jeune homme d'une voix altérée. Oh ! ma mère ! ma mère ! ajouta-t-il avec des sanglots, ayez pitié de moi ! si vous saviez comme je souffre !

Raoul semblait près de succomber à son émotion. ses yeux secs le brûlaient. Mais enfin, il put pleurer ; il baissa la tête et versa des torrents de larmes. Quand il revint un peu à lui, il appuya son front dans ses deux mains, et s'écria au milieu de ses sanglots :

— Sylvanie ! Sylvanie !

Madame de Créhange prit la tête de Raoul dans ses mains, et à plusieurs reprises lui baisa le front avec une terreur folle.

— Malheureux enfant! s'écria-t-elle. Madame de Lillers? Ah! mieux vaudrait une courtisane! elle n'a pas de cœur!

Madame de Créhange n'osait rien dire pour consoler Raoul; elle voulut du moins pleurer avec son fils. Elle pleurait et leurs larmes se mêlaient dans le silence.

On frappa à la porte. C'était Julien de Chantenay, le meilleur ami de Raoul de Créhange et de sa mère. Raoul essuya ses larmes et s'enfuit précipitamment.

— Julien, Julien, dit madame de Créhange, voyez mon pauvre enfant; oh! comme il est malheureux! il aime... O Julien, savez-vous qui? Sylvanie de Lillers! allez le consoler, n'est-ce pas? Il faut qu'il vous dise tout. Oh! il ne refusera pas, j'en suis sûr, il vous aime tant!

— Hélas! madame, répondit Julien, vous réveillez toutes mes craintes. Notre pauvre Raoul est perdu. Vous connaissez madame de Lillers; vous savez son admirable beauté, sa pâleur qui la fait ressembler à une morte. Eh bien! jamais aucune émotion n'a mis de roses sur ce visage impérieux ; ses dents sont des perles, mais elle n'a jamais souri. Ses yeux verts et profonds comme la mer ne s'animent jamais sous l'arc inflexible de ses sourcils, et le vent lui-même ne ride pas ses magnifiques cheveux. Tout est mystère chez cette femme. Quand M. de Lillers mourut, à la suite d'un duel toujours inexpliqué, la belle Sylvanie n'a pas sourcillé en voyant la tête sanglante et fracassée de celui qui la rendait heureuse. Hélas! voilà la femme que Raoul aime d'un tel amour!

— Ah! qu'ai-je fait! s'écria madame de Créhange frappée d'une réflexion soudaine, elle doit venir ici, elle! et c'est demain même. O Julien, j'ai pu ordonner une fête et inviter madame de Lillers, j'étais donc folle! Mais non, certes, je ne veux pas voir cette créature maudite. Grâce au ciel, il est encore temps de prévenir ce nouveau malheur : je vais écrire!

— N'en faites rien, madame. Au point où en est venue la passion de ce malheureux enfant, l'absence est funeste. La froideur de Sylvanie le déchire, mais il meurt en ne la voyant pas.

— Mon dieu! mon dieu! s'écria encore madame

de Créhange, véritablement désolée et semblable à une Niobé qui voit tomber son dernier enfant.

Julien descendit à la hâte et se mit à chercher Raoul qui était allé cacher sa profonde tristesse sous les épais massifs du parc. Il faisait alors tout-à-fait nuit, et la lune argentait faiblement les contours des feuillages découpés.

Julien de Chantenay était, dans toute la rigueur du mot, un gentilhomme. Il terminait dignement une race illustre. Une entière conformité de goûts et d'idées l'avait rapproché de Raoul, auquel, malgré une assez grande différence d'âge, il avait voué une amitié toute fraternelle. Plus tard, quand il connut madame de Créhange, il ne put résister aux charmes de sa beauté et de son esprit, et en devint éperdument amoureux. Ce fut une de ces passions qui remplissent la vie et la brûlent jusqu'au dernier soupir. Mais Julien savait le cœur de madame de Créhange fermé à tout amour; il ne parla jamais. La noble femme sut apprécier ce silence et voua à Julien une amitié inaltérable. Au milieu de cette famille de son choix, Julien de Chantenay vécut aussi heureux qu'on peut l'être avec une passion sans espoir, jusqu'au jour où une autre passion plus fatale encore le fit trembler pour Raoul, qu'il chérissait comme son seul ami, et aussi comme l'enfant d'une femme idolâtrée.

Raoul s'était assis sur un vieux banc de pierre, humide et couvert de mousse. Julien le prit par le bras et le ramena au château à pas lents. Quand les deux jeunes gens furent rentrés et installés dans la chambre de Raoul; quand les bougies brillèrent dans les flambeaux d'argent, et jetèrent leurs vives lueurs sur la tenture de Perse aux fleurs luxuriantes, Julien parla le premier, en posant ses pieds sur les chenets polis où venait déjà se mirer la flamme, car à la campagne on a encore la bonne habitude de faire du feu toute l'année.

— Raoul, dit-il, il faut te confier à nous; ta mère est désolée. Je sais combien il en coûte pour remonter le cours de ses espoirs et de ses désenchantements; mais il le faut. Ton cœur se brise et ne peut contenir cet ennui qui le déborde. Dis-moi toutes tes folies, toutes tes misères, bien patiemment, une à une, et je les écouterai en frère; mon cœur sera avec le tien. C'est une bien triste histoire, n'est-ce pas?

— Oh! bien triste en effet, dit Raoul, mais écoute-la. Au fait, qui pourrait me comprendre et me soulager, sinon vous deux, les seuls êtres qui m'aimiez? Pardonne-moi seulement le désordre de mes souvenirs.

Tu connais Sylvanie; c'est chez ma mère, dans un bal, que je l'ai vue pour la première fois. Au milieu de toute cette gaze, de tout ce satin, au milieu de ces fleurs, de ces perles, de ces diamants, de cette lumière tumultueuse qu'un bal parisien fait tourbillonner devant les yeux lassés; au milieu de cet enivrement de parfums, de mains gantées, de blanches épaules, seule, madame de Lillers se détachait comme une figure pensive. En l'apercevant, je vis passer devant moi toutes nos idées sur le calme et la majesté de l'art antique. Jamais je n'avais vu à un être vivant une bouche aussi rigide; j'admirais surtout, avec une sorte d'effroi, ces beaux cheveux fauves que tu lui connais, et qui ne semblent pas appartenir à une mortelle : des cheveux de déesse païenne ou de sainte extasiée. Dès qu'elle parut, je sentis que ma volonté était morte et mon âme enchaînée. Toute la nuit, malgré moi-même, mes yeux furent attachés sur les siens.

Étrange femme! Elle était vêtue pour le bal; mais sa robe avait l'air d'une chlamyde. Sur elle la gaze devenait pierre. On chantait et elle chantait; on dansait, et elle dansait : la valse l'entraînait comme tout le monde dans ses mille replis; mais au milieu

de son chant, au milieu de sa danse, elle semblait
comme emprisonnée dans les liens d'un rhythme inflexible. C'était une ode vivante. Quand sa voix se
jouait dans les mille difficultés italiennes, on croyait
par moments à son émotion, et son émotion vous
gagnait ; mais on sentait bien vite qu'elle n'atteignait les cordes des pleurs qu'à force de précision
et de calcul, et on avait honte d'être ému. Chez elle,
la voix, cette seconde âme, n'était qu'un instrument
bien réglé. A la fin du bal, à ce moment des yeux
noyés, des fleurs brisées, des mains furtives, je
croyais parfois la voir entraînée, comme nous tous,
par la musique, par ces dernières clartés qui luttent
avec le jour naissant, par ce magnétisme de l'amour
qui circule dans les mains frémissantes ; mais alors,
elle exécutait quelque pas difficile avec une grâce savante et ingénue, et en relevant la tête, je retrouvais sur sa figure son invariable demi-sourire de
nymphe héroïque.

Je te dépeins aujourd'hui cette femme comme
elle est, Julien, mais non comme je la vis alors. Ce
jour-là, elle m'apparut comme une harmonie au
milieu de l'harmonie, comme une lumière dans la
lumière, comme un chant au milieu de mes rêves
poétiques. Quelle qu'elle fût, je l'aimais avec adoration. Depuis, je la revis tous les jours ; le soir aux
deux Opéras, où chacun la remarquait, l'adorait de

loin, un large bouquet de lilas blanc à la main en toute saison, penchée au bord de sa loge dorée, semblable à une fleur d'albâtre dans une coupe d'or; dans le jour, malgré le peu de sympathie de ma mère pour madame de Lillers, j'entraînai ma mère chez elle. Enfin, quelquefois j'y allais seul. Nous faisions de la musique ensemble. J'essayai de lui dire mon amour avec la langue divine de Rossini et de Mozart. O folle Rosine ! O Anna ! O Desdemone !

Elle était tout cela pour moi; sa voix seule était pour moi un orchestre, une tragédie. Oh ! comme j'entendais résonner dans mon âme les harpes de la mélancolie et de la tristesse, les flûtes et les clairons de l'amour vainqueur ! Julien ! Julien ! te dirai-je toutes mes alternatives de triomphe et d'abattement ! Mon amour était toute ma vie, il éclatait dans ma voix, dans mes gestes, dans mes regards que je ne pouvais maîtriser. Elle le lisait à livre ouvert. Moi aussi, il me semblait parfois qu'elle laissait aller son âme à cette douce pente; je croyais entendre trembler sa voix; puis tout-à-coup elle redevenait la statue implacable dont je t'ai parlé et alors il me semblait avoir rêvé.

Quelquefois, quand j'arrivais, elle m'accueillait avec impatience, avec amertume; elle m'avait attendu une heure à sa fenêtre comme une Elvire désolée ; je voulais me justifier et elle ne m'écoutait plus ; elle me parlait de modes et de parures. J'étais à l'agonie. D'autrefois elle avait oublié qu'elle m'attendait, elle me traitait comme un étranger ; et cependant elle me demandait compte de mes regards, de mes pensées, et je lui expliquais tout ; je me justifiais, je lui appartenais comme un esclave. Souvent elle se laissait entraîner sur le terrain charmant des causeries d'amour ; alors il semblait qu'elle avait sur les lèvres quelque parole venue du cœur ; puis elle s'arrêtait tout-à-coup comme si elle avait oublié ce qu'elle allait dire. Elle me renvoyait avec quelques brimborions, que sais-je ? une fleur fanée, un gant flétri, un vieux ruban. J'étais fou de joie alors. Et le lendemain je voyais quelque sigisbée mal accroupi sur un mauvais cheval galoper près de la calèche de Sylvanie ; et elle lui répondait avec toutes ses grâces, elle était belle pour lui et ne semblait plus me connaître.

Je ne sais combien cela dura de temps ; mais, si cela avait duré un jour de plus, je serais mort. Enfin un soir, un soir d'été, je m'en souviens, nous étions seuls, il faisait nuit ; elle s'était amusée pendant des heures entières à me torturer avec ses jalousies feintes, à m'élever sans cesse dans les cieux d'or de l'espérance pour me faire tomber après dans les abîmes sans fond du doute. Je n'y tenais plus, j'avais le cœur brisé, et je sentis tous les vagues bouillonnements de l'orgueil se révolter dans mon sein comme un océan.

— Mais, madame, m'écriai-je enfin avec épouvante, je ne vous ai rien demandé, moi!

— Mais, moi, je t'aime, Raoul! me dit-elle avec un grand cri.

Et j'étais déjà à genoux, et elle était déjà près de moi, ses deux mains dans mes cheveux, ses deux yeux dans mon cœur. Oh! qu'elle était belle alors, Sylvanie! La chambre était obscure; et pourtant Sylvanie, toute radieuse, était dans la lumière comme l'ange de Rembrandt!

Eh bien, Julien, te le dirai-je, malgré l'extase et le ravissement qui m'inondaient, ce mot charmant qu'elle m'avait dit tout haut et la première ne me fit pas tout le bien que j'aurais cru quand je songeais à ce double aveu comme à un bonheur inespéré. Mais comme elle me rassura! Comme elle avait bien l'esprit du cœur! Ce soir-là elle fut tout amour; je me crus transfiguré, et en la quittant il me sembla que j'avais des ailes.

Eh bien! dès que l'air froid de la rue frappa mon

front, tout l'édifice de mon bonheur s'écroula comme un château de cartes. Tout changea de forme à mes yeux ; et à mesure que je me rappelais froidement la démarche, la voix, les mots de Sylvanie, je pus croire qu'elle avait joué une scène d'amour.

C'est ainsi que je vivais dans des alternatives perpétuelles d'enivrement et de fureur.

Et quand elle se fut donnée à moi, quand je fus son amant, il faut bien dire ce mot-là, puisque tout finit par la réalité brutale, oh ! c'est alors que ce fut bien pis encore ! Moi, sortant de ses bras, humide encore de ses baisers, elle me traitait comme un laquais devant ses laquais et devant ses complaisants aux visages de poupées ! O honte ! Elle inventait des cruautés horribles sans aucun but, à propos de rien, des chimères impossibles. Elle me reprochait d'embrasser ma mère. Si je lui demandais humblement l'explication de quelque acte inouï, elle semblait d'abord vouloir dissiper mes craintes, puis elle me fermait la bouche avec une de ces injures doucereuses et polies par lesquelles les femmes exercent jusqu'à l'abus la tyrannie de la faiblesse. Ou bien elle s'égarait dans une suite de mensonges si grossiers, de raisonnements si diffus et si vides de sens, que je renonçais à l'y suivre. Je cherchais alors avec stupeur quels étaient son but et sa pensée, ce qu'elle voulait et comment une femme ose agir de la sorte et vous dire de semblables choses en face, sans rougir de honte; avec tout cela elle était pleine de charme et je l'adorais. Que dis-je? Je l'aime encore comme au premier jour! Ô Julien !

Je me suis souvent demandé, dans le silence de mes nuits sans sommeil, comment, avec un noble cœur, on peut continuer à aimer une femme qui vous hait, qui vous trompe, et qui ne dissimule ni ses haines ni ses tromperies; une femme qui est spirituelle et ingénieuse comme les fées, et qui a le courage de vous dire des inepties quand votre âme saigne? Pourtant cela est ainsi; je l'ai vu, je le vois, je le sens.

— Raoul, dit Julien, ne serait-ce pas parce que notre esprit et notre cœur, à nous autres hommes, sont logiques même dans leurs passions et dans leurs rêveries, et veulent arriver logiquement à la solution de tout problème? On éprouve, n'est-ce pas, un désir continu de s'expliquer la cause de tant de paroles et d'actions niaisement cruelles et audacieusement incohérentes. Le jour où l'on saurait ce qu'il y a dans la pensée d'une femme quand elle agit ainsi, ce jour-là, on ne l'aimerait plus; on n'aurait plus ni curiosité, ni haine, mais du mépris.

— Je le crois, dit Raoul tout pensif.

— Malheureusement, dit Julien, on ne le devinera jamais.

— Pourquoi ?

— Les femmes l'ignorent elles-mêmes ; elles se font naïvement criminelles. Faites tout entières de nerfs et de sensations, elles ne peuvent vouloir le bien qu'en obéissant à leur inspiration spontanée, ou aux préceptes qu'on leur a enseignés. Le raisonnement les conduit presque toujours à des paradoxes inhumains jusqu'à la démence.

Mais, ajouta Julien, ne nous perdons pas dans de vaines théories ; n'inventons pas à grand'peine des aphorismes cent fois plus cruels que le souvenir lui-même de la douleur. Malgré le mal que cela te fait, continue le récit de ces poignantes angoisses ! Il me semble que les cœurs vraiment bien placés deviennent meilleurs encore et très-indulgents en se ressouvenant à froid des mille tortures que leur a infligées la jalousie.

— Oh ! oui, reprit Raoul, qui de tout cela n'entendit qu'un mot, la jalousie, c'était mon mal ! mal horrible que tout envenime. Oh ! je sais tout ce qu'on cherche, tout ce qu'on découvre, tout ce qu'on suppose quand on est jaloux ! les mots surpris, entendus à demi, les espionnages suivis d'affreux remords, les lettres cachetées qu'on tourne et retourne dans la main en écumant de rage, les nuits passées sous une fenêtre, les pieds dans la boue ; et les femmes qui *lui* ressemblent et qu'on voit pour *elle* d'un bout à l'autre du boulevart, ou aux Champs-Elysées dans une calèche qui s'envole ! J'ai compris toutes les hyperboles des poètes. J'étais, comme ils disent, jaloux de l'eau de son bain où mon imagination faisait ondoyer près de son beau corps une naïade amoureuse ; j'étais jaloux du fruit vermeil que déchiquetaient ses dents d'ivoire ; jaloux de la brise qui vient soulever follement ses petits cheveux, tendres comme un duvet, qui estompent les tempes et la nuque, et que le peigne oublie. Quel tourment que la jalousie qui flaire, qui poursuit, qui traque une proie invisible et qui cherche à dévorer, et qui ne sait à quoi s'en prendre !

— Et quand on le sait, dit Julien, n'est-ce pas cent fois pis encore ? Si tu avais été jaloux de quelqu'un !

— Je l'ai été, reprit Raoul. Il y avait habituellement chez madame de Lillers un jeune homme parfait, M. Armand de Bressoles, que j'ai aimé d'abord comme un frère. C'est un jeune officier de spahis, grave comme les hommes qui ont souvent vu la mort de près, et doux comme ceux qui l'ont affrontée gaiement. Son esprit, qu'il semble vouloir cacher, se trahit par des lueurs exquises, et l'on résisterait difficilement à l'expression de loyauté virile qui anime son fier et mâle visage. Nous nous étions liés en quelques heures ; notre rivalité nous sépara pour toujours.

Madame de Lillers me disait qu'elle devait souffrir les assiduités de M. de Bressoles pour mieux cacher notre amour. J'ai su plus tard qu'elle se servait d'une raison semblable pour expliquer à M. de Bressoles la nécessité de ma présence chez elle. Tous les deux nous cherchions une certitude, nous n'osions aborder une explication, et nous nous observions comme deux ennemis involontaires qui regrettent de ne pouvoir s'aimer. Enfin, un matin que je sortais de l'hôtel de Lillers par la petite porte des jardins (le soleil se levait, l'air était embaumé et les oiseaux chantaient délicieusement dans les branches), je vis appuyé contre un mur, pâle, échevelé, Armand de Bressoles, qui avait attendu là toute une nuit pour voir ce qu'il voyait. Nous allâmes chercher deux amis communs que nous trouvâmes encore couchés, et nous nous rendîmes en fiacre au bois de Vincennes. Armand était si navré déjà, si tremblant, qu'il pouvait à peine tenir son épée. Aux premières passes, je l'atteignis au-dessus du sein gauche, et il tomba. Oh! c'est alors que je frissonnai d'horreur en voyant le linge ensanglanté, les lèvres blanches, les doigts crispés de ce jeune homme si beau, qui gisait là, par terre, comme un lys coupé par une faucille.

Dès qu'Armand fut rétabli, nous nous présentâmes ensemble chez madame de Lillers. Nous avions eu l'affreux courage de lire tous deux ensemble, à haute voix, les lettres qu'elle nous avait écrites à tous deux. Nous nous attendions à des cris, à des pleurs, à d'incroyables feintes dont notre ressentiment déjouerait l'habileté.

Sylvanie nous reçut en reine offensée, froidement, dignement, avec l'air candide d'une vierge et l'imperturbable aplomb d'une courtisane. Elle sourit dédaigneusement de nos accusations, refusa tout-à-fait de s'expliquer, et nous ferma la bouche avec de détestables lieux communs qui ne se donnaient pas la peine d'être adroits. Puis, elle sortit majestueusement, en poussant une porte à deux battants avec un beau geste tragique, nous laissant tous les deux irrités et confus comme des coupables.

Eh bien! le croirais-tu, après avoir laissé, tous les deux ensemble, dans cette maison, notre honneur déchiré en lambeaux sous les pieds de la même femme, nous eûmes tous deux la lâcheté.... oh! qu'il faut de courage! la lâcheté de retourner, chacun en nous cachant, chez cette femme tant aimée, et de l'aimer comme auparavant! Mais nous nous redoutions comme deux complices, et le regard de l'un faisait rougir l'autre comme un gant jeté à la face! Enfin, je résolus de m'arracher décidément à cette horrible vie, dans laquelle je me sentais devenir envieux et lâche. Je cessai de voir Sylvanie; je ne décachetai aucune de ses lettres; toutes ses instances furent vaines. De peur de succomber, j'ai suivi ma mère ici; et c'est ici, seul avec moi-même, que j'ai senti quelle place éternelle cet amour a prise dans mon cœur. C'est ici que j'ai rassemblé tout mon courage pour tâcher de l'étouffer à jamais, et qu'à la suite de cette lutte si inutile, hélas! je suis tombé dans la prostration où tu me vois! Ennui si implacable et si profond que je n'y trouve d'autre remède que la mort! Et ma mère?

Raoul se tut. Et les deux amis gardèrent un long silence, et tous deux pensèrent longtemps à cette triste histoire si vide d'événements, mais si pleine d'émotions. Enfin, Julien voulut engager Raoul à prendre un peu de sommeil; mais Raoul ne pouvait dormir. Jusqu'au matin ils veillèrent près du feu, tantôt pleurant tous les deux et parlant de Sylvanie, tantôt silencieux, se recueillant pour s'enivrer de lassitude et pensant chacun à son rêve envolé.

Enfin le jour parut. Julien voulut à tout prix distraire Raoul et l'arracher à ses tristes préoccupations. Il le décida à faire une promenade à cheval, et au bout de quelques instants, tous deux galopaient bride abattue sur la route de Paris.

L'air était suave et embaumé; le soleil dorait toutes les cimes, et le vent éparpillait les cheveux des cavaliers. Raoul éprouva d'abord cette espèce de répit qu'un exercice ardent donne à ceux dont le cœur est las. Il respira plus librement, ses yeux reprirent leur éclat, et l'apparence d'un sourire éclaira ses lèvres entr'ouvertes. Mais bientôt Julien le vit pâlir et l'entendit balbutier. Au milieu d'un nuage de poussière, Raoul venait de reconnaître madame de Lillers, dans une calèche que deux chevaux de race emportaient vers le château de Créhange.

Madame de Lillers fit arrêter sa voiture pour saluer Raoul et Julien. Comme la journée de la veille avait été brûlante, Sylvanie avait voulu partir de très-bonne heure et surprendre madame de Créhange dans la matinée. D'ailleurs, Sylvanie était d'une suprême distinction en tout, et il lui répugnait d'arriver en même temps que tout le monde, en chœur, comme un invité de comédie.

Elle était vêtue d'une amazone vert foncé, et en femme qui entendait admirablement la mise en scène de la vie et ce qu'on appelle au théâtre les *entrées*, elle avait fait mener, en tout cas, derrière la calèche, sa jument favorite. Cette admirable bête, harnachée pour Sylvanie avec grand soin, était menée en laisse par un groom, qui, en même temps, montait une belle jument arabe.

Comme par un charmant caprice, madame de Lillers se décida à finir la route à cheval, et Julien s'offrit à prendre les devants pour prévenir madame de Créhange de cette visite matinale.

Bientôt la calèche qui emportait le jeune homme disparut aux yeux de Raoul et de Sylvanie, et pour la première fois depuis longtemps, ils se trouvèrent seuls. Les yeux de Sylvanie étaient comme noyés d'amour; elle enveloppait Raoul de son sourire; l'abandon de sa pose était magique, il y avait de quoi oublier tout.

— Monsieur, dit-elle, vous avez été sans pitié. Que vous avais-je fait? mon Dieu!

L'audace de cette question étonna tellement le

jeune homme, qu'il ne sut que répondre. Enfin, il rassembla tout son courage et dit à demi-voix :

— Vous me le demandez?

— Ah! reprit vivement Sylvanie, croyez-vous donc que je ne vous aime pas? Oui, les hommes sont ainsi. Pourtant, il ne me faudrait qu'un mot pour me justifier, et ce mot, hélas! je ne puis le dire. Oh! les pauvres femmes! Souffrir, c'est leur sort!

— Et moi, madame, dit Raoul, croyez-vous que je n'aie pas souffert? Douter toujours, soupçonner tout et ne vouloir jamais apprendre que la moitié de la vérité, parce que la vérité serait trop cruelle!

— C'est que vous ne savez pas aimer, murmura Sylvanie avec résignation. L'amour, vois-tu, c'est la confiance. Quand on aime, on ne cherche pas à épier, on ne veut rien savoir, on croit! Ne pas t'aimer! hélas! hélas! Raoul, avez-vous donc oublié ce temps, le seul où j'aie vécu! Ce temps où nous existions tous deux avec une même pensée, avec un même espoir, avec un même rêve!

— Et alors, reprit Raoul, quand j'avais pensé à un ruban ou à une fleur, le soir je vous revoyais, et le ruban était sur votre robe, et la fleur était dans vos cheveux ! Car alors votre âme était sœur de la mienne et nous nous comprenions sans rien dire ; mais depuis !...

— Et, s'écria madame de Lillers, comme entraînée par son souvenir, lorsque j'ai senti mon cœur battre comme s'il allait se briser, et que je suis tombée dans tes bras en te disant la première : je t'aime ! réponds, Raoul, te trompais-je alors !

— Oh ! tu m'aimes ! Sylvanie !

Raoul allait parler encore, lorsque, malgré le galop effréné des chevaux, la belle tête de Sylvanie se pencha jusqu'aux lèvres du jeune homme et lui ferma la bouche avec un baiser.

Ô mystère ! de perfidies en perfidies, Raoul était allé au fond du cœur de cette femme et il en avait vu les déserts de glace dans toute leur sinistre étendue.

Eh bien, il avait suffi à Sylvanie de faire luire un rayon dans ses yeux et sur ses lèvres, et l'amant désabusé la veille croyait voir s'épanouir à présent dans cette âme dévastée toutes les floraisons et les verdures d'un printemps jonché de roses !

Elle n'avait rien dit et elle était justifiée !

Mais elle déploya tant d'art, tant de coquetterie, tant de grâces naïves pour enchanter Raoul ! Elle se donna tant de peine pour emplir encore une fois tout entier ce cœur d'où son image n'était pas sortie !

Arrivée au château, elle ne s'émut ni de la froideur de madame de Créhange, ni de la tristesse amère et méprisante qu'affecta Julien de Chantenay. Elle fut, malgré tout, bonne et charmante. Jusqu'au soir, les calèches armoriées et les équipages aux brillantes livrées se succédèrent à la grille dorée du château, et toutes les illustrations parisiennes vinrent affluer dans les salons et les jardins de madame de Créhange. Là, comme partout, Sylvanie fut l'objet de tous les vœux, le but de toutes les attaques, le prétexte de tous les madrigaux traduits en prose. On organisa, pour l'éblouir, quelques-unes de ces conversations à deux personnages où l'on entrechoque les mots, et où, des deux côtés, les flammes de l'éloquence éclatent en gerbes étincelantes, étoilées de traits et de saillies. Le soir, au bal, Sylvanie fut encore la plus belle et la plus courtisée dans la fête splendide, où les flambeaux, les diamants, les fleurs et les femmes luttaient de lumière et d'éclat.

Mais elle ne voulut être belle que pour un seul, et chacun de ses regards mettait aux pieds de Raoul tous ses triomphes. Armand de Bressoles, qui, lui aussi, était invité à cette fête, n'obtint pas même un sourire et madame de Lillers sembla le dédaigner et l'humilier à plaisir pour jeter une proie à la jalousie inquiète de son amant.

Le cœur de Raoul était inondé de joie. Au lieu de cet homme et de cette femme, qui, si longtemps s'étaient combattus sans relâche avec le glaive à double tranchant de la haine et de l'amour, il n'y avait plus qu'un couple charmant et bien uni, deux âmes qu'on eût dites prêtes à se fondre en une seule. A cet instant-là, tous deux eussent payé de leur vie le bonheur de se parler une heure sans contrainte.

Le bal touchait à sa fin : on était à ce moment de gaieté fiévreuse où rien ne se remarque. Aussi personne ne s'aperçut que madame de Lillers et Raoul de Créhange venaient de quitter les salons.

Bientôt ils erraient furtivement sous les massifs du parc et échangeaient à voix basse des mots mystérieux d'amour et de rendez-vous. Ils rentrèrent avant qu'on eût pu remarquer leur absence. Raoul sentait brûler ses joues et ses lèvres où brillaient ardemment toutes les roses de l'espérance ; madame de Lillers était calme et rayonnante comme un ange victorieux.

Enfin, les flambeaux s'éteignirent et le château rentra bientôt dans son grave et morne silence.

Raoul, resté seul avec sa mère, l'embrassa avec mille transports. Puis quand tout fut endormi, il se leva, et en silence, parcourut les corridors obscurs, en tremblant d'émotion, en mettant la main sur son cœur pour en étouffer les battements, et poussa une porte laissée entr'ouverte.

Sylvanio était déjà à ses pieds, couvrant ses mains de baisers, et lui disait d'une voix douce et vibrante comme un chant :

— Raoul ! Raoul ! me pardonnerez-vous tout ce que vous avez souffert ?

Et lui, baignait ses mains frémissantes dans les longs cheveux de sa maîtresse, dans ces beaux cheveux d'aurore et de flamme, et répondait en rêvant :

— Est-ce que je m'en souviens !

Au bout d'une heure il fallut se quitter ; l'alouette

matinale, funeste à Roméo, chantait déjà sur les sillons encore endormis. Mais, pendant cette heure, Sylvanie déploya sans doute de bien étranges séductions; car le cœur de Raoul était à elle, à elle pour toujours, mieux que si elle l'eût tenu dans sa main, attaché avec des liens d'or.

Raoul alla éveiller son ami. Il ne lui dit rien, mais Julien comprit tout dans un serrement de main. Tous deux s'habillèrent à la hâte, prirent leurs fusils, et marchèrent en courant follement, riant et causant comme deux écoliers, jusqu'à la belle forêt de Grosbois.

La nature en s'éveillant semblait toute nouvelle à Raoul. Les arbres et les gazons avaient ravivé leurs émeraudes à quelque soleil inconnu; les perles et les diamants de la rosée jetaient des feux plus splendides dans leurs montures de boutons d'argent et de chrysanthèmes; comme des miroirs, les ruisseaux murmurants et les myosotis de leurs rives s'emplissaient de l'azur du ciel; dans les bosquets et dans les antres tapissés de lierre, au fond de toutes les solitudes, Raoul écoutait bruire et s'agiter doucement tous les bruits mystérieux des églogues de sa jeunesse. Les petits oiseaux chantaient à son oreille ce que l'amour chantait dans son cœur. Il n'y avait pas de petite fleur humble et cachée qui n'eût quelque grand secret à lui dire.

Je ne sais combien d'heures les deux amis coururent ainsi au hasard, laissant leurs âmes s'éparpiller à toutes les harmonies de cette forêt silencieuse. Ils ne se parlaient pas, mais ils avaient les mêmes pensées. Raoul était heureux et Julien était heureux du bonheur de Raoul. C'était une extase. Mais le bruit d'une voix rompit ce charme.

C'était près d'une clairière entourée de taillis et jetée comme une oasis au milieu du bois touffu.

Sous un chêne centenaire, dont les pieds se cachaient sous la mousse et la verdure, madame de Lillers, en robe blanche, les regards au ciel, était étendue. Armand de Bressoles, couché à ses pieds, les yeux mouillés de pleurs, tenait la main de Sylvanie, et lisait à haute voix *La Tristesse d'Olympio*.

Raoul sentit tout son sang monter à ses joues. Ses yeux semblaient sortir de sa tête. Il était horrible. Il jeta autour de lui un regard farouche et leva son fusil. Julien l'arrêta.

Aussitôt, Raoul devint pâle comme la neige et tomba comme un cadavre dans les bras de Julien.

M. de Bressoles ne reparut plus au château.

Raoul, ranimé par les soins de Julien, s'éveilla dans le délire. Le jour même, une épouvantable fièvre cérébrale se déclara. Depuis lors elle ne fit qu'empirer, et bientôt Raoul se trouva à deux doigts de la tombe.

Julien avait expliqué par une chute l'événement de la forêt. Mais quand l'état de son ami ne laissa plus d'espoir, il se décida à parler.

Alors, madame de Créhange alla trouver madame de Lillers.

Il n'y avait rien chez elle de la femme offensée : ni haine ni menace. Humble et vêtue de deuil, c'était une mère suppliante.

— Madame, dit-elle, pardonnez-moi de vous parler ainsi; mais si vous deviniez toutes mes terreurs! Raoul vous aime et vous pouvez le guérir. Sauvez-le, madame, je vous en conjure!

— Madame, répondit froidement la superbe Sylvanie, je ne sais si M. de Créhange m'aime. Je ne puis rien pour le sauver.

— Hélas! pourquoi feindre, reprit madame de Créhange! vous avez toute son âme. Croyez-vous que je vous haïsse pour cela? Non; je vous chérirai, au contraire, je vous bénirai jusqu'au dernier souffle de ma vie ! Rendez-moi mon fils ! Tenez, je vous prie à genoux !

— Relevez-vous, madame, dit Sylvanie, je ne puis que partager votre affliction.

— Oh! méchante femme! s'écria madame de Créhange éperdue, laissez-moi ! Vous me faites horreur.

Une heure après, madame de Lillers était partie et Raoul se mourait.

On le guérit pourtant, mais il ne put recouvrer ni ce teint de roses, ni cette poésie des dix-huit ans, ni toutes ces grâces charmantes qui attestaient encore l'enfance sous sa jeunesse en fleur. Pâle comme un spectre, il résolut de s'attacher comme un remords aux pas de madame de Lillers. Partout elle le retrouvait, inévitable, fatal, et pareil à l'ombre de lui-même. Au bois, il passait près de la calèche de Sylvanie, sombre, les cheveux au vent, et son cheval l'emportait dans un tourbillon de poussière comme les funèbres coursiers des rêves. A l'Opéra, elle le revoyait triste, accoudé à une colonne, et fixant sur elle des regards qui semblaient faire éclater leur colère et leur indignation avec les foudres de l'orchestre.

Madame de Lillers ne s'attristait pas de cet effrayant spectacle. Elle était de ces femmes pour qui le désespoir est un culte et le suicide un hommage. Déjà plusieurs hommes étaient morts pour elle, et lui avaient été une occasion de poses élégiaques et des jolis regards penchés. Elle était Parisienne et savait tout porter avec infiniment de goût.

Tout-à-coup, elle cessa de voir Raoul, et ne l'aperçut plus nulle part. Elle fut étonnée d'abord, puis elle sentit que le terrible drame de cette douleur lui manquait. Enfin elle s'émut, et l'absence fondit les glaces de son cœur que rien n'avait entraînées. Alors ce fut elle qui chercha Raoul, mais toutes ses recherches furent vaines. Vaincue à la fin, elle foula aux pieds tout son orgueil et osa affronter les mépris de madame de Créhange.

— Oh! dit en la voyant la mère de Raoul, vous êtes cruelle, madame! Venez-vous me tuer tout-à-fait?

— Oui! j'ai été infâme, répondit humblement Sylvanie; mais, je vous supplie, écoutez-moi, de grâce! vous me chasserez après si vous voulez.

Oh ! je le sais, j'ai été la cause de tous vos malheurs, mais j'étais folle. Je comprends à présent. Je sais bien que je n'étais pas digne d'être aimée par votre ange ! Mais, par grâce, madame, laissez-moi voir Raoul une heure, une minute si vous voulez, ou seulement entendre sa voix ! Je mourrai après s'il le faut. Mais l'entendre une dernière fois !

— Quoi, s'écria madame de Créhange, vous le croyez donc ici ! Vous ne savez rien ?

— Rien.

— Oh !

Madame de Créhange tendit à Sylvanie un papier froissé, flétri par les larmes. C'était une lettre écrite de Venise par Julien de Chantenay. Voici ce que lut, non sans frémir, madame de Lillers :

« A présent que vous avez pleuré vos larmes de sang, à présent que vous avez subi la plus abominable douleur qui puisse crucifier une femme et une mère, je sens bien que vous exigez de moi le récit devant lequel a jusqu'à présent hésité mon courage. Vous voulez savoir quelle a été la dernière heure de celui que nous pleurerons jusqu'à notre dernier souffle. Malheureux ! comment aurai-je la force de tracer ces lignes déchirantes ? La fièvre, la fièvre affreuse et lente qui brûlait la poitrine de Raoul, avait cessé, et avec elle ces agitations, ces fureurs, ces démences qui me désespéraient. Raoul n'était plus ce cruel malade que j'avais vu se lever de son lit, humide de sueur, pour se jeter dans une gondole en croyant poursuivre sa lâche maîtresse. Depuis huit jours, le calme était revenu, et Raoul savourait d'avance le bonheur ineffable de vous revoir. Comme dans la triste Venise, où le pied des palais se couvre d'une mousse verte, et où les ronces doubles grimpent autour des piliers de marbre, le printemps semblait renaître dans son cœur blessé. Il respirait avec extase l'haleine des jasmins et des chèvre-feuilles fleuris dans les vases des balcons; il s'attendrissait au chant des rossignols prisonniers cachés dans les feuillages. Hélas ! il y a trois jours ! (est-il possible que trois jours seulement se soient écoulés depuis le moment indicible après lequel j'ai vécu des siècles d'angoisse ?) mon cher Raoul avait eu le caprice de suivre en gondole une barque pavoisée qui s'enfuyait sur le Grand-Canal, en éparpillant dans son sillage les enchantements d'une divine musique. — Julien, Julien, me disait-il, croiras-tu que je ne puis pas me souvenir des tortures que j'ai souffertes ? Non, il me semble que j'ai toujours été heureux comme tu me vois ! *Elle-même*, je la retrouve dans ma pensée comme une personne qui m'aurait été étrangère, et je n'éprouve pas d'émotion en revoyant ainsi cette belle figure ! Puis il ajoutait : — Vois comme les flots sont blancs d'étoiles, enivre-toi de ces parfums pénétrants et doux ; admire avec moi cette nuit de délices ! Comme il me parlait ainsi, nous avions presque atteint la barque chargée de musiciens. Je vis que Raoul regardait obstinément au milieu d'eux une jeune femme à la chevelure dorée, dont je ne pus distinguer le pâle visage. Puis, il se redressa violemment : Ce n'est pas elle ! cria-t-il. Et il tomba évanoui dans mes bras. Depuis ce moment, Madame, l'horrible fièvre ne l'a pas quitté jusqu'à l'heure de répit suprême où il a reçu les consolations d'un prêtre. En s'éveillant de son long délire, il m'a regardé avec un sourire angélique. — Ecoute, m'a-t-il dit, écoute-moi bien : je n'aime que ma mère ! Et quand le prêtre l'eut quitté, quand son âme errante voltigeait déjà sur ses lèvres, il ne m'a dit que ces mots : — Julien, ma mère ! Il a appuyé sa tête sur ma poitrine, il a contemplé mes traits avec une expression d'une suavité infinie, et il s'est endormi sous mon baiser.

» O noble et chère victime ! encore une fois, pardonnez-moi de ne l'avoir pas sauvé, de n'avoir pas su vous le rendre. Tout ce qui est humainement possible, je l'ai fait ; mais mon âme est pleine de remords. Si je sens encore en moi quelque énergie, c'est que je dois accomplir les démarches nécessaires pour pouvoir ramener près de vous les restes bien-aimés de Raoul. Je me repens, je m'accuse et je me désespère ; je sens en moi comme un désert immense et aride dont rien ne rafraîchira la morne angoisse, priez pour nous deux ! »

Dès qu'elle vit les premières lignes de cette lettre, Sylvanie de Lillers devint blanche comme un linge et se sentit chanceler. Pour achever la poignante lecture, elle dut s'accrocher à un meuble, et quand elle eut fini, une sueur froide ruisselait sur son visage. Elle voulut parler, mais aucune parole ne sortit de ses lèvres ; elle ne put que jeter vers madame de Créhange un regard suppliant et passionné.

La désolée Noémi tira de son sein un médaillon qui contenait une boucle de cheveux. De ses doigts crispés, elle la sépara en deux et en tendit la moitié à madame de Lillers, en détournant la tête.

— Tenez, lui dit-elle.

Julien est revenu et console madame de Créhange avec l'affection mélancolique d'un amant et la tendresse soumise d'un fils. Il ne parlera jamais de son amour.

Souvent ils vont ensemble à l'Opéra, et cachés dans une baignoire, ils écoutent en silence les airs que Raoul aimait. Ils y rencontrent parfois, dans toute sa gloire, la belle Sylvanie.

Elle est plus à la mode que jamais, et l'année dernière un jeune lord s'est tué pour elle à Naples, en plein carnaval.

C'était un gentilhomme très-singulier et très-célèbre par ses manies. Il était connu au club par son amour exagéré pour les exercices périlleux.

Ce dandy excentrique a légué en mourant, au clown Mathews, une coupe d'or du prix de six cents livres sterling, ciselée à Florence d'après les dessins originaux de Jean Feuchères.

LE FESTIN DES TITANS

LE FESTIN DES TITANS

E jour-là, lord Angel Sidney avait le spleen un peu plus que de coutume, lorsqu'il passa de sa chambre à coucher dans son boudoir.

C'était pitié de voir ce jeune homme, beau comme un demi-dieu et triste comme un chérubin vaincu. L'implacable Satiété éteignait les flammes de ses yeux et les roses de ses lèvres, et à travers les manchettes de mousseline, ses mains, plus pâles

que le marbre, se ponchaient comme des lys brisés.
— O ciel! murmura-t-il avec un soupir, c'en est donc fait, je m'ennuie à jamais! j'ai là, de l'autre côté de la mer, de vertes prairies plus immenses que des océans, et assez de châteaux pour donner pendant cent ans l'hospitalité à tous les rois de l'univers. De tous les coins du monde, cent navires m'apportent le duvet de l'eider, l'ivoire de l'Inde et la pourpre de Kashmyr, et mes flottes couvrent toutes les vagues de la mer. Mais le coin de prairie où sourit l'amour, le flot qui apporte le bonheur et l'oubli, je ne le connais pas!

Dites-moi, pâles Euménides, sombres compagnes de Macbeth et d'Oreste, que me reste-t-il à faire pour passer le temps? Il me semble pourtant que je n'ai rien oublié. J'ai fait courir sur tous les turfs de France et d'Angleterre mille chevaux nés sans doute d'une flamme et d'une brise, car ils dévoraient l'espace comme des aigles. J'ai été l'amant des six reines occultes de Paris, depuis celle qui porte un nom de bête fauve jusqu'à celle qui s'appelle comme la dame de cœur, depuis celle qui a un *lavabo* en argent massif, ciselé et doré, jusqu'à celle qui se vante d'avoir été adorée par tous les contemporains illustres, et je m'ennuie!

Il faut cependant prendre un parti. Vais-je sonner mon valet ou ma maîtresse géorgienne? mon valet plutôt!

A peine la sonnette, éveillée en sursaut, avait chanté sa note d'argent, M. Tobie entra.

— Monsieur Tobie, dit Angel, vous qui avez des cheveux blancs, ne savez-vous rien pour chasser l'ennui qui m'obsède?

— Milord, répondit avec respect le vieux serviteur, il n'y a que Dieu et les poètes.

— Monsieur Tobie, votre phrase est prétentieuse; faites-moi le plaisir d'ouvrir cette fenêtre et de me nommer les gens qui passent. Peut-être verrai-je le passant de Fantasio, celui qui a un si bel habit bleu! Et d'abord, dites-moi quel est ce grand jeune homme coiffé d'un incendie, qui porte à la main un parapluie rouge?

— Milord, c'est le plus spirituel de nos photographes; celui-là même qui a photographié en ballon la France cadastrale.

— Et celui qui porte un parapluie vert?

— C'est un photographe entomologiste, qui a photographié le parasite du parasite de l'abeille.

— Et celui dont le parapluie est marron ?

— C'est un jardinier spécialiste, exclusivement cultivateur de fraises.

— Et ces deux gros messieurs bien vêtus qui passent en calèche avec des dames ?

— L'un est le tailleur de milord avec une actrice des Délassements, et l'autre le bottier de milord avec une actrice des Bouffes-Parisiens.

Lord Angel ferma sa fenêtre avec colère :

— Eh ! quoi, s'écria-t-il, est-ce donc à ce point-là qu'il n'y a rien de nouveau sous le soleil, et quand on ouvre la fenêtre par un jour de pluie, est-il donc absolument impossible de voir passer autre chose que des portraitistes, des bottiers et des horticulteurs en cravate blanche ! Monsieur Tobie, d'ici à huit jours, je veux donner un grand festin, un festin magnifique, comme quand Lucullus dîna chez Lucullus ! Il me faut, dussiez-vous égorger madame Chevet, des fruits de l'Inde et de la Guadeloupe. Il me faut un surtout d'or ciselé par Barye, et des bougies à travers lesquelles on puisse regarder à la loupe une miniature d'Isabey. Vous vous arrangerez pour qu'il y ait sur les miroirs et sur les vitres des fleurs peintes par Diaz. Et pour ce jour-là, entendez-vous, monsieur Tobie, vous me trouverez, fût-ce en Chine, des convives qui ne soient ni tailleurs, ni photographes, ni membres de la Société d'Horticulture !

Je veux six gaillards au moins ! cherchez-les où vous voudrez, exerçant des professions dont je n'aie jamais entendu parler sous aucun prétexte. Si je connais un seul des états que font ces gens-là, ne comptez plus sur mon amitié.

M. Tobie ne répliqua pas. Il savait que les ordres de son maître étaient absolus comme ceux du Destin. Il se contenta d'aller relire l'*Iliade* et le *Mariage de Figaro* pour se donner de l'imagination ; car il sentait bien que, cette fois, il fallait vaincre ou mourir.

Mais M. Tobie ne mourut pas. On ne meurt jamais quand on remue à pleines mains l'or, qui contient l'essence de la vie.

A quinze jours de là, une des salles à manger de lord Angel Sidney étincelait de lumière, de fleurs, de cristaux, d'orfévrerie et de tout ce qui donne aux richesses du luxe leurs enivrantes clartés.

Cette salle à manger, tout entière en bois de noyer,

les étoffes en cachemire vert, représentait avec d'ingénieux arrangements de bas-reliefs, de cariatides et de figures en ronde bosse, la guerre des Titans. Les deux immenses cheminées, bien reliées à l'ornementation générale, figuraient les gouffres implacables de l'Etna, et luttaient de flammes ardentes et flamboyantes.

Un magnifique groupe de géants vaincus et terrassés soutenait le plateau de la table à manger; de telle façon qu'il y avait pour cent mille francs de sculpture à l'endroit où les Anglais passent habituellement l'après-dînée. Les sièges et les consoles étaient à l'avenant; et, dans chaque embrasure de croisée, il y avait, enfermé dans d'épais rideaux, le mobilier doré d'un petit salon de conversation.

Du reste, rien ne manquait à la fête, et M. Tobie avait suivi le programme en décorateur consciencieux. Sur les vitres, des potées de fleurs tombées de la palette de Diaz, éteignaient les vraies fleurs des jardinières, et faisaient paraître gris les coquelicots réels. Le portrait en pied et en miniature d'une mouche avait été payé dix mille francs à madame Herbelin, et collé la face contre une bougie. Vue au travers de la bougie, cette mouche semblait si bien vivante, que plusieurs fois les convives voulurent la chasser pendant le mémorable repas que je vais raconter. Isabey ne faisant plus de miniatures, M. Tobie avait dû se contenter de cet à peu près.

Mais je ne m'arrêterai pas à raconter les magnificences du festin, des bagatelles qu'on a déjà redites mille fois à propos de Trimalcion et des empereurs romains. Il s'agit des convives, que Callot seul eût décrits, et encore pas avec une plume ! Ils étaient sept, cinq hommes et deux femmes, attendant dans un petit salon tendu de soie et éclairé par des lampes ! Lord Angel ayant dit : six au moins, M. Tobie en avait mis sept, car il avait dans l'esprit cette admirable logique de Cadet-Roussel, raillé à tort par le chansonnier. Et encore, je ne compte pas un enfant de dix-huit ans, beau comme l'Amour, qui semblait fourvoyé dans cette société étrange, car Dieu sait comment ces messieurs portaient l'habillement noir complet que M. Tobie leur avait fait faire chez Dusautoy ! Quant aux deux femmes, elles étaient mises comme la mode elle-même, les jours où la Mode a du goût. Cette antithèse vient simplement de ce qu'un homme de génie se met toujours mal, et une femme de génie toujours bien. Or, comme on va le voir, tous les hôtes de lord Angel avaient du génie à revendre; et ils en revendaient.

Lord Angel Sidney, en grande toilette, avec les plaques de tous ses ordres, entra dans le petit salon, précédé de M. Tobie, qui lui présenta les convives en les prenant l'un après l'autre par la main. Après avoir baisé la main aux dames et salué les messieurs comme des pairs d'Angleterre, lord Angel invita tout le monde à passer dans la salle à manger, où les cinq hommes, pareils à des tigres déchaînés, dévorèrent en une heure le dîner de vingt banquiers. C'était un spectacle inouï de voir étinceler ces mâchoires qui semblaient décidées à engloutir l'univers, et qui s'agitaient comme si jamais auparavant elles n'eussent rien broyé entre leurs dents terribles.

Quant aux deux dames, elles mangèrent raisonnablement, en femmes qui, à la vérité, n'ont pas lu Byron, mais qui, toutefois, ont fondu de-ci et de-là dans leurs verres quelques perles de Cléopâtre. Le jeune homme de dix-huit ans ne mangea, lui, qu'un ortolan et une demi-orange de la Chine, et certes, s'il cherchait un moyen de se faire remarquer, il tomba on ne peut mieux, car le moins affamé des autres convives semblait affecter de prendre les faisans dorés pour des mauviettes, et les avalait par douzaines. Un autre qui venait de faire disparaître, en se jouant, deux pâtés de foie gras, tirait un valet par sa boutonnière en lui disant : — Monsieur, ayez donc l'obligeance de me rapporter quelques-uns de ces petits fours ! Et son voisin, tout en achevant sans emphase un demi-chevreuil, murmurait avec bonhomie : — Je reprendrai volontiers un peu de ce lapin ! Enfin, c'était charmant à voir. Et quant aux vins qui furent bus avant que la conversation ne s'engageât, je mettrais les sables de la Nubie au défi d'en boire autant sans se changer en lacs !

Lord Angel semblait trouver tout cela fort naturel, et faisait les honneurs de sa table avec une grâce parfaite. Quand le carnage commença à se ralentir un peu, non pas faute de combattants ou faute d'appétit, mais parce que quelques-uns des combattants s'étaient décroché la mâchoire, l'amphitryon s'adressa à ses hôtes avec un sourire d'une aménité exquise :

— Mesdames et messieurs, leur dit-il, vous le savez comme moi, ce qui a tué les beaux arts et l'élégance dans notre société moderne, c'est le lieu commun et le *poncif* qui, de jour en jour nous envahissent davantage. De plus, tous les jeunes gens se jettent dans les mêmes professions, avocat, médecin ou économiste, avec une carrière politique au bout, et tout est dit ! De là, ces générations entières taillées sur le même patron, et qui semblent porter un uniforme. Riche comme je le suis, j'ai pensé qu'il me serait peut-être possible de rendre à mon époque un peu d'originalité en encourageant les *professions excentriques*, et naturellement, messieurs, j'ai cru pouvoir jeter les yeux sur vous, car je crois que personne ici n'est avocat ni médecin?

— Personne, s'écrièrent en chœur les convives.

— Messieurs, reprit vivement lord Sidney, vous êtes artistes en fait d'existence, comme d'autres sont artistes en mélodie, en statuaire ou en ciselure ; vous ne devez pas refuser plus qu'eux les encouragements de la Richesse ; car, vous le savez, en se donnant humblement aux artistes, la Richesse reste l'obligée et la servante des arts, et ne fait qu'accomplir un devoir de reconnaissance ! J'espère donc que vous ne refuserez pas un prix de dix mille francs.

— Nous ne le refuserons pas, dirent avec un enthousiasme unanime les messieurs en habit noir.

Lord Sidney reprit :

— Un prix de dix mille francs... de rente, que je désire offrir à celui d'entre vous qui exerce la profession la plus excentrique ! Pour ce faire, vous auriez l'extrême obligeance de raconter chacun en peu de mots, quelle est votre vie.

— Parfait, s'écria un personnage énorme, écarlate et souriant, un Roger-Bontemps taillé sur le modèle de sir John Falstaff. De cette façon-là chacun dira donc la sienne !

— Précisément, dit lord Angel ; et, continua-t-il avec un salut charmant, comme je ne veux rien vous demander que je ne sois moi-même disposé à faire pour vous, je vous raconterai, si cela peut être agréable à ces dames, mon histoire, et l'histoire de mes moyens d'existence.

— Milord, interrompit un personnage auquel, par une erreur bizarre, la nature s'était plu à donner le nez historique des Bourbons, vous nous faites honneur !

— Je vous en prie, dit une des dames en se tournant gracieusement vers lord Sidney.

— Mon Dieu, fit-il en souriant tristement, mon histoire est bien simple : je suis né de parents riches.

— Vous êtes bien heureux ! fit un des convives, jeune homme au teint hâlé, mais dont les formes élégantes et sveltes faisaient songer aux Silvandres de Wateau.

— Comment l'entendez-vous, demanda d'une voix

forte un athlète couvert de balafres comme un vieux reître du temps de la Ligue.

— Hélas! messieurs, reprit lord Sidney, il n'y a aucune manière de l'entendre, car c'est cette circonstance qui fait le malheur de toute ma vie! Forçat de la richesse, j'ai dépensé sans relâche dans ma vie, plus de ruse, d'énergie, de patience, d'imagination, d'intrigue, de volonté et d'esprit, pour devenir pauvre, que les très-célèbres bohêmes de *La Vie de Bohême* n'en mirent jamais à gagner, entre cinq et six heures du soir, ce qu'ils appellent la grande bataille. Et encore, ces hommes prodigieux parvenaient quelquefois à dîner, tandis que moi je n'ai jamais pu arriver un seul jour à la médiocrité dorée dont parle Horace. J'ai toujours été ridiculement riche.

— Bah! demanda Roger Bontemps en éclatant de rire, est-ce que vraiment vous trouvez cela ridicule?

— Très-ridicule. Il m'a toujours semblé absurde qu'un homme possédât dix mille fois plus qu'il ne peut dépenser, même en faisant à chaque seconde de sa vie des folies à faire frissonner d'étonnement l'ombre d'Héliogabale. Aussi, du jour où je me connais, ç'a été un duel à mort entre moi et la fortune, et c'est elle qui m'a tué, car, sachez-le, je voulais être artiste ! Oh ! la fortune, elle m'a pris à bras le corps, elle m'a desséché les lèvres sous ses froids baisers, elle m'a fait des yeux couleur d'or, et un horizon d'or qui m'empêche de voir le soleil. Pour moi, grand Dieu ! tous les fleuves sont le Pactole ; ils roulent des paillettes d'or dans leurs vagues étincelantes. Pour moi, la musique c'est le chant de l'or ; la lumière, c'est le reflet de l'or ! L'or me poursuit comme un ennemi implacable ; j'ai, comme le Juif-Errant, mes cinq sous ; seulement, mes cinq sous, c'est cinquante millions. Je jette la richesse dans la rivière, et en me retournant je la trouve couchée dans mon lit ; je la fuis au bout du monde, elle est là qui ricane dans mon portefeuille. Qui diable a donc osé dire qu'il y a des moyens de se ruiner ?

— Ah ! dit la plus âgée des deux femmes, milord n'a sans doute pas essayé des femmes ?

— Ou, continua l'autre, milord n'aura pas rencontré de ces vraies grandes femmes, comprenant l'héroïsme de la vie moderne, auprès desquelles Sémiramis et Cléopâtre sont de petites pensionnaires à ceintures bleues, bonnes tout au plus à faire l'amour sentimental avec Werther, en mangeant des tartines de confitures. Moi, je connais une femme qui, à quatorze ans, a pris dans le monde, dans le grand monde, un homme de génie, riche, audacieux et bon, et qui en six mois l'a envoyé au bagne.

Ces paroles mutines furent prononcées d'une façon si magistrale et si farouche, que lord Sidney ne put s'empêcher de regarder avec une vive curiosité la belle enfant qui les avait dites.

C'était une jeune fille de seize ans, rousse comme un coucher de soleil, avec la peau mate et dorée, les sourcils presque bruns et les yeux d'un bleu sombre et étoilé comme les cieux des belles nuits d'été. La bouche fine, ardente, pareille à une rose rouge trempée de pluie, laissait voir en s'ouvrant une de ces belles mâchoires de bête fauve que la nature donne aux femmes nées pour déchirer et dévorer les forces vives de la cité, l'or, l'amour et la vie. Tout cet ensemble imprégné, pour ainsi dire, d'une volupté amère, le corps agile, les mains et les pieds d'un grand style plébéien, inspirait un effroi plein de charmes et de convoitise. Aussi, mademoiselle Régine ne déparait-elle rien dans la salle des Titans sculptés, et vue d'une certaine façon, elle avait assez l'air d'une femme pour laquelle on met Pélion sur Ossa.

L'autre femme ressemblait à toutes les actrices

qui ont joué en province les rôles de mademoiselle Georges.

— Mesdames, leur dit Sidney, sachez d'abord que le destin a été pour moi un second M. Scribe; il a abusé pour moi des oncles. Le frère de mon père et les deux frères de ma mère, riches tous trois et chefs de nombreuses familles, sont morts tous trois dans l'Inde, après avoir vu tomber un à un tous leurs fils victimes du choléra, des inflammations et des bêtes féroces, Indiens et serpents, comme si, dès ma plus tendre jeunesse, une monstrueuse fatalité se fût donné la tâche de tout renverser sur mon passage pour me jeter des trésors inutiles.

Ces fortunes, que la faiblesse de mon père m'avait abandonnées dès l'enfance, je les avais dévorées à vingt ans avec tous les débauchés de Londres, sans qu'il m'en fût resté autre chose, à ma connaissance, qu'un petit mouchoir de cou en cotonnade bleue et un portrait de femme peint par Tassaert.

Trois mois plus tard, la mort de mon père me rendait maître d'un patrimoine inépuisable. Je l'épuisai pourtant, ou peu s'en fallut. Mes châteaux des comtés, grands comme des villes, mes maisons, mes palais, mes jardins, mes serres où de froides courtisanes se promenaient dans les moindres allées en calèches à huit chevaux, je donnai tout au vice, au luxe, à la luxure, au jeu, que je défiais avec la fureur d'un combattant vainqueur sans cesse !

Quand il ne me resta plus qu'un million, je le jetai à l'industrie tant qu'elle voulut et comme elle voulut. Canaux, chemins de fer, constructions de squares et de fabriques, je m'intéressai à tout, et je me mis à vivre dans une chambre comme un étudiant, après avoir confié mon million à l'industrie dans l'espoir qu'elle ne me rendrait rien. Elle me rendit cinquante millions !

Je ne me décourageai pourtant pas. L'industrie m'avait trompé, c'est alors que j'essayai des femmes, continua lord Sidney en se tournant vers Régine. Pour aller droit au but, je m'adressai tout de suite à la femme qui dans toute l'Europe coûtait le plus cher, et je la couvris littéralement de diamants.

Devenue par l'étrange folie d'un vieillard, femme d'un duc et pair d'Angleterre, cette femme célèbre suivit son mari à Constantinople : deux jours après son départ, je reçus mes diamants changés en un bouquet colossal par un artiste plus grand que le Florentin Cellini. Les diamants sont d'un grand prix; mais aucun roi de l'Europe ne pourrait en payer la monture.

— Ah ! milord, dit Régine, vous êtes le premier homme qui m'inspirez de la curiosité.

Lord Sidney salua modestement.

— Je ne vous rappellerai pas, reprit-il, l'épisode trop connu de mes amours avec la fille naturelle d'un roi que j'ai aimée jusqu'au désespoir, et qui est morte à vingt-deux ans d'une maladie de langueur, en me faisant l'héritier de tous ses biens. Je me bornerai à vous dire, pour terminer ce trop long récit, qu'une dernière fois, en désespoir de cause, j'éparpillai mon absurde opulence sur les navires de tous les armateurs anglais, avec mission de la risquer dans les entreprises les plus téméraires et sur les mers les plus périlleuses.

Mais la mer ne voulut pas de mes chaînes ; elle me les rendit plus lourdes que jamais. A présent mon parti est pris ; je suis résigné à l'impuissance et à l'ennui.

A la fin de cette histoire, que les convives n'avaient pas osé interrompre autrement que pour boire comme des cordeliers, un éclat de rire homérique ébranla la salle des Titans.

Roger-Bontemps tapait son couteau sur son

assiette en ouvrant jusqu'aux oreilles une bouche démesurée, Silvandre gambadait, et le balafré brisait son fauteuil.

Le personnage au nez bourbonien, échangeait des bourrades avec son voisin, sorte de rapin ayant un faux air de Rubens. Tous deux se donnaient des coups de poing et se tiraient les cheveux.

Mademoiselle Régine extasiée, rêvait au bouquet de pierreries, et le jeune homme de dix-huit ans rêvait en regardant mademoiselle Régine avec des cœurs enflammés dans les yeux.

— Maintenant, dit lord Sidney, je vous écoute, messieurs.

Tobie apporta sur le surtout deux plats d'or, contenant, l'un, une inscription de dix mille francs de rente; l'autre, deux cents billets de mille francs.

— De cette façon, milord, dit le vieux serviteur, le lauréat pourra choisir.

— Allons, s'écria Roger-Bontemps en couvant de l'œil les plats merveilleux, chaud! chaud! chacun la sienne!

— Et, reprit M. Tobie, j'ose faire espérer à votre

grâce que cela ira de plus fort en plus fort, comme chez Nicolet !

Le vin dans les verres, les flammes des bougies, la lumière sur les angles du chêne sculpté étincelèrent.

Roger-Bontemps commença en ces termes :

— Vous voyez en moi l'EMPLOYÉ AUX YEUX DE BOUILLON !

A ces mots prodigieux, les convives bondirent tous à la fois sur leurs chaises, et les apostrophes les plus hétéroclites se croisèrent, lancées à la fois de tous les coins de la table.

— Mesdames et messieurs, dit Roger-Bontemps, je demande à n'être pas interrompu. Ceci n'est pas une conversation, mais un concours !

— C'est juste, s'écria le faux Rubens, n'oublions pas qu'ici il ne s'agit pas de cinquante centimes !

— Accordé, dit lord Sidney, chacun parlera sans interruption, et souvenez-vous que, pour une heure, nous sommes constitués en ministère des beaux-arts... inconnus !

Roger-Bontemps reprit : — Enfant, je n'ai jamais mangé. Manger, voilà la grande affaire. Il y a deux races d'hommes ; celle qui mange et celle qui ne mange pas. Les pauvres haïssent les riches parce que les riches mangent ; les riches exècrent les pauvres parce que les pauvres voudraient manger. Je vis que tout était là, et que le sort de l'humanité s'agite autour des endroits où l'on fait la cuisine.

Dès lors, je me tins habituellement aux barrières, passant ma vie autour des cabarets et cherchant à me faufiler par quelque joint dans les choses culinaires. A force d'audace, j'usurpai quelques petites fonctions. Tour à tour chien de tournebroche, écorcheur de lapins et laveur de vaisselle, j'exerçais cette dernière profession au cabaret de la *Jambe-de-bois*, et j'allais peut-être m'enfouir pour toute ma vie dans ces emplois subalternes, lorsque éclata entre la *Jambe-de-bois* et le *Grand-Vainqueur* la rivalité à laquelle je dois ma fortune.

Le *Grand-Vainqueur* et la *Jambe-de-bois* donnaient tous deux du bouillon à un sou la tasse, mais la *Jambe-de-bois* avait pour elle la pratique des Auvergnats, et elle regardait en pitié le *Grand-Vainqueur*, réduit à attendre et solliciter les consommateurs de hasard.

Un matin pourtant, tous les Auvergnats de la

Jambe-de-bois émigrèrent pour le *Grand-Vainqueur*. Quand mon maître leur en demanda en pleurant la raison, ils lui répondirent que son bouillon n'avait pas d'yeux, tandis que celui du *Grand-Vainqueur* en était inondé comme une queue de paon.

Messieurs, j'eus le courage de passer une nuit entière, caché dans une armoire de cuisine, au *Grand-Vainqueur*. Le lendemain, à l'heure où l'aurore profite de ce qu'elle a des doigts de rose pour ouvrir les portes de l'Orient, je surpris le secret de notre rival.

Le misérable fourrait ses doigts dans un vase plein d'huile de poisson et les secouait ensuite sur les bols de bouillon alignés autour de la table. C'est ainsi qu'il y faisait des yeux!

Les yeux étaient nombreux, je ne dis pas, mais quels yeux! comme c'était fait! Pas de goût, pas de grâce! ni vraisemblance, ni idéal! Dans le trajet du *Grand-Vainqueur* à la *Jambe-de-bois*, mille idées jetèrent tour à tour leurs ombres sur mon front, mais enfin une création lumineuse éclaira tout à coup mon cerveau de ses flammes impérieuses.

La seringue était trouvée!

Tous les matins, armé de cette bienheureuse

seringue, je vise les bouillons, et j'y exécute, la main levée, une mosaïque d'yeux à faire pâlir la nature.

Plus tard mon procédé a été surpris et imité; mais jamais on n'a pu atteindre à ma facture. Je défie tout le monde pour la main et le métier. Mon patron m'a engagé pour six ans, à dix francs par mois, avec cinq sous de feux et deux bénéfices. Les jours de bénéfices, le prix des soixante bouillons est pour moi, car il est inutile de vous dire que dès le lendemain de mon invention, nous avions reconquis les Auvergnats.

Ainsi maître d'une position faite, je brave désormais les destinées, car je suis d'un tempérament sage, je mets de l'argent de côté, et je ne commettrai pas la même faute que mademoiselle Mars et la célèbre Georges; je veux me retirer dans tout l'éclat de ma gloire!

L'employé aux yeux de bouillon se tut, au milieu d'un certain étonnement. Tout le monde se récria sur la singularité de cette profession, et les esprits inclinaient visiblement du côté de Roger-Bontemps, quand le faux Rubens prit la parole après avoir passé ses doigts dans ses cheveux et cassé une assiette pour s'emparer de l'attention générale.

— Messieurs, s'écria-t-il, vous voyez en moi le VERNISSEUR DES PATTES DE DINDON.

Inutile de décrire ici la vive émotion des auditeurs. Le faux Rubens la domina pourtant en secouant encore une fois sa chevelure qui faisait la nuit dans la salle, et dit avec feu :

— Je ne nie pas l'originalité des yeux de bouillon factices ! Mais que faut-il pour arriver à ce trompe-l'œil ? Un léger sentiment de la ligne et quelque dextérité dans le poignet.

Moi, messieurs, je suis un coloriste !

Quand une volaille n'a pas été vendue en son temps, qu'arrive-t-il ? Les pattes, d'abord si noires et si lustrées, s'affaissent et pâlissent, le ton en devient terne et triste, signe révélateur qui éloigne à jamais l'acheteur, initié aux mystères de la couleur par les admirables créations de Delacroix. Attiré souvent dans le marché aux volailles par cet amour de l'inconnu qui caractérise les artistes, je m'aperçus de cette mélancolie des pattes de dindon, et j'entrevis un nouvel art à créer à côté des anciens.

C'est à moi qu'on doit les vernis à l'aide desquels

les marchands dissimulent aujourd'hui la vieillesse des rôtis futurs! vernis noirs, vernis bruns, vernis gris, roses, écarlates et orangés, une palette plus variée que celle de Véronèse! Mais posséder les vernis, ce n'est rien! tout le monde les a aujourd'hui; le sublime du métier, c'est de savoir saisir les nuances intimes de chaque espèce de pattes, et de les habiller chacune selon son tempérament!

Dans cette science difficile, qui égale, si elle ne le dépasse, l'âpre génie du portraitiste, je suis, sans modestie, le premier et le seul, et je me flatte qu'après moi, il n'y aura pas de vernisseur de pattes de dindon, pas plus qu'il n'y a eu de poëte tragique après Eschyle.

— Eh! quoi, dit lord Sidney, il y a vraiment dans le monde tant de choses que nous ne savons pas!

— C'est à ce point, observa mademoiselle Régine, que j'en suis étonnée moi-même. Mais j'aperçois M. Silvandre qui réclame son tour.

— Oh! moi, dit Silvandre avec la voix mélancolique d'un hautbois sous les feuillages, je suis parvenu à force d'intrigues, à créer dans ma mansarde, rue Pascal, n° 22, au-dessus de l'entresol, la porte à gauche, une prairie artificielle! Là, je possède un petit troupeau, que je garde en jouant de la musette, et je vis du produit de son lait.

Je suis BERGER EN CHAMBRE.

— Diable ! dit lord Sidney, berger en chambre, celle-là demande à être expliquée !

— Elle ne s'explique pas, murmura Silvandre en regardant les plafonds d'un air rêveur.

— Alors, puisqu'elle ne s'explique pas, dit d'un ton de courtisan le personnage au nez bourbonien, permettez-moi de prendre la parole, car, après les états merveilleux de ces messieurs, je crains pour l'effet du mien, qui est bien modeste. Il a simplement pour but de protéger la famille contre la Fantaisie.

Dans ces temps où les bases de la morale publique sont sapées à toutes minutes, qui pourrait le nier, hélas ! il se rencontre des bâtards pleins d'énergie et d'imagination, et capables d'arriver aux affaires publiques, voyez *Le Fils Naturel !* La société est donc exposée à se voir gouvernée par des hommes qui s'appellent pour tout nom Arthur ou Anatole !

J'ai voulu la sauver de cette position si délicate.

Possesseur d'un grand nom et pauvre comme Job, mais devant hériter d'un bien considérable dans trente ou quarante ans, c'est-à-dire quand je serai mort, j'ai conçu l'idée colossale de rendre un père à tous les infortunés auxquels la Providence a refusé cette seconde Providence.

Je suis RECONNAISSEUR D'ENFANTS !

Je reconnais tous ceux qui le veulent, pourvu, bien entendu, continua avec une adorable impertinence le vieux gentilhomme, pourvu qu'ils puissent faire honneur à leur père. C'est cinq cents francs, prix net... et six cents francs pour les nègres.

— Bah ! s'écria Roger-Bontemps, vous avez reconnu un nègre ?

— Plusieurs nègres, et trois Indiens anthropophages. Pour les nains, c'est cinquante francs en plus, et je traite de gré à gré pour les infirmités physiques. La semaine dernière, j'ai eu un bon bossu. Un bossu de quinze cents francs ; il est vrai qu'il portait des lunettes vertes.

Il est juste de dire que, tout en ne pouvant se défendre d'admirer cette profession sauvage, les convives de lord Sidney furent révoltés par le cynisme du personnage au nez aquilin.

— Moi, lui dit avec de grands airs la femme qui

ressemblait à toutes celles qui ont joué en province les rôles de mademoiselle Georges, je vis comme vous de ma noblesse. Je suis duchesse d'O***, et ma mère vendait des pommes de terre cuites à l'eau sur le pont Saint-Michel.

Héritière de cette profession philanthropique, j'enviais pour ma vieillesse un fond de fruitière, lorsque j'eus l'idée de former une société en participation avec une de mes amies marchande au Temple, et dont le fonds se compose d'un lorgnon en chrysocale et d'une robe de velours.

Quand un jeune homme sans protection a besoin d'être recommandé à un financier, il vient me trouver. Grâce à mon nom historique, j'entre tout droit chez le financier; mon amie me prête la robe de velours, et nous partageons! c'est vingt francs pour une recommandation ordinaire, et le double pour aller où il faut *insister*.

— Cet état-là est bien gentil, dit Silvandre. Malheureusement, il n'a pas de nom.

— Le mien non plus, parbleu, fit mademoiselle Régine. Tous les états de femme sont des états sans nom.

Je suis la maîtresse d'un jeune fou idiot, natif de

Weimar ! et je suis payée pour cela par la famille de mon amant.

Ce malheureux qui compose des sonates et des symphonies à faire geler la chute du Niagara, n'est par bonheur ni assez fou ni assez idiot pour que sa famille puisse le faire enfermer ; mais elle garde ses deux cent mille livres de rente, et elle me donne deux mille francs par mois pour me charger de ce cadavre humain.

Mademoiselle Régine se tut. C'était simple, mais horrible !

Tout le monde frémit.

La jeune fille reprit après un silence :

— Quand Obermann sera mort (il s'appelle Obermann !), ses parents diront simplement : Le malheureux mangeait son bien avec des filles d'Opéra !

C'est moi qui joue les filles d'Opéra.

A ce monstrueux récit, lord Sidney se sentait frémir d'une secrète horreur, et le jeune homme de dix-huit ans ouvrait des yeux grands comme le monde. Il fallut cependant écouter encore l'homme à la balafre ; mais l'effet était produit, et c'était, comme on dit, la petite pièce.

— Moi, dit cet athlète d'une voix formidable, je suis employé au théâtre Saint-Marcel, un théâtre situé rue Censier, dans un quartier de tanneurs.

On m'y appelle LE FIGURANT QUI REMPLACE LE MANNEQUIN.

Le théâtre Saint-Marcel est l'enfer de la pauvreté humaine. Les comédiens s'y peignent les pieds avec du noir pour imiter les bottes, et cirent des bottes réelles pendant l'entr'acte à la porte du spectacle. Un procès compliqué contre les quinze derniers directeurs du théâtre Saint-Marcel absorbe le peu d'argent que les artistes gagnent à cette industrie de commissionnaire. A ce théâtre, on ne se souvient pas d'avoir été jamais payé; et c'est à ce point qu'un maître tanneur ayant laissé tomber dans le foyer des comédiens une pièce de cinq francs, cette pièce est restée là jusqu'à ce que son propriétaire vînt la chercher, car personne ne savait ce que c'était!

Le directeur nourrit les artistes chez un marchand de vins dont la boutique est située en face du théâtre; le matin, ils ont du petit-salé; le soir, la soupe, le bœuf et un morceau de fromage. Bien entendu, les amendes roulent là-dessus, puisque l'argent n'est pas connu au théâtre Saint-Marcel. Pour les petites amendes on leur ôte le fromage, pour les moyennes le bœuf, et les grosses amendes consistent à ne pas dîner du tout. Le malheureux comédien qui est à l'amende se promène avec désespoir devant la boutique du marchand de vins, en attendant l'heure où il jouera *Une passion* et *Il y a seize ans*. Car au théâtre Saint-Marcel, faute d'avoir pu en monter d'autres depuis dix ans, on n'a jamais joué que deux pièces, *Il y a seize ans* et *Une passion*.

Dans chacune de ces comédies il y a un mannequin, et le mannequin d'*Il y a seize ans* est précipité du célèbre pont cassé, haut de douze pieds. Or, comme le costumier, homme intraitable, demandait quarante sous pour déshabiller et rhabiller le mannequin pour le drame, je suis, hélas ! le figurant qui remplace le mannequin ! pour dîner et déjeuner à la cuisine chez le marchand de vins des artistes. Je fais chaque soir ce saut terrible ! trois fois par semaine régulièrement ; je tombe et je me mets le crâne en loques, voyez mes balafres ! j'ai fait vingt ans la guerre sous l'Empire, et je n'en avais rapporté que deux blessures ; mais le rôle du mannequin, ce sont de rudes campagnes ! Seulement, comme je n'ai pas trouvé d'autre état que celui-là pour ne pas mourir de faim, je fais celui-là.

— Milord, s'écria vivement Roger-Bontemps, je demande à présenter une observation. La profession de monsieur n'est pas excentrique, elle est absurde!

— Messieurs, dit lord Sidney, n'attaquez pas vos professions réciproques, toutes ont bien leur mérite, et Pâris lui-même serait embarrassé, car vous êtes plus de trois, et je ne sais vraiment comment vous satisfaire tous! Sachez seulement que je trouverais de très-mauvais goût de votre part de ne pas fourrer l'argenterie dans vos poches, et que moins on en retrouvera sur la table, plus je garderai de vous un agréable souvenir.

A cette apostrophe un peu directe, deux ou trois des convives rougirent d'avoir été devinés; mais ce ne fut qu'un nuage. Ceux qui ne s'étaient pas mis à l'aise jusque-là se rattrapèrent, et mademoiselle Régine en profita pour s'écrier :

— Ah! mon Dieu! je m'aperçois que je suis venue sans bouquet, et je vais au bal!

Lord Sidney, qui comprenait à demi-mot, lui fit apporter par Tobie le prestigieux bouquet de diamants et de pierreries, et lui dit avec un sans-façon digne de Richelieu : Excusez-moi si je vous le *donne*, mais j'ai si peu de temps à moi!

Maintenant, dit-il en se tournant vers ses convives, remplissez les coupes, M. Tobie, et buvons une dernière fois aux dieux inconnus ! Mademoiselle Régine voudra bien décerner le prix pour moi, car je me sens plein de perplexité entre tant de métiers excellents !

— Pardon, milord, murmura timidement le jeune homme de dix-huit ans, mais je n'ai pas encore parlé.

Les convives regardèrent avec dédain ce faible athlète.

— Eh quoi, lui dit lord Sidney avec un étonnement profond, exerceriez-vous à votre âge une industrie plus extraordinaire que les professions excentriques de ces messieurs ? Mais alors quel démon peut l'avoir inventée ?

— Milord, articula le jeune homme d'une voix douce, mais ferme, JE SUIS POETE LYRIQUE ET JE VIS DE MON ÉTAT.

A cette révélation foudroyante, tous les convives baissèrent la tête.

— Que ne parliez-vous plus tôt, s'écria lord Sidney, es dix mille livres de rente sont à vous, et bien à vous ! Mais comment ferez-vous pour mourir à l'hôpital ?

— Milord, dit finement Régine, je vais prier monsieur de m'offrir son bras. Et d'un geste de chatte, elle ramassa les deux cent mille francs, et les fourra dans la poche du jeune homme.

Le bouquet et les yeux de mademoiselle Régine étincelaient comme des myriades d'étoiles frissonnantes. Elle prit la main de son cavalier improvisé. — Et votre fou ? lui demanda-t-il en tremblant d'amour.

— Bah ! répondit la terrible Parisienne avec un cynisme à effaroucher le marquis de Sade, plus on est de fous, plus on rit !

On se leva pour partir et on choqua les verres une dernière fois. Les bougies se mouraient et éclairaient la salle des Titans de reflets ensanglantés. Lord Sidney, sa coupe élevée dans sa belle main, entonna le refrain désespéré du poëte d'Albertus :
Ah ! sans amour s'en aller sur la mer !

Cette grande imprécation fut répétée en chœur, et les convives disparurent comme des ombres par les portes de la boiserie. Comme elles se refermaient, lord Sidney jeta un dernier regard sur ses convives.

— Oh! murmura-t-il, tandis que ses yeux erraient sur les bas-reliefs de la salle, ceux-là aussi sont des Titans vaincus!

M. Tobie s'avançait en souriant pour parler à son maître, mais celui-ci le congédia d'un geste. Resté seul, il s'écria : Hélas! il faut donc que de pareilles choses existent! Mais, sans cela, comment Fortunio aurait-il pu se faire bâtir en plein Paris un Eldorado artificiel!

Et, cachant son front dans ses mains, il pleura amèrement.

L'ILLUSTRE THÉATRE

L'ILLUSTRE THÉATRE

TOUT annonce un événement dans le monde dramatique. Déjà les hommes de goût essuient les verres de leurs pince-nez. Au haut du ciel, des vapeurs écarlates et roses imitent les banderolles flottantes, et des demoiselles, brillantes comme des libellules, entrent en foule chez le marchand de gants à vingt-neuf sous.

Cependant elle s'impatiente derrière son rideau, la fille du divin Aristophane, la Comédie. Elle s'impatiente, et elle agite son front taché de lie, ombragé d'un bandeau de vigne et de raisins. Elle gourmande ses domestiques, et les frappe de sa marotte, où chantent des grelots d'argent et d'or.

Allons, s'écrie-t-elle, courage, fainéants ! O machinistes dépourvus de la flamme sacrée, ô régisseurs plus lents que des tortues, n'entendez-vous pas que le peuple le plus spirituel de l'univers commence à imiter les cris des animaux féroces, tout en mangeant ses grenades et ses pommes vertes ? Ignorez-vous que mes cinq musiciens lui ont déjà exécuté par trois fois l'ouverture du *Jeune Henri* et qu'il est temps de passer à d'autres exercices ? Par Bacchus ! un peu d'activité, je vous prie ; que les sonnettes fassent *drelin drelin*, et les cloches *bimbam*, et que mes comédiens paraissent !

Qu'ils paraissent, vêtus de jaune safran, de violet tendre et de bleu ciel, dans les costumes traditionnels appropriés à leurs caractères et que mon poète lui-même s'avance, avec son habit noir et son chef-d'œuvre. Et vous, astres, prêtez l'oreille !

Voici Pierrot, Arlequin, la Colombine, toute pomponnée de rubans, qui volent à la brise, et Cassandre, et la fée avec son étoile de strass sur le front, et les gâte-sauce avec leurs pâtés, et les harengères portant les poissons de toile peinte, rembourrés de foin tout neuf, et voici, monté sur son chariot de pierreries à roulettes, attelé de deux colombes en bois découpé, l'enfant Amour, indispensable aux féeries. Mais quoi, se moquent-ils du monde? Pierrot, jadis plus blanc que les lys du jardin et les neiges de l'Himalaya, crève à présent dans sa peau. Il est rouge comme une pivoine, comme le feu d'un londrès bien sec, comme la carapace d'un homard cuit à point !

Doux et naïf Pierrot, où donc avez-vous volé ces couleurs écarlates? Et toi, Arlequin, toi qui étais souple et gracieux comme un serpent du paradis d'Asie, toi qui brillais comme l'arc-en-ciel après un orage des tropiques, d'où te vient cet air triste et funeste, et pourquoi marches-tu ainsi le front courbé vers mon tréteau, comme un Arlequin prince de Danemark ?

Toi Colombine, ma colombe, ma colombelle amoureuse et folle, que signifient cette petite toux sèche et ces airs bégueule? Ainsi parle la fille d'Aristophane, et elle ne semble pas du tout satisfaite de ses acteurs changés en nourrice. Eux pourtant se défendent le mieux qu'ils peuvent avec la simple éloquence de leur cœur.

— Hélas ! Madame, dit Pierrot, le diable sait

que mes passions étaient bien innocentes. Voler le vin que la fée changeait, pour me punir, en fusée d'un sou, vider les tourtes de carton, pêcher à la ligne, et quelquefois manger des sangsues frites, tels étaient mes austères plaisirs ! Aussi rien ne troublait la sereine candeur de mon visage, blanc comme la robe d'une épousée. Mais qui peut fuir son destin ? Pendant les *relâches pour réparations à la salle*, j'ai entendu les vers de l'École du bon sens et j'ai lu les romans réalistes, et tout de suite le rouge m'est monté à la face ! J'ai voulu savonner ce visage imprudent et lui rendre sa blancheur première. Bah ! lessive, potasse, savon-ponce, rien n'y a fait. Ce rouge est d'aussi bonne qualité que le noir des nègres ! Mais aussi pourquoi ont-ils changé la règle des participes ?

Pour mon confrère Arlequin, il était la jeunesse, l'amour, la fantaisie, l'éclair de joie, le chérubin de Cidalise et le joujou des petites filles. Aujourd'hui toutes les qualités qu'il avait déplaisent fort aux dames ! Les mangeuses de pommes ne mangent plus de pommes : les filleules d'Eve n'aiment plus que ces petites images gravées sur acier, appelées *fafiots* à cause de leur frou-frou. Voilà pourquoi Arlequin-Hamlet fait des yeux blancs. Quant à mademoiselle Colombine...

— Oui, s'écria la déesse en faisant tintinnabuler ses clochettes, explique-moi un peu pourquoi Colombine est enrhumée du cerveau !

Colombine elle-même prit la parole en baissant modestement ses grands yeux assassins, frangés de cils noirs. Non, par Rabelais ! ce n'était plus là la demoiselle si alerte à se sauver en compagnie de son cher don Juan, à travers les guérets tout frissonnants d'épis d'or, et à travers les cabarets où l'on boit le vert Suresne. La pauvre Colombine toussait à fendre l'âme des pierres, et sur ses pommettes brillait une triste lueur de sang.

— Chère Madame, murmurait-elle, j'ai été heureuse, j'ai été folâtre ; je ne trouvais pas assez de moulins pour jeter mes bonnets par-dessus ! Mais prenez pitié de moi ! ils m'ont couverte de camellias, et je suis devenue insensiblement comme les camellias ; un jeune maître plein d'esprit, hélas ! m'a déguisée en fille de marbre, et il m'en est resté un froid de marbre qui m'a donné une fluxion de poitrine ; ils m'ont dit de tousser pour rire, et à présent je tousse pour tout de bon : voilà mon histoire.

— Oh ! voilà qui ne peut se soutenir, dit avec indignation la Comédie couronnée de raisins. Une

Colombine poitrinaire ! un Pierrot sanguin ! un Arlequin avec du vague à l'âme ! Au moins, j'espère que mon poète m'aura écrit une belle satire en dialogues. Nous y verrons quelque petit robin se faisant donner de gros cornets d'épices qu'il va manger avec les ceintures dorées, tandis que Madame ordonne à Toinon de laisser la porte de la rue ouverte pour un grand drôle à plume rouge et à longue rapière !

Et, en tout cas, je suis certaine que l'on n'a pas pu me cacher mon Cassandre, si réjouissant avec son asthme, sa canne à corbin et son chef branlant. A défaut de ceux-là, j'aurai Cassandre !

— Oh ! déesse, répond le barbon, regardez-moi ; je suis bien changé ! Vous me voyez vieux ; mais je suis jeune comme un louis d'or. Vous me croyez bête ; je suis spirituel comme une liasse de billets de banque. Je suis jeune, charmant et adoré, car je m'appelle Prime, Actions, Obligations ; je m'appelle robe de dentelles, parure et carrosse ! Mes dents sont noires ? Non, tant que Janisset vendra des perles de Ceylan et d'Ophir ! En vérité nous avons changé tout cela, et je n'aurai pas les yeux éteints et chassieux tant que j'aurai les mains pleines de diamants. Aujourd'hui Lovelace, c'est Cassandre : place à Lovelace !

La Comédie déchire son bandeau de vigne et de grappes noires.

— *Ohime !* s'écrie-t-elle, qui me rendra les comédiens au gros sel, les comédiens de la vieille gaieté et de la farce illustre, dont l'arrivée faisait dire dans les auberges : *V'là les comédiens, serrez les couverts !* Poète, ne parle pas. Je lis dans tes yeux que tu photographies ton portier ! Ecoutez-moi, mes bons serviteurs. A défaut de *Plutus* et des *Oiseaux,* qu'on se rappelle la tragédie de Scapin et de Zerbinette, et vous, tombez, masques ridicules ! Arlequin, reprends la rose qui fait aimer, et toi ta face de clair de lune ! Il me faut la vie, la passion, le regard flamboyant, le mot rapide, l'épigramme au tranchant d'acier, le vin dans les verres et le rire aux dents blanches, la lyre harmonieuse et le fouet sanglant, la joie bien portante et la sainte ironie : souvenez-vous que je viens d'Athènes !

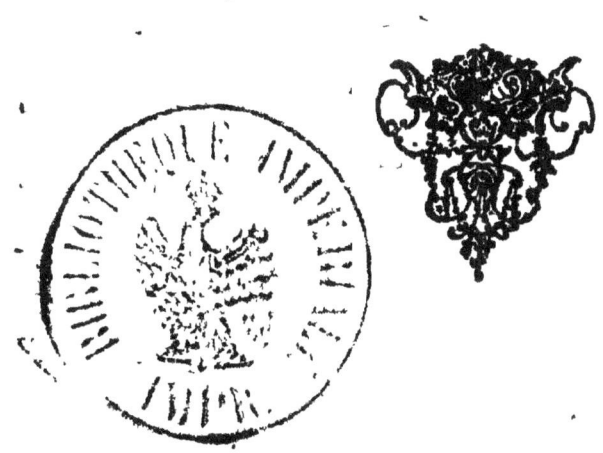

TABLE

LES PARISIENNES DE PARIS	1
LA FEMME-ANGE	11
LA BONNE DES GRANDES OCCASIONS	17
L'INGÉNUE DE THÉATRE	31
LA MAITRESSE QUI N'A PAS D'AGE	45
LE CŒUR DE MARBRE	59
LA DAME AUX PEIGNOIRS	73
GALATÉE IDIOTE	91
LA FEMME DE TREIZE ANS	103
LA JEUNE FILLE HONNÊTE	115
L'ACTRICE EN MÉNAGE	125
LA VIEILLE FUNAMBULE	133
LA DIVINE COURTISANE	169

LES NOCES DE MÉDÉRIC 185

   CHAPITRE Iᵉʳ. — *Où l'auteur, éminemment coloriste, prouve qu'il n'appartient pas à l'École du bon sens, et insinue qu'il possède un dictionnaire des rimes françaises.* . . . 187

   CHAPITRE II. — *Où l'auteur, qui a lu les romans de Méry, et qui tient à étaler son érudition, met en scène des chinois et un suisse qui étonneront M. Stanislas Julien et feu M. Topfer.* . . . 194

   CHAPITRE III. — *Où Médéric regrette ses chandeliers, ses poteries, mademoiselle Ninette, mademoiselle Louisa, et une femme du monde qui désire garder l'anonyme.* . . . 196

   CHAPITRE IV. — *Apothéose triomphante de Naïs, crêpe bleu, licopode et feux de Bengale.* . . . 201

   CHAPITRE V ET DERNIER. — *Le roman finit au moment où M. Bouquet allait devenir intéressant.* . . . 204

UN VALET COMME ON N'EN VOIT PAS . . . 201

LA VIE ET LA MORT DE MINETTE . . . 244

SYLVANIE . . . 345

LE FESTIN DES TITANS . . . 355

L'ILLUSTRE THÉATRE . . . 391

www.ingramcontent.com/pod-product-compliance
Lightning Source LLC
Chambersburg PA
CBHW071912230426
43671CB00010B/1578